臺灣歷史與文化 研究輯刊

七 編

第 7 冊

洪棄生的旅遊詩歌
——《八州詩草》研究（上）

陳 光 瑩 著

花木蘭文化出版社

國家圖書館出版品預行編目資料

洪棄生的旅遊詩歌——《八州詩草》研究（上）／陳光瑩 著
-- 初版 -- 新北市：花木蘭文化出版社，2015〔民 104〕
序 2+ 目 4+218 面：19×26 公分
（臺灣歷史與文化研究輯刊 七編：第 7 冊）
ISBN 978-986-404-178-7（精裝）
1. 洪棄生 2. 旅遊文學 3. 文學評論
733.08   103027819

ISBN-978-986-404-178-7

9 789864 041787

臺灣歷史與文化研究輯刊
七 編 第 七 冊   ISBN：978-986-404-178-7

洪棄生的旅遊詩歌——《八州詩草》研究（上）

作　　者　陳光瑩
總 編 輯　杜潔祥
副總編輯　楊嘉樂
編　　輯　許郁翎
出　　版　花木蘭文化出版社
社　　長　高小娟
聯絡地址　235 新北市中和區中安街七二號十三樓
　　　　　電話：02-2923-1455／傳眞：02-2923-1452
網　　址　http://www.huamulan.tw 信箱 hml810518@gmail.com
印　　刷　普羅文化出版廣告事業
初　　版　2015 年 3 月
定　　價　七編 10 冊（精裝）台幣 20,000 元

洪棄生的旅遊詩歌
——《八州詩草》研究（上）

陳光瑩　著

作者簡介

陳光瑩（1967～），臺灣臺中人，國立高雄師範大學學士、碩士、博士。曾任南開科技大學助理教授，現職為國立臺中一中國文教師。著有《吳偉業諷諭詩研究》、《臺灣古典詩家洪棄生》、《洪棄生集》（與程玉凰合著）。

提　　要

　　洪棄生（1866～1928年），清末鹿港秀才，為臺灣古典漢文學詩文大家。民國十一年（1922年）九月十二日乘基隆至上海之大船，翌日抵達上海。至民國十二年（1923年）一月十七日歸台。期間暢遊中國蘇、皖、贛、鄂、湘、豫、魯、冀、浙、閩十省，古八州之地。以行旅所見所感，寫成《八州詩草》、《八州遊記》。《八州遊記》屬遊記類的古文，《八州詩草》則屬旅遊詩詩集。

　　《八州詩草》共有詩作三百零六題、四百一十八首。本書《洪棄生的旅遊詩歌──《八州詩草》研究》分析《八州詩草》，約二十五萬字。

　　第一章討論作者生平事蹟和《八州詩草》背景。

　　第二章就旅遊詩歌情景交融理論的架構，闡發創作的方法，以作品相印證。

　　第三章從旅遊詩歌的旨趣，共分十四節，詳論作品的旨趣。

　　第四章論詩歌的體製和旨趣所形成的特色。從旅遊詩歌的感性和知性，從景色的異同處論；或從風格相對近於唐詩和宋詩，以及文章筆法討論。也從詩歌和繪畫的意象理論討論。

　　第五章從詩歌的修辭技巧，賞析詩歌藝術精彩之處。

　　第六章論詩歌的審美觀，以深入析賞作品。

　　第七章論詩歌的風格，以文本的現世性，強調風格形成的原因。

　　第八章論詩歌的意境，分析作品意境高妙的因素。

　　餘論則從詩歌的推陳出新、新變代雄，從「變」的觀點論洪棄生旅遊詩歌的成就。

自 序

　　《洪棄生的旅遊詩歌——《八州詩草》研究》全書約二十五萬字，回想從構思、蒐集資料到完稿，悠悠已過十年。

　　「葳蕤鎖落已千秋，當日無人燕燕愁。被冷香消霜月夜，我來無夢亦登樓。」洪棄生《八州詩草》中，七絕〈徐城西訪燕子樓二首〉其一的詠嘆，寫於民國十一年（1922 年）旅遊中國徐州時。登樓懷古更加醒悟時世動亂，追蹤古人風流，卻更看清當代容不下知識份子多少夢想，乖舛中深有寂寥。「窮處現蓬萊」，坐看雲起，行到水窮處，文學展現幾番風景，又是多少旅人追尋的洞天？

　　三年前，我從大學轉回到母校臺中一中任教。今年（2015 年）欣逢母校一百周年校慶，當年（1915 年 5 月 1 日）創校先賢林獻堂等人肇建臺中一中，為了培育臺人菁英，發揚臺灣民族精神。相較洪棄生的八州之遊，攜其次子洪炎秋到大陸留學，準備應考北京大學。當年臺人士紳不但認同漢文化，更關心臺人子弟的教育，苦心和遠見足為典範。

　　一中校歌高唱：「濟濟多士，聚首一堂。」身為一中人，當知承先啟後，仰挹百年風雅；我雖不敏，然而歷史文化的感懷每使人鍾情如斯。

　　感謝母校師長的春風化雨，志學當年的化裁栽培我深誌在心，如今同事間善語交流更是我教學成長的動力。

　　《八州詩草》本是我博士論文中的章節，感謝龔顯宗老師的指導，龔老師指導論文不但細心且要求嚴格；我在學術研究蹣跚學步時，蒙老師提攜、鞭策，才能奠立基礎。博士畢業後，每立一說、每寫一文，或有幸得龔老師片言之教，常有豁然開朗的悟解。我在拿到博士學位後這十幾年間，依然努力寫作，交出更為成熟的論著，感謝龔老師一向的提撕面命。

　　此外，感謝程玉凰老師的引領，程老師是研究洪棄生文學的先驅，三年前有幸與程老師合撰《洪棄生集》，過程中承蒙賜教，啓沃良多。

　　更要謝謝家人的支持，轉到高中任教，寫論文成了辛苦卻無關升等，也加不了薪；毫無獎勵，只是默默的奉獻。我當作功課來修行，一旦埋首論著，斗室中遍地只見書籍獺祭，卻累家人少了歇腳空間。沒有他們的體諒，作我的堅強後盾，不可能從容沉潛。

　　《八州遊記》應與《八州詩草》合讀共參。《八州遊記》偏重注釋和敘事，功在考信典實，《八州詩草》的詩歌則偏重抒情言志。我身爲讀者，吟詠賞析之餘，論述時重在文理通透，但求「言文行遠」，能達意已足矣。試舉法國史學家布洛克的觀點，若能「更好的知道，更快的想像。」讀者讀後受用，能正確的理解，有更好更深的體會，則此書不枉心力付出。限於學識，疏漏之處，尚祈方家教正。

陳光瑩謹誌

2015 年 3 月

目次

緒　論

　　本書《洪棄生的旅遊詩歌——《八州詩草》研究》,《八州詩草》共有詩作三百零八題,四百二十首。依題材分類:懷古詩有一百三十四題、山水詩九十一題、行旅詩三十九題、社會詩四十題、贈答詩四題。細賞詩歌旨趣,往往以山水爲色,懷古爲意;或就行旅所見,批評社會民生,劃分不易,但都是旅遊大陸八州所見,因此名爲「旅遊詩歌」。本書書前緒論,書後餘論,加上中間八章,共有十章,約二十五萬字。

第一節　研究動機,以及重要文獻探討

　　洪棄生(1866~1928),清末鹿港秀才,爲臺灣古典漢文學詩文大家。日治時期貞隱不仕。「洪繻」、「洪棄生」則是乙未年(1895)之後改取之名與字,寓意自己是清朝棄民,以教授並傳承漢學,創作古典詩爲志。洪棄生於民國十一年(1922 年)九月六日,攜其次子炎秋,由鹿港乘火車北上基隆,準備搭船往遊大陸。九月十二日乘基隆至上海之大船,翌日抵達上海。至民國十二年(1923 年)一月十七日歸台。期間暢遊中國蘇、皖、贛、鄂、湘、豫、魯、冀、浙、閩十省,古八州之地。以行旅所見所感,寫成《八州詩草》、《八州遊記》。《八州遊記》屬遊記類的古文,《八州詩草》則屬遊覽詩詩集。《八州詩草》共有詩作三百零八題、四百二十首。就題材言,懷古詩有一百三十四題、山水詩九十一題、行旅遊覽詩三十九題、諷論詩四十題、贈答詩四題。詩作詠行旅遊覽時所見所聞,故詩題多撮要記其遊蹤,如〈遊太湖遇雨〉、〈過長城嶺〉等,每沿洄生趣,登頓窮情,《八州遊記·凡例》首條云:

今人紀遊，多在目的地，如遊西湖專言西湖，遊泰山專言泰山之類。
記者則一路遊跡所及，無論勝地僻壤，寫風景外，必一一窮其歷史。
〔註1〕

既言遊跡所及，則沿途觀覽抒情，寓目感懷，又著重窮究歷史，「記者之遊，
仍如讀書，處處與經史子集，參互考證，以核古今名蹟」。〔註2〕因此，詩作
往往懷古兼詠山水；敘行旅所見又每多興亡感慨，懷古、山水、行旅遊覽三
題材比重最大，且不易細分的理由在此。贈答詩寫客次旅情，近於行旅遊覽
詩。諷諭詩或藉古諷今，歎古風不存，有懷古之意趣。懷古詩實爲《八州詩
草》之大宗，此題材詩作貴在透顯史識，以爲殷鑑之資，並崇仰中國傳統文
化，尚友古人之心期。

我的博士論文《洪棄生詩歌研究》第九章「行旅遊覽詩」以《昭明文選》
「行旅」、「遊覽」兩種體製，探討晉宋以降山水詩的勃興，以及情景交融的
理論，闡發洪棄生此類詩作的旨趣。自 2003 年 6 月以博士論文《洪棄生詩歌
研究》（高雄：高雄師範大學國文研究所）拿到學位。博士後的研究，更以此
爲基礎，加深對洪棄生詩歌的探討。並總結多年的研究成果，出版《臺灣古
典詩家洪棄生》（台中：晨星出版社，2009 年）。獲國史館台灣文獻館選爲九
十九年度優良獎勵出版文獻刊物，並榮獲「自行出版者」類第二名。研究領
域延伸至洪棄生的詩歌理論、駢文、古文等方面。發表的相關作品，期刊論
文兩篇：

一、〈洪棄生題畫詩題品畫境與書寫世變之研究〉，《南開學報》（第 6 卷
第 1 期，2009 年 6 月，頁 1～14）。

二、〈洪棄生遊仙詩世變書寫之研究〉《應華學報》（2006 年 12 月，頁 61）。
研討會論文七篇：

一、〈「變格」與「意境」——洪棄生詩歌創作論研究〉，《第六屆思維與
創作學術研討會論文集》（臺南市：國立臺南大學國語文學系，2012
年 9 月）。

二、〈洪棄生「鹿港」詩文在地書寫研究〉，《國立聯合大學 2011 通識教
育與在地產業、文化學術研討會論文集》（苗栗市：國立聯合大學通
識教育中心，2011 年 12 月，頁 45～72）。

〔註 1〕洪棄生著，《八州遊記》（南投：台灣省文獻委員會，1993 年），凡例，頁 1。
〔註 2〕洪棄生著，《八州遊記》（南投：台灣省文獻委員會，1993 年），凡例，頁 1。

三、〈論洪棄生自述文與鹿港村里人物傳記文的特色〉,《2010 年彰化研究學術研討會——彰化村史與社會變遷史研究論文集》(彰化:彰化師範大學文學院,2010 年 10 月 16 日～10 月 17 日,頁 63～85)。

四、〈洪棄生古典的漢詩教學研究〉,《第七屆提升職業倫理與職業道德教育研討會論文集》(彰化:建國科技大學通識教育中心,2010 年 4 月 30 日,頁 1～29)。

五、〈論洪棄生紀遊南投山水詩文的旨趣風格〉,《風語南投——在地歷史與在地文化學術研討會論文集》(草屯:南開科技大學,2009 年 7 月 3 日,頁 143～181)。

六、〈施梅樵詩歌中的書畫創作觀研究〉,《文學中的老境——老年心境的探索與開掘學術討論會論文集》(草屯南開技術學院,2007 年 9 月 20 日,頁 30～58)。

七、〈洪棄生題畫詩研究〉,《「福祉」內涵學術討論會論文集》,(草屯:南開技術學院,2006 年 7 月 20 日,頁 30～58)。

專書著作三本:

一、《洪棄生集》(與程玉凰老師合著)(台南:國立台灣文學館,2012 年)。

二、《臺灣古典詩家洪棄生》(台中:晨星出版社,2009 年)。

三、《吳梅村諷諭詩研究》(台北:花木蘭文化出版社,2009 年)。

關於洪棄生詩論的專書,目前有三本碩士論文以「洪棄生《寄鶴齋詩話》研究」為題,依寫成時間先後為序,作者分別為許雯琪(逢甲大學中國文學所,2002 年)、吳東晟(成功大學臺灣文學研究所,2003 年)、陳怡如(輔仁大學中國文學系,2004 年)。三本書雖有見解獨到處,缺點都是不夠全面、不夠完整、深入。欠缺全面的理論架構與深入的作品批評。

至於《八州遊記》之內容,目前有程玉凰老師《洪棄生的旅遊文學——《八州遊記》研究》(東海大學中文研究所博士論文,2010 年 12 月),之後出版《洪棄生的旅遊文學——《八州遊記》研究》(台北:文津出版社,2011 年)。程玉凰深入分析《八州遊記》相關的地理與歷史典故,對洪棄生的旅遊文學研究相當深入。也大略論述《八州遊記》與《八州詩草》的關係,但缺乏對《八州詩草》全面性研究。發凡體例,對洪棄生的旅遊文學,特別是《八州詩草》詩歌再理解、再批評,闡發其詩歌的優異,評價其得失,是我寫作的動機,也是本書撰寫的要旨、目的與重要性。

　　《八州詩草》完成於大正十六年（1927年）。其中部分詩作曾刊載於連橫主編的《臺灣詩薈》（上冊）第七號（民國十三年八月十五日）、第十號（民國十三年十一月十五日）。《臺灣詩薈》（下冊）第十三號（民國十四年一月十五日）、第十四號（民國十四年二月十五日）、第十五號（民國十四年三月十五日）、第十六號（民國十四年四月十五日），以及接下來的第十七、十八、十九、二十、二十一、二十二號。第二十二號（民國十四年十月十五日）為停刊號，此刊物都在每月十五日出刊。因此討論《八州詩草》詩歌時，以吳福助教授根據各個版本所校正的資料為主，並將吳教授的標校放在注釋。

第二節　研究方法和觀點

一、文學、美學的方法和觀點

　　《尚書·堯典》「欽思文明」句，馬融《傳》和鄭玄《注》云：「經天緯地曰文」。〔註3〕則闡發天地間事物道理者曰「文」。此外，「文」又指「文采」。《文心雕龍·原道》云：「乾坤兩位，獨制《文言》，言之文也，天地之心哉！」《易·文言傳》以乾為天，坤為地，闡發乾、坤二卦的微言大義。《韓非子·解老》說：「道者，萬物之所然也，萬理之所稽也。理者，成物之文也；道者，萬物之所以成也。故曰『道，理之者也』……萬物各有理，萬物各有理而道盡」。因此，內在於萬物中的理路為文。合而觀之，「文」有「經天緯地」的「文理」和「文采」兩個意思。具有「文理」和「文采」的文章為文學作品，從「文理」和「文采」的觀點論文章即文學的研究觀點。

　　從文學的研究觀點來論中國的旅遊詩歌，多以南朝宋謝靈運的山水詩為詩人之宗。謝靈運以後旅遊詩歌的創新，以唐代為例，杜甫詩史與李白遊仙詩，在體製風格、篇幅旨趣上都超越前人。尤其李白夢遊遊仙，學者龔鵬程從「突破個性的界線」，援引心理學家榮格所說「來自無意識，邈無跡象的作品」，印證嚴羽《滄浪詩話》「羚羊掛角，香象渡河，無跡可求。」強調文學藝術創作活動中，藝術的核心部分在「異常」的精神狀態，以定位天才詩人李白詩「畸於人而侔於天」的價值。〔註4〕此審美觀與棄生論李白的觀點可相啟發，本文進

〔註3〕黃慶萱著，《新譯乾坤經傳通釋》（台北：三民書局，2009），頁10。

〔註4〕龔鵬程著，〈由李白詩歌詮釋史看詩的現實性與超越性（下）〉，《歷史月刊118期》（台北：1997年11月5日），頁113～118。

而從文學的研究觀點來論棄生詩，以闡發其特色和價值。王國維說得好：

> 文學中有二原質焉：曰景、曰情。前者以描寫自然及人生之事爲主。後者則吾人對此種事實之精神之態度也。故前者客觀的，後者主觀的也。前者知識的，後者感情的也。自一方面言之，則必吾人之胸中洞然無物，而後其觀物也深，而其體物也切，即客觀的知識實與主觀的感情成反比例。自他方面言之，則激烈之感情亦得爲直觀之對象，文學之材料。而觀物與其描寫之也，亦有無限之快樂伴之。要之，文學者，不外知識與感情交代之結果而已。苟無敏銳之知識與深邃之感情者，不足與於文學之事，此其所以但爲天才游戲之事業，而不能以他道勸者也。

強調文學除了客觀的知識，更是主觀的感情；文學之事，但爲天才游戲之事業，本文的「創作」、「意境」、「風格」三章，主要從情景交融，以及作者的學識、閱歷、情性等，討論棄生詩所蘊含敏銳之知識與深邃之感情。

中國詩歌「詩言志」、「詩緣情而綺靡」的觀點，誠如陸機〈文賦〉所說：「詩緣情而綺靡」。〈詩大序〉所說：「在心爲志，發言爲詩；情動於中，而形於言。」「變風，發乎情。……發乎情，民之性也。」沈約《宋書》〈謝靈運傳〉：「民稟天地之靈，含五常之德，剛柔迭用，喜慍分情，夫志動於中，則歌詠外發。」劉勰《文心雕龍·明詩》：「人稟七情，應物斯感，感物吟志，莫非自然。」鍾嶸《詩品·序》：「氣之動物，物之感人，故搖蕩情性，形諸舞詠。」誠如學者廖蔚卿所說，「文學的語言基本是『緣情』的，它表現的是個人內心對經驗世界的感覺、關注和欲望，是一種個別的、特殊的內在的生活及感情的描繪。故詩純粹是感情的洋溢的語言表現，而詩人做此表現的欲望和目的，本質上固然純是個人情緒的心理的慰藉。」〔註5〕本文即從「詩言志」、「詩緣情而綺靡」的觀點來討論。

棄生詩論多見於《寄鶴齋詩話》。《詩話》的批評與鑑賞方式，仍沿襲傳統詩話的特點，其論詩要旨本漢人溫柔敦厚的詩教，溯源《詩經》、《楚辭》，下逮歷代詩人詩風之新變代雄，評論風格，品第詩人，以爲風雅法式。所謂詩教即《禮記·經解》「其爲人也，溫柔敦厚，《詩》教也。」「其爲人也，溫

〔註 5〕廖蔚卿著，〈論中國古典文學中的兩大主題──從登樓賦與蕪城賦探討遠望當歸與登臨懷古〉，《漢魏六朝文學論集》（台北市：大安出版社，1997年第一版），頁44～47。

柔敦厚而不愚，則深於《詩》者也。」棄生論《詩經》，本諸風、雅、頌、賦、比、興六義，與《楚辭》爲後世詩作題材與風格淵源。

棄生論詩文，極推崇劉勰。常以古文學家從道德觀點看五經的價值，以儒家學說從政教立場立說。又強調風格是內容和形式的綜合表現。因此，本文從文學史和文學批評史立說。

以劉勰《文心雕龍·物色》觀點，文學和自然環境有關；《文心雕龍·時序》認爲文采見於社會環境。《文心雕龍·原道》：「莫不原道心以敷章，研神理而設教。」道心惟微，惟聖人察之、述之。《文心雕龍·宗經》認爲文采風格雖異，然文章到經書始有固定之風格，故文源於經書是指風格言。就歷史事實言，文學之起源前於經，非源自經書也。但劉勰認爲經是明道之文，由形上之文形之爲人文。惟有宗經才能知形上之文如何變爲人文之文。惟有徵聖，以聖人之明智，才能將自然之文和人文之文相結合。文學源於五經，非就歷史事實言，而是就五經形成後，所具有的風格，以及對後世的影響言。

西方亞里斯多德《詩學》第四章認爲摹擬是人的天性，藝術是摹倣物質所具有的理念。此《文心雕龍》所謂「玄聖創典，素王述訓，莫不原道心以敷章，研神理而設教。」「龍圖獻體，龜書呈貌，天文斯觀，民胥以傚」即明「藝術是摹仿自然」、「摹仿是人的天性」。但劉勰以爲「情以物興，物以情興。」自然世界只是客體，心靈才是主體，二者融合，情采並重。不像西方自然主義之文學只流於對自然的紀錄。劉勰強調通變，認爲經書「或簡言以達旨，或博文以該情，或明理以立體，或隱義以藏用。」此所以文章各有不同。「故知繁略殊制，隱顯異術，抑引隨時，變通適會。」聖人文辭奧妙，以經書整體的成就作爲我們衡量作品的標準。

又如以文體論的觀點，討論洪氏論文作詩，一向以清代桐城派「義法」爲宗，從文學體製的「辨體」、「尊體」進而「變格求新」。以早年八股文寫作的基礎訓練，尙法古人，會通體製，造語清眞，融鑄雅製，風格「清眞古雅」，即《文心雕龍·通變》云：「矯訛翻淺，還宗經誥；斯斟酌乎質文之際，而櫽栝乎雅俗之際，可與言通變。」宗經通變，作品「清眞」而「古雅」，方能「文」「質」彬彬。語言「推陳出新」，立意化爲俗雅。端在「憑情以會通，負氣以適變。」平日篤志博學，下筆之際，神思陶鈞，志氣情理，得心應手，自有不得不變，會通一貫之合作。本論文揭櫫其旅遊詩歌的旨趣與風格，評價其承繼創新之成就，此屬於文學的研究觀點。

二、歷史與地理的方法和觀點

　　棄生爲文富於書卷，以其文風爲例，其駢文典麗工巧，古文敘事質實。端在爲文尊古通變，期望能新變代雄。其文風清眞古雅，變格求新，因此爲文之際，對於時地背景等知識用力甚勤，好古敏求，欲與古人一爭短長。因此，論洪棄生紀遊山水詩文的旨趣風格，討論《八州詩草》的歷史地理，以及援引地理方面的書籍，可見其《八州遊記》先有詳實的考證和敘事，再對照《八州詩草》的抒情言志，顯現他身兼閱讀者和寫作者身分。因此，棄生身爲批評者，「具有現世中的閱讀者和寫作者身分」，艾德華‧薩伊德（Edward W. Said，1935～2003）說的好：

> 此外，批評者並不只是能點石成金把文本轉化成隨境眞實或現世性的人；因爲他們也會受環境條件影響，會製造環境條件，不論他們用的方法有多客觀，都可以被感覺出來。重點是，文本自有存在之道，即使是最精練純化的形態也總離不開環境條件、時間、地點、社會。一言以蔽之，文本在現世裡，所以有現世性。……批評者具有現世中的閱讀者和寫作者身分，無疑也牽涉同樣的關係。……這意味著，文本有其特定的情境，這對詮釋者和詮釋都有了限制，不是因爲情境是隱藏在文本裡的一個謎，而是因爲情境和文本客體一樣存在具有表面特殊的層次。……閱讀者詮釋（憑文本的情境確切存在現世中而詮釋）已經開始的客體，而且是既已受到詮釋束縛又束縛了詮釋的客體。這樣的文本因而可以被解釋爲頂多是需要互補的閱讀，並不須要外加增補的閱讀。……也因爲文本就是在藉取現世注意而安頓自己──文本的功能之一乃是給自己定位，從而成爲文本。此外，文本自我定位的方式也限制了詮釋發揮的範圍。……即便這個舉動把文本作了隨境偶然的收場，卻毫不減損其實在的迫切性。在這裡應該說明一下，西方小說傳統有非常多的文本不但強調其隨境眞實，也強調文本「已經」實現了一種在現世裡的功能、參照關係、意義。〔註6〕

《八州遊記》和《八州詩草》每到一地旅遊，該地的歷史掌故他早已了然於心，詩文引用許多典故，即強調文本「已經」實現了一種在現世裡的功能、

〔註6〕艾德華‧薩伊德著，薛絢譯，《世界‧文本‧批評者》（台北：立緒文化，2009），頁56～57、62～63、69。

參照關係、意義。棄生身爲旅遊者，對古蹟的參訪吟詠，既詮釋文本特定的情境，其詩文藉此引起現世注意而安頓自己。棄生旅遊詩文自我定位的方式也限制了詮釋發揮的範圍。一方面《八州遊記》以歷史回顧展現學識涵養，以及旅遊的時空背景和心情；一方面《八州詩草》吟詠古蹟，詮釋文本時，把文本作了隨境偶然的收場，卻毫不減損其實在的迫切性。因此言外常有以古諷今的針砭，除了展現其詩人敏銳深刻，多愁、多欲、多情的個性，也蘊含鑑往知來的智慧。

例如他遊廬山，廬山又名匡廬，相傳匡俗曾隱居此山得名。〈廬山雜詠五首〉其四云：「曠古名山迹未虛，上霄峰載禹碑書。女兒城北吳王砦，何處匡君有舊廬。」名山勝跡，圖輿地望等知識皆能縷述，親自踐履，又能感性抒情，乃有膾炙名篇。

三、心理、哲學、社會學的方法和觀點

相較歷史地理重視時地的觀點，心理學重視人動機行爲的科學詮釋。從所謂身體部署與自然哲思立論，物我對話所展現內心和宇宙天地，運用心理學知識詮釋文學作品隱微文字間的空白，此爲心理學的觀點。

從精神分析學論者雅克・拉康（Jacques Lacan，1901～1981 年）對心理分析師與他者對話時所須的對話技巧言，旅遊詩歌可說是在（小寫的）他者之外捕捉（大寫的）他者的呼喚，並通過他的回答來證實這種呼喚。無論借助鏡像分析無意識的自我將欲望移情於他者，而以語言建構一自戀的理想自我形象；或借助捕魚籠隱喻主體在言說中進入或走出他者領域。如果從作品有自我傾瀉與療癒的功能言，作家有時如一誠實的心理分析師，分析自己深沉的潛意識。一如雅克・拉康所說，心理分析師必須是與鏡像對稱的對話的回音，使它爲主體回顧所知。而提問者爲了得到一種承認形式的回答，只有由「當說話者放棄由自負所主導的在場和身份時，才有可能在對話中得到承認。」從「以對象爲取向的需要與對愛的想像性欲求之間的分裂」，因書寫時運用轉喻及隱喻等心理轉移與凝縮作用，開啓從無意識的欲望到有意識的話語之間的通道。口誤、玩笑、夢的解析，都或多或少透露無意識欲望的經驗領域。但要把（大寫的）他者，也就是無意識秩序的具體體現者，如中間調解人進入鏡像一般，將眞正的主體（本我）帶入語言。拉康要求被分析者以自由聯想遊戲，創造分析談話的開始狀態；

又要求分析師傾聽、負責、正直、誠實的作證，更適時以沉默作為暫時停留語境中的相互交流。將壓抑的欲望與不快樂的經歷以語言表述重回無意識，即「已預知的後知性」。無論我們換一個說法，稱「已預知的後知性」為身體悟行與智慧觀照下的「前景」，或「歷史」，即在場同時意味著不在場，而不在場同時意味著在場。或者說戲破「天機」，即「將已經存在，剛要成為」。〔註7〕拉康以心理分析身體意識與語言所呈現的語言歷史觀，使人想起愛爾蘭詩人葉慈（William Butler Yeats）〈航向拜占庭〉「（困於欲望）他連自己都不認識，且將其心神畢力///於一永恆之技藝。（It knows not what it is; and gather me///Into the artifice of eternity.）」「對著拜占庭的王公貴婦///歌詠著過去、將逝、和往來今古。（To lords and ladies of Byzantium///Of what is past, or passing, or to come.）。」

洪棄生以豐富的歷史知識，以及身為儒者對中國文化的認同與濟世心懷，面對古蹟勝景宏美而無聲的說法，恆以情景交融的角度，書寫時運用轉喻及隱喻等修辭，如分析師傾聽、負責、正直、誠實的作證，營造動靜相形、語默相生的詩境；又「以物觀物」，以閒曠蕭散之姿，使時間觀的作用在於「一段主體得以體驗到真理在承認他者的過程中顯現的時間長度。」悠閒到似乎能「無限預知這段時間」。〔註8〕

從哲學的觀點言，誠如學者廖蔚卿所說，哲學的省思以文學語言加以表現，則明顯地含具了作者直覺的根本：情緒的重要性；及語言的本質：象徵的重要性。〔註9〕以此論之，棄生旅遊詩文中的情緒和象徵，常流露中國儒家、道家乃至佛家的思想。佛家中觀緣起畢竟空的思想，對治意志盲目、無目的的自我再生產。意志產生意識以自欺，「產生我們擁有自身目的與價值的幻覺。」受佛家思想影響，西方哲學家叔本華提出「虛假意識」說。而佛洛伊德從「欲望」立論，強調幻想、錯誤認知以及對真實的壓抑都是自我的基本結構。佛家苦空夢幻的體悟，以佛洛伊德的潛意識說，無非欲望大海浮漚的本體變相，因而煩惱即菩提，禪宗定慧不二的明心見性，

〔註7〕格爾達・帕格爾著，李朝暉譯，《拉康》（北京：中國人民大學出版社，2008年），頁51～52、58、135～154。

〔註8〕同前註，《拉康》（北京：中國人民大學出版社，2008年），頁146。

〔註9〕廖蔚卿著，〈論中國古典文學中的兩大主題──從登樓賦與蕪城賦探討遠望當歸與登臨懷古〉，《漢魏六朝文學論集》（台北市：大安出版社，1997年第一版），頁84。

從認知心理學的觀點,須從面對問題,質疑、澄清,詮釋其意義入手。〔註10〕受到佛學啟迪的宋明理學家,或強調「格物致知」、「窮理盡性」的「道問學」,或由「致良知」的「尊德性」,卻都注意到如何正心修身,變化氣質的重要。

正心修身,變化氣質的重要,在回到價值建構與意義實現的問題。要斷定事物的價值,一方面是物本身有其「內在」既有價值,價值一方面又是人為創造,或是約定俗成。如果將人生意義固執膠著在某些約定俗成的價值,以此建構生命意義,則個人的自由將被動由物來決定。道家老、莊,一言「道可道,非常道。」一言齊物論,都是為了破執以顯道之廣大。儒家則強調「人文化成」、「參贊天地化育」的生生之德。孟子強調「率性之謂道,修道之謂教。」以心之官則思,立此心之大者,以志帥氣,無非指心智理性真實而重要,能充分自由的追求道,才能踐形。以至誠無息,存心養性以事天。一方面指「如果人為的意義要有效,人類必須尊重世界的紋理與質地。」培養謙卑才能安身立命,參贊化育,具有濃厚的人文教養和關懷。泰瑞·伊格頓說得好:

> 人類是自我決定的存有者——但惟有以對自然、世界、彼此的深刻依賴為基礎,他才會是自我決定的存有者。……一個有意義的人生計劃如果不顧及親屬、社群、性、死亡、遊憩、哀傷、歡笑、疾病、勞動、溝通等等事實,也很難維持下去。

泰瑞·伊格頓認為這些個人生命的核心特徵,在任何個人的生命過程中都很重要,但在不同文化中的實踐方式是很不同的。從社會學的觀點,如何實踐生命意義與價值建構?棄生的態度是參古變法,對古人是「半肯半不肯」;非親履實踐,不足以學究天人。顧及親屬、社群,一如泰瑞·伊格頓認為生命意義是屬於倫理道德,「某種生命的品質、深度、豐饒、強度。」〔註11〕親履實踐,學究天人,棄生代表傳統知識份子的典型,也是台灣在日治初期至中期,對中國文化的認同、孺慕和發揚,從棄生的《八州詩草》可窺一斑。

〔註10〕 泰瑞·伊格頓著,《生命的意義是爵士樂團》,頁104～106。
〔註11〕 《生命的意義是爵士樂團》,頁142～153、181。

第三節　研究的架構與貢獻

本書《洪棄生的旅遊詩歌──《八州詩草》研究》，分書前緒論，書後餘論，加上中間八章，共有十章。中間八章的架構與貢獻。

第一章就作者生平事蹟和《八州詩草》背景，知人論世，以意逆志。

第二章就旅遊詩歌情景交融理論的架構，闡發創作的方法，共分四節，以作品相印證。

第三章從旅遊詩歌的旨趣，共分十四節，詳論作品的旨趣。

第四章從詩歌的體製和旨趣所形成的特色。從旅遊詩歌的感性和知性，從景色的異同處論；從風格相對近於唐詩和宋詩，以及文章筆法討論「藉景抒情，寓意深刻。」等。從詩歌和繪畫的意象理論，討論「景觀如畫，寫意逼眞。」等。共分十節，可見作者如何推陳出新。

第五章從詩歌的修辭技巧，賞析詩歌藝術精彩之處。

第六章論詩歌的審美觀，分析評論作品的「後設問題」（meta-questions），即一件作品是好是壞，我們的審美觀究竟是什麼？共分三節，以此深入析賞作品。

第七章論詩歌的風格，共分三節，以文本的現世性，強調風格形成的原因。

第八章論詩歌的意境，共分四節，分析作品高妙的因素。

餘論則從詩歌的推陳出新、新變代雄，從「變」的觀點論洪棄生旅遊詩歌的成就。

第一章　洪棄生生平事蹟與
《八州詩草》的背景

第一節　洪棄生生平事蹟

此節參考程師玉凰之考證，摘要言之。

一、生卒年及名號

洪棄生之生卒年，當生於清同治五年丙寅（1866 年）十一月十一日，卒於民國十七年戊辰（1928 年）二月初九日。洪棄生一生行用的名字別號頗多，有攀桂、一枝、月樵、青雲、繻、棄生、棄父、曰堯。「攀桂」是他的本名，只見於族譜，平日少用。「一枝」是他的讀書名或官章。在乙未以前，棄生的文章較常自稱「一枝」或「枝」。「月樵」是棄生的字。「青雲」是光緒二十年（1894 年），台灣知府孫傳兗舉行觀風試時，棄生曾以「洪青雲」之名參加考試。因此，「洪青雲」只見於觀風試稿。「洪繻」、「洪棄生」則是乙未之後改取之名與字。取「棄繻生」之意，典出《漢書·終軍傳》。「希望能效法終軍的慷慨豪氣，捲土重來。至於云『棄生』乃寓意自己是清朝棄民，期待棄而後生，表示對故國之思。」〔註1〕至於「洪棄父」之名始見於民國十一年。據洪炎秋云，是年他陪其父到大陸遊歷時，攜帶《瀛海偕亡記》和《中東戰紀》二書稿，當時委託北京大學出版，為了避筆禍，《瀛海偕亡記》改名《臺灣戰紀》，作者名改作「洪棄父」。因此，「洪棄父」是棄生的化名。「洪曰堯」之

〔註 1〕程師玉凰著，《洪棄生及其作品考述》（臺北縣：國史館，1997），頁 68。

名原只見於民國十九年,鹿港信昌社發行的《中西戰紀》,不過書內文仍署名爲「洪棄生父」。誠如程玉凰云:「『洪棄生』是在光緒二十一年日據後所改,此年是他一生最明顯的分界線,他的改名極具有民族意識與時代意義。」〔註2〕

二、求學和應舉之歷程

棄生求學的歷程,據程師玉凰考證,曾於光緒七年(1881 年)至九年(1883年)間就讀於私塾或書房、學堂,其師名施鏡芳。光緒十一年(1885 年)至光緒二十一年(1895 年),則在書院中讀書,爲應舉而學作制義(即八股文)及試帖詩。棄生《試帖詩集》收錄九十首,自光緒十一年乙酉至光緒二十四年戊戌作。可見其爲應舉,平日致力之勤。當時棄生所讀的,應該是彰化的「白沙書院」。

所謂「官課」或「官期」,是指由彰化知縣、臺灣知縣或藩臺知府等地方長官所舉行的考試,在每月的初八、十六日,無論童生、生員都要參加,目的在觀察地方文風的高下,故稱「觀風稿」。亦有考核學生成績,督促學業進步的用意。棄生的「觀風稿」甚得考官的賞識,常名列超第一名,每次可獲銀二元。棄生性至孝友,有撫孤寡婦,常以書院所得膏火接濟。

然而棄生應舉的歷程,可以說是不順利且艱辛。其友張光岳曾云棄生三登草榜,延至逾冠後,始中秀才。捷榜登「府案首(第一名)」,錄取秀才之考試在光緒十五年(1889 年),主考官臺南知府羅大佑慧眼賞識,將棄生拔擢取列爲第一名,因此棄生視爲文章知己。棄生感念師恩,作〈輓德化羅穀臣太尊文〉悼念,並於羅氏詩集題詩四首哭之。民國十一年,棄生赴大陸遊覽,經過江西九江,尚託人尋訪其後人,可見對羅氏感念之深。

棄生通過秀才考試後,接著參加舉人考試,曾四次赴福州參加鄉試。第一次在光緒十五年己丑(1889 年),第二次在光緒十七年辛卯(1891 年)。第三次在光緒十九年癸巳(1893 年),第四次在光緒二十年甲午(1894 年),這是棄生一生中最後一次參加科舉考試,卻仍落第而歸。

光緒十九年之鄉試,據《八州遊記》的追述,以及《寄鶴齋詩集》、晚年《八州詩草》中的詩歌印證,棄生由泉州城出東門,轉北行而過洛陽橋,謁蔡襄祠,并讀碑記,再上福州大道。初由晉江縣歷惠安縣,至仙遊縣楓亭,此地以荔名天下,又過瀨溪。棄生云:「借問楓亭亭下客,馬頭曾見幾重山?」

〔註 2〕《洪棄生及其作品考述》,頁 71。

「笑我行蹤似秋色，西風吹過瀨溪橋。」晚年追憶云：「楓亭馬馱荔支香。」
「瀨溪山水明如繡。」越日，至興化渡口，其詩云：「細把煙波問老漁，滿帆
風與水徐徐。誰知海上曦陽客，倚在中流自讀書。」此地渡口應試之舟多如
群鳧。是日舟至蒲田東北之涵頭。越日由此過帽山至逕江口，過龍津橋、江
梅妃村及鄭樵夾漈山，晚年追憶道：「半樓明月梅妃里。」「夾漈雲煙淡不空。」
越日過蒜嶺，望東海云：「古寨已荒秋草裏。」言此地之荒寨。是日宿漁溪驛，
越日過漁溪石橋，在漁溪旅舍見羅大佑題詠詩不少，〈出漁溪橋上〉云：「題詩
昨夜在漁溪。」亦效前賢而題詠。又過福清鄭俠故里，越日過烏龍江，捨轎乘
舟，由此江入白湖，作〈舟至白湖〉詩，終抵福州，首尾五日，行四百里。

　　光緒二十年之鄉試，棄生七月十一日出發，在海上濡滯十日，始到廈門。
再由廈門乘船至福州應試，當時中日甲午戰爭已經爆發，棄生〈自廈島附福
靖兵船應試時朝鮮有倭患〉詠戰事云：「壯懷欲到伏波營」，有執干戈以衛國
之志。八月十五日考試結束後，在福建函江縣待渡一個月。在函江時便知道
自己落榜，感觸頗多。是年與弟子阿宗敘述自己赴福州考試以及返鄉的海上
經歷。言及應試心情，他認爲此次考試被錄取的文章程度不高，有身入裸國
之辱。在函江待渡回臺，卻阻於浪潮。曾航海四次，都因海上情況不佳而望
不見臺灣。望見臺灣了，又忽遭罡風打掃船桅，只得折回再出航，仍不順利，
只得泝潮至崇武。再阻風十日，始得揚帆。而水路波濤掀簸，待船將入鹿港，
復不得入，猶寄泊於番挖海口五日。其宗人欲撐竹筏往濟，亦苦風利而不得
泊，至第七日始得登岸。此爲其平生最後一次應舉，艱苦顛沛的過程，以「失
路人」自比，心情洶湧，愁緒如海水。感慨「三載重洋將復過，去程太息即
來程！」數年來應舉求第之期待，都遺落在茫茫水程中。

　　他眼見世局如棋，冷落殘罷，何嘗無收拾振起之大志，但書生志意只能
銷磨於筆硯。「浮雲流水年年去，白鶴依然在故巢。」甲午戰役風雲將至，而
臺籍士子大抵猶沉酣於八比，以求應舉。其進可爲逐利逐名之雞鶩，退尚不
失固守故巢之孤鶴。棄生早期的詩作，便在應舉與落榜的得失中，抒寫傳統
士子株守經籍以求用世的心理。待乙未台海如沸，清廷將台灣割日，才驚惶
如亂蟻走鼎，卻已無力回天。

三、日治時期

　　光緒二十一年（1895 年）三月，清廷因甲午戰爭失敗，派李鴻章至日本
馬關，與日本代表伊藤博文簽訂議和條款，將臺灣全島及所有附屬島嶼、澎

湖列島，永遠割讓給日本。臺灣同胞以義不臣倭，堅決反對割台。抗日過程中，洪棄生先是積極的參與武裝抗日，與丘逢甲、蔡壽星、許肇清諸人，曾擔任抗日團體「中路籌餉局」委員。惟武裝抗日失敗後，棄生從此絕意仕進，不再參加科舉考試。並且杜門不出，隱於家中，逃於煙（鴉片）、酒，以求免禍。對日本人採不合作、不妥協的抗議態度。更以筆作劍，指斥諷刺日人在臺灣的倒行逆施，以伸張民族正氣與人間正義。其詩見證一代興亡，關懷民生利病，足稱爲「詩史」。

在家境狀況上，棄生於光緒二十六年（1900 年），與其兄分家後，完全靠存款利息與教授生徒之學費度日。由於其子當時年幼，事事皆棄生自任，經濟不免困窘。然中晚年經濟逐漸改善。以己力置田產，預作爲出書之版費。民國六年，他自費出版《寄鶴齋詩臠》，由南投活版社印刷，以分贈同好詩友。

民國十一年（1922 年）赴大陸遊覽，還將《寄鶴齋詩臠》攜帶至大陸贈予他人。此行由其次子炎秋陪同，遊歷八州，歷時近半年。

棄生的死因，程玉凰考證，因棄生長子棪材虧空公款潛逃，棄生本未聲張，後因曾結怨的友人向日警告密，日警素對棄生不肯爲日人做事，又不肯遵從日本政令剪髮的諸多抗日行爲，早已恨之入骨，又沒奈他何，正藉其子潛逃一事，將他拘捕，而棄生之身體狀況，本因抽鴉片健康不佳，更爲長子的不成材，以及遭到友人告密，氣憤填膺，在獄中病情乃更加嚴重，等他變賣土地，替子償還公款以後，日警才將他釋放，出獄不久即因病去世。許幼漁的「索居方一月，遺恨定千秋」，或即指棄生拘留在獄中一個月，便悒悶氣憤而一病不起。

民國十一年（1922 年），棄生赴大陸遊覽，民國十二年返家後，依旅遊所見，撰述《八州遊記》與《八州詩草》。《八州詩草》的詩作所敘述的重要景點，可依《八州遊記》所描寫的景點有三種，一爲親自遊覽登臨之地，一爲鐵路、長江沿路經過之地，一爲景點附近之介紹。以下根據《八州遊記》將實際遊覽的地點略作敘述，可大致瞭解其旅程的重要景點。

出發前在台灣所作〈將遊中華作〉云：

> 將老再行邁，竟作萬里遊。此意同夔鑠，恨[註3]無勳業酬。棲棲
> 入名山，遠與禽向儔。向禽亦何易，蹤跡巢許侔。堯舜今已沒，洪
> 水自東流。我爲乘桴客，翻向陸中浮。陸中誠阻艱，尚有桃源留。
> 滄海淺更涸，巨魚日吞舟。六鼇沉蓬山，一去不可求。我欲窮天關，

〔註 3〕編者按：「恨」，省文獻會全集本誤作「食」，今據原稿甲本改正。

安得崑崙邱。中原軒轅都，勝蹟神禹州。乾坤雖莽莽，軌路自悠悠。

列子御風行，域外期一周〔註4〕。

欲效法《後漢書‧逸民傳》中的向長（字子平），與同好北海禽慶俱遊五岳名山。又期待如隱士巢許，尋覓桃源以避時亂，感慨滔滔陸沉之世，何不如列子御風暢遊。此行又探訪大禹舊跡，學太史公司馬遷的壯遊，如孟子上承三聖以拒邪說，冀望中國富強。〈將泛海入中華作〉云：

飆輪發出東瀛東，臺灣水與吳淞通。五嶽三山禽慶志，五湖四海范蠡風。久閉島上如樊籠，山水瑟瑟無歡悰。有樹髡比湘君楮，有石血見秦鞭紅。欲向方壺覓員嶠，奈無黃平乏赤松。放櫂滄溟遊萬里，此行或遇東王公。……

東王公也作東皇公、東木公、東華帝君，與西王母並稱，領男神，掌諸仙名籍，見《神異經‧東荒經》。西王母是神話中的女神，見《穆天子》等書。春秋越王勾踐敗辱，為雪恥報吳王夫差宿仇，接受文種「尊天事鬼」之術，立東郊以祭陽，名曰東皇公，立西郊以際陰，名曰西王母。祭陵山（禹陵）於會稽，祀水澤於江州。〔註5〕棄生此行遊歷萬里之遠，因而祈求山川鬼神祐助。

　　以下行程敘述，以及〔表1〕，參考程師玉凰《洪棄生的旅遊文學──《八州遊記》研究》（台北：文津出版社，2011）的論述，再作刪修、補述。

（一）華中：江蘇、安徽、江西

1. 江蘇

　　洪棄生所遊覽的景點，以江蘇而言，上海是臺灣一般文人到大陸的第一站，也是必遊之地，但是在洪棄生眼中卻是個充滿奇詭之物。淫靡成風又惡濁之地，他說：「上海無清遊之地，曩有愚園，徐園，泉石花卉，樓閣亭臺，均清華不俗，故三十年前臺灣會試之士，佇足上海者：率往舒眺而道於余，及余至，則三園風流歇絕。惟高昌廟路之半淞園，引黃浦江水於園中，頗有水木之趣。城中東西二園，清而太淡。若未夫猶太人之哈同園、黃浦灘之西人公園，雖龐然大觀，然彌繁彌俗，余亦未嘗涉足。外此設劇場以勾引遊客者，若大舞臺、新舞臺、新世界、大世界等，劇色雖多，俗不可耐，故兒輩數與臺灣遊學生往觀，余從未一往。」〔註6〕

〔註4〕作者註：「壬戌（1922）七月。」

〔註5〕趙曄著，黃仁生注譯，《新譯吳越春秋》，頁286～288。

〔註6〕《八州遊記》，頁4～5。

因此他到上海後，即搭乘滬寧鐵路直往蘇州閶門，先到著名林園留園和西園賞玩，園中雅致景觀，這才是他所謂的「清遊之地」。至於附近的寒山寺、楓橋，則是張繼〈楓橋夜泊〉吟頌之地，詩人韋應物曾宿於此寺，並有王漁洋題詩及鐫清高宗之詩。因此有凡名人、詩人詠詩題詩遊賞之地，都是他選定景點的條件之一。

虎丘（遊記用「邱」）是遊寒山寺必遊之地。虎丘，山名，在今江蘇蘇州西北，亦名海湧山。相傳吳王闔閭葬此，其上有虎丘塔、雲巖寺、劍池、千人石等古跡。《吳郡志》卷三二：「雲巖寺，即虎丘山寺，晉司徒王珣及弟司空王珉之別業也。咸和二年捨以為寺，即劍池而分東西，今合為一。」棄生遊雲巖寺，只是王珣別業已不存。虎邱生公講臺，旁為千人石，棄生云：「生公為晉竺道生，初寓金陵梅岡高座寺後。後寓虎邱，聚石為徒，臺在五十三參下，有石級五十三，有李陽冰四石篆，有已涸生公白蓮池千人石一片平坦，可坐三四百人，宋文帝會生公聚眾說法於此。」〔註7〕虎邱「生公講臺」四篆字題榜，相傳為李陽冰筆。〔註8〕又有「劍池」二字，相傳為顏真卿書法。黃庭堅評顏真卿書法：「魯公書奇偉秀拔，奄有魏晉隋唐以來風流氣骨。」〔註9〕所遊又如館娃宮，相傳春秋時吳王夫差為西施所建，舊址在今江蘇蘇州西南靈巖山，為靈巖寺。閶門，蘇州西門。皋橋，在閶門內。此皆為佳勝必遊之地。

太湖山水奇秀，以太湖石聞名。《吳郡志》卷二九：「太湖石出洞庭西山，以生水中為貴。石在水中歲久，為波濤所衝撞，皆成嵌空，石面鱗鱗作靨，名彈窩，亦水痕也。沒人縋下鑿取，極不易得。石性溫潤奇巧，扣之鏗然如鐘磬。其在山者名旱石，亦奇巧，枯而不潤，不甚貴重。」白居易〈太湖石記〉：「石有族聚，太湖為甲，天竺、羅浮之徒次焉。」〔註10〕

棄生認為湖中的東洞庭湖山有如入福建武夷山九曲之一曲，景致勝過西子湖，西洞庭湖山更有詩人陸魯望、皮日休、吳梅村、汪鈍庵的紀遊詩，可增添遊覽趣味。尤其燈下聽雨於太湖中，品嚐洞庭湖美酒與享受魚產佳餚，不禁有「宛乎昂頭天外」之快。其他如遊石湖，探訪文人范成大故跡、蘇州城中蘇子美滄浪亭以及有六百年歷史的古蹟獅子林、吳梅村詩所吟詠的拙政園，都是他嚮往賞遊的景點。

〔註 7〕《八州遊記》，頁 8。

〔註 8〕葉昌熾撰，柯昌泗評，《語石‧語石異同評》，頁 374。

〔註 9〕葉昌熾撰，柯昌泗評，《語石‧語石異同評》，頁 438。

〔註10〕白居易著，陶敏、魯茜注譯，《新譯白居易詩文選》，頁 528。

　　鎮江的「兩隄楊柳，一水芙渠，名山西峙，大江東流」，足可令他眼界一新，襟懷頓豁。洪棄生由鎮江渡江，乃是為了去揚州、蜀岡、平山堂，揚州素有「瘦西湖」之稱，勝景頗多，有徐園、史公祠、法海寺、法靜寺可遊。蜀岡為遊觀之所，歐陽修在其上建平山堂，頗有偉觀，又有晁無咎、秦少游諸名士之文采輝映增勝，且附近林樹蒼蒼，洪棄生視為佳景勝地。返鎮江後遊金山、焦山，遊焦山定慧寺，寺塢下兩壁，左嵌王文治書十四人遊山詩八石，右嵌曾燠集同時遊詩五律四石。又轉遊枯木堂，轉往三詔洞，中途見數石為宋人題名記，棄生惟憶米芾、陸游二石。〔註11〕陸游深以書自負，所書摩厓在此。〔註12〕此外，棄生亦遊北固山，因上有甘露寺。

　　南京有許多帝王舊都之勝蹟，洪棄生遊玄武湖、三臺洞、燕子磯、夫子廟、雨花臺、明故宮、明孝陵、謝公墩、半山寺、桃葉渡口、秦淮溪、隨園、烏衣巷、莫愁湖等，都是一遊之地。

2. 安徽

　　洪棄生遊畢南京城後，即改由長江水路往安徽，沿路經過采石磯，為絕好遊觀之地，有詩人李白乘月著袍的「太白樓」、「捉月亭」，更是兵家必爭之地。采石磯，一名牛渚磯，在今安徽馬鞍山市當塗縣長江邊，是牛渚山突出長江的部分。采石有李白墓，據《光明日報‧文學遺產》第五九五期朱金城〈采石江邊李白墳辨疑〉一文考辨，采石的李白墓是李白的衣冠冢。〔註13〕當塗的東西梁山，又稱峨嵋山，此為李白曾過之地。李白墓即在今安徽馬鞍山市當塗縣青山。棄生乘舟遊蕪湖的夜景，沿長江經貴池、安慶，洪棄生均在舟中欣賞風景，未曾登岸，但仍可令他聯想相關文人典故，而生思古之幽情。

3. 江西

　　船行進入江西省，洪棄生即明白指出：「自過采石磯後。所凝神盼者，馬當、小姑也，江山之妙，亦莫若此二地。」可見此二景在他心中的地位，其以馬當山複疊雄峻，以風送滕王閣始著名，而其所謂小姑實為小孤山，自宋代已訛稱小姑，洪棄生擬其嫵媚如佳人。

　　江西省最令他醉心的風景就是廬山，他認為足可與五嶽相比，故云：「余來江西，即為廬山也。」因此他到江西只遊廬山一地，故暢遊廬山各地美景，至

〔註11〕　《八州詩草》，頁30。
〔註12〕　葉昌熾撰，柯昌泗評，《語石‧語石異同評》，頁462。
〔註13〕　白居易著，陶敏、魯茜注譯，《新譯白居易詩文選》，頁475。

含鄱口望鄱陽湖，遊黃龍潭、賞三疊泉、五老峰、香爐峰瀑布，尤以香爐峰瀑布因李白「飛流直下三百尺，疑是銀河落九天」而聞名。遊記中對廬山每一景點之描寫極為詳盡動人，如參讀《八川詩草》中的〈遊廬山十五首〉，更見其美。

（二）華南：湖北、湖南

1. 湖北

遊畢廬山後回九江，洪棄生沿長江轉往湖北省，湖北有許多古蹟以及與文人典故、三國史事相關的景點，如沿長江可經過張志和作〈漁歌子〉之西塞山，蘇軾謫黃州（今黃岡）附近有其遊西山所建置的九曲亭，蘇轍寫有〈九曲亭記〉。還有黃岡山下的東坡，是蘇軾自號東坡之處，而與蘇軾同時貶謫黃州的張夢得，建亭於附近的赤壁江上，蘇軾命名快哉亭，蘇轍作有〈快哉亭記〉，黃岡赤壁，是為蘇軾兩遊赤壁，賦前後〈赤壁賦〉之地，此皆文人雅事，然洪棄生並未親自登臨其上。湖北之行，還有至漢口會盛蓼菴等老友，順道遊漢陽歸元寺，以及武昌之黃鶴樓，有文人崔顥題詩樓、太白樓、駕鶴仙亭等，又可在江中望鸚鵡州的晴川閣。而後再到漢口古德寺與太虛法師相會。此因民國六年（1917 年），太虛年二十九歲。十一月六日來台遊基隆，翌日去台北，十八日赴台中，應台灣望族林紀堂之邀，遊阿罩霧。棄生函贈「寄鶴齋詩彎二集」。太虛答以詩，回贈講稿及詩錄。前此因緣，因有此次訪太虛之事。

2. 湖南

湖南岳陽的洞庭湖與岳陽樓亦為洪棄生響往之地，洞庭湖在今湖南、湖北二省交界處，原為中國第一大淡水湖。上世紀圍湖造田，水域面積已較鄱陽湖為小。《元和郡縣圖志》卷二七「岳州巴陵縣」：「洞庭湖在縣西南一里五十步，周回二百六十里。」岳陽樓因范仲淹〈岳陽樓記〉而聞名。杜甫曾登岳陽樓，入洞庭湖宿青草湖。《元和郡縣圖志》卷二七「岳州巴陵縣」：「巴丘湖，又名青草湖，在縣南七十九里。周迴二百六十里，俗云古雲夢澤也。」洞庭、青草兩湖相連，實為一湖。杜甫〈過青草湖〉：「洞庭遙在目，青草續為名。」岳陽城北有小喬墓、魯肅墓等古蹟，洪棄生亦瞻仰不已，故登岳陽樓、遊洞庭湖、弔古蹟。

（三）華北：河南、蘇北徐州、山東、河北

1. 河南

出岳陽城改走水路，乘輪舟行長江，經嘉魚赤壁返漢口，再換乘京漢鐵

路前往河南。河南為古中原地。古蹟名勝甚多，也是洪棄生感慨最多的地區，此地古蹟兼有關係興亡與帝王舊都勝蹟，至鄭州尋訪夫子廟、鄭子產遺愛坊，洛陽有紀念關羽的關林，有伊闕龍門山的龍門石窟，為有名的佛教古蹟，有萬佛山之稱。杜甫曾先後遊龍門山的奉先寺、龍門驛，而龍門山對面的香山，因白居易建香山寺而聞名，李白曾夜宿此地並作詩為紀，凡此皆有文人遊跡。遊洛陽後本欲繼續往西，後因兵氛不敢入山西潼關，乃折返洛陽往開封。開封的歷史古蹟有開封古城、相國寺、宋汴宮、鐵塔，以及囚禁宋徽、欽二宗的青城，可供洪棄生憑弔。遊畢仍乘隴海鐵路東往江蘇北部的徐州。

2. 蘇北

江蘇省的徐州城，是津浦鐵路與隴海鐵路交會處，為前往山東、河北必經之地。徐州古蹟有快哉亭、黃樓，皆為蘇東坡遺跡，且詩作頗多。還有紀念關盼盼的燕子樓，白樂天、蘇東坡均曾在此作詩填詞，在徐州城外順道憑弔范增冢，遠望雲龍山項羽的戲馬臺。遊畢徐州，改乘津浦鐵路前往山東。

3. 山東

十一月十三日至二十三日間，棄生至山東省各名勝遊覽。如微山湖、薛城區、昌平山、吳村、徂徠山、濟南、長清縣、靈巖山、肥城，至泰安遊岱廟，並登泰山。回程由海路，沿之罘山入煙臺澳。山東古蹟有孔子陵廟，他最崇仰孔子，其路線為先至孔林的孔夫子墓，再至曲阜闕里拜謁孔廟。出孔廟後直達濟南，與辦〈民報〉的好友盛北溟會面，而後遊大明湖、歷下亭、登歷山、遊趵突泉、珍珠泉、金錢泉、閔子祠、閔子墓，而後南下，折回泰安，遊岱廟。登泰山為此遊的重要行程。泰山為秦皇漢武封禪處，古蹟很多。相傳秦始皇帝東巡，刻石凡六；始於鄒嶧，次泰山，次瑯邪，次之罘，由碣石而會稽，遂有沙邱之變。今惟琅邪臺一刻尚存諸城海神祠內。泰山二十九字，先在嶽頂玉女池上，後移置碧霞元君廟。〔註14〕棄生先遊此宮，再登至玉皇頂的觀日峰，體驗「登泰山而小天下」的壯觀，下泰山後返泰安。又至第二天至濟南車站乘車往河北。

4. 河北

北京為皇城重地，頗多可遊觀之處，乃先至天壇、先農壇、地壇、日壇、月壇、先蠶壇、社稷壇、清太廟，再至紫禁城，遊太和殿、保和殿、中和殿、

〔註14〕葉昌熾撰，《語石‧語石異同評》，頁 2～3。

文華殿、文淵閣、武英殿等等，洪棄生均有細緻的描寫其建築典制與結構，流露對清朝懷念之情；另有北海、中海、南海，其中宮觀，幾可累月遊之不盡。往北的居庸關爲京師八景之一，號稱「居庸擁翠」，其遊居庸，再登八達嶺，又遊八景之一的「盧溝曉月」，讚嘆關險。返京城後，重訪天壇、地壇、日月壇、雍和宮。遊畢北京後，乘火車至天津，登順天號返江蘇上海。

（四）華南：浙江、江蘇、福建

1. 浙江

由河北返江蘇上海後，先乘滬杭鐵路至浙江杭州的遊覽勝地西湖，可憑弔附近蘇小小墓、岳飛墳、岳王廟，尋訪靈隱寺及李白、蘇軾所遊三天竺山、飛來峰，再遊西湖十景。西湖，一作錢塘（或作唐）湖，在今浙江杭州西。白居易〈錢唐湖石記〉：「錢唐湖一名上湖，周迴三十里。」《淳祐臨安志》卷八：「西湖，在郡西，舊名錢塘湖。源出于武林泉，周迴三十里。澄波浮山，自相映發，清華盛麗，不可模寫。朝暮四時，疑若天下景物，于此獨聚。」

天竺山，即飛來峰，在杭州錢塘縣，與武林山相對，產奇石。此外遊吳山，登高遠眺，可以傲視秦皇、漢武。而後再渡錢塘江到會稽，可瞻仰禹陵山、禹王廟、大禹寺、探禹穴、禹陵坊，此亦爲司馬遷所曾遊之處。紹興府城可體會蘭亭曲觴流水之趣，曹娥江上游有王子猷訪戴安道之路。返西湖後，再北至嘉興府，其地有鴛鴦湖、煙雨樓，此爲詩人吳梅村、朱竹垞寫詩及清高宗三遊之地。

2. 江蘇

出嘉興府後先返上海，再至松江，松江府是洪棄生遊江南的最後一站，亦是他行程中所嚮往的風景，因爲此地有三國六朝之古蹟，也有三泖九峰山水之勝，前輩文人頗多詩、賦、記之描寫，景致甚爲幽美。九峰的天馬山相傳爲干將鑄劍處，山中有圓智寺，又遊訪晉陸機、陸雲兄弟讀書草堂。尤其，還有松江府名產四腮鱸魚，更可親至品嚐其美味。

3. 福建

遊松江府後，再返回上海，由上海至福建，準備回臺。福州的虎門、長門天險、鼓山、羅星塔、馬尾船廠、釣龍臺訪古、泉州洛陽橋，皆是他昔日參加鄉試曾遊之地，此次重遊，乃以輕鬆的心情，回憶昔日參加考試的甘苦。

以上爲洪棄生所遊華中、華北、華南各地區重要景點，多達百餘處，十分可觀，而其行程實以上海作爲起點。（參見〔表1〕）

〔表1〕洪棄生遊中華路線表

陰曆（陽曆）	出發地點（交通工具）	經過地點及景點	詩題（文獻會本頁數）	備註
壬戌 民11（1922） 7/15（9/6）	彰化鹿港（輕便車）			陪遊人物：棪楸（次子洪槱）
7/16（9/7）	臺中（火車）	葫蘆墩、大甲溪橋、后里莊、大安溪橋、苗栗舊縣、後瀧、中港、香山、新竹、楊梅壢、中壢、桃子園、鷹哥石、枋橋、臺北	將遠遊在臺北路作（1）、過枋橋即景（1）	宿臺北旅館。陪遊人物：棪楸
7/17 7/18（9/8、9/9）	臺北（火車）	北投溫泉、草山		到北投洗溫泉、遊草山。18日匯兌旅費。7年前曾來遊臺北。陪遊人物：棪楸
7/19（9/10）	臺北（火車）	錫口、南港、水返腳村、五堵、七堵、八堵村、雞籠	雞籠山遇雨留宿顏君雲年陌園（1）	入夜大風雨。宿顏雲年陌園避風雨。7/20風雨瀟瀟。陪遊人物：棪楸
7/21（9/12）	雞籠（乘小輪上大船出海）	航行往上海途中	將遊中華作（2）、將泛海入中華作（2）	風止雨晴，上午11時展輪經往上海。陪遊人物：棪楸
7/22（9/13）	抵吳淞口後小輪、過吳淞鎮入新開河	揚子江口、（江蘇）吳淞口、吳淞鎮、上海、新開河	舟至上海租界所見二首（3）、滬瀆上即事（3）、遊蘇城外至寒山寺訪楓橋二首（3）、遊太湖遇雨（3）	午後2時抵揚子口。7/22～8/4停上海、未遊劇場。託上海王澹然

日期	地點	路線	詩作	備註
				代料理印刷文集《寄鶴齋文矕》。計劃先遊姑蘇。陪遊人物：棪楸
8/5（9/25）	上海北站（快車、僱轎）	寶山、崑山、正義、蘇州、閶門、留園、西園、寒山寺、虎丘、北寺塔		陪遊人物：三人
8/6（9/26）	蘇州胥門（舟帆、馬車）	胥門江邊、木瀆鎮、胥口、太湖、東洞庭山	往返太湖紀異（4）、泛太湖（4）	聽雨太湖。原偕遊之三人因路遠返上海。
8/7（9/27）	東洞庭山（篙輿）	莫釐山、西洞庭湖山、橫涇、石湖、橫塘、蘇州胥門	蘇州車驛登眺（5）、自太湖洞庭迴程六首（5）	
8/8（9/28）	蘇州（坐車）	蘇州城、滄浪亭、獅子林、拙政園、用里村、上海	蘇州城內訪古六首（6）	雨。夜由蘇州返上海後，料理買書。託王植代匯兌安徽、江西、湖北、湖南四省銀券。
8/9～8/13（9/29～10/3）				8/9、8/10 大雨。8/11 不晴，棪秋病起；12 日小晴，棄生病；13 日，棄生強起。
8/17（10/7）	上海（火車（滬寧鐵路））	上海、寶山、崑山、蘇州、滸墅關、望亭、無錫、慧山、橫林、常州、奔牛、呂城、丹陽、鎮江、西門	出無錫望慧山作（6）	宿鎮江西門之旅館。
8/18（10/8）	鎮江（小火輪、洋式腕車）	金山、瓜州、揚州鈔關、徐園、史公寺、蕭孝子寺、瘦西湖、湖心律寺、小金山、法海寺、	揚州紀遊（7）、自瓜州入揚州詠四首（8）	宿揚州廣陵旅館。

日期	地點（交通）	遊覽地	詩作	事蹟
8/19（10/9）	揚州城（江都）（車、火船）	蜀岡、法淨寺、平山堂、揚州橋故宮、東嶽廟、蕃釐觀、萬壽宮、曾文公祠、揚州勝景。出揚州鈔關。鎮江。下午遊金山、中冷亭、江天禪寺（金山寺）	揚州故宮行（110）	10時返鎮江，回鎮江大觀樓旅館。3時遊金山。陪遊人物：郡人徐君、歐君、校楸
8/20（10/10）	金山寺（救生船大舸）	焦山、定慧寺、碧桃灣、北固山、甘露寺、鶴林寺、竹林寺	北固山登望（7）、北固山訪古（8）、金山變陸感詠（8）、焦山（9）、金山即目二首（9）、出城訪竹林寺（10）、出效拓寺入山（10）、初到鎮江二首（10）、鎮江城南玉來山二首（11）、出入鎮江城二首（11）	郡人梁鴻卓借救生船。
8/21（10/11）	鎮江車站（火車（滬寧鐵路）、馬車）	高資、下蜀、南京下關、義鳳門、胭脂林、玄武湖	勾容道中望茅山（11）、下蜀港書所見二首（11）、龍潭路望隔江桃葉山（12）、望見攝山（12）、過棲霞山（12）、過堯化門及太平門車站（13）	
8/22（10/12）	下關（篷舟）	三台洞、燕子磯、下關	登三台洞（13）、登燕子磯（13）	宿下關旅館，聽南曲。
8/23（10/13）	下關（車）	南京城義鳳門、夫子廟、雨花臺、梅岡	登雞鳴山（14）、登雨花臺（14）	移入中正街旅館。
8/24（10/14）	南京（馬車）	明故宮、明孝陵、紫霞洞、靈谷寺、北極閣塔、朝陽門、半山寺、謝公墩		午自鍾山回旅館。午餐後全通俗教育館、桃葉渡。
8/25（10/15）	水西門（馬車）	莫愁湖、橫塘、勝基樓、清涼山清涼寺、九華山、九華	莫愁湖曲（15）、金陵雜詩十首（15）	宿下關天興旅館，準備

日期	交通	地點	詩作	備註
8/26（10/16）	下關（大利輪舟）	寺、掃葉樓、石頭城、小倉山、隨園、浦口。（安徽）、烏江、牛渚江、采石磯、當塗、蕪湖、魯港、荻港、銅陵、大通	過烏江口望見霸王山及爾（16）、過牛渚江（16）、眺采石磯（16）、看天門山（17）、北望裕溪口（17）、過蕪湖三首（18）世謂華州不見華而同州反得華州人每不平余在池州江上亦望不見華而人云無爲州中可見華作一詩（18）	明日渡江入安徽。
8/27（10/17）	大通（大利輪舟、划子舟）	貴池、樅陽、安慶、烏石磯、華陽鎮。（江西）馬當山、彭澤、小孤山、湖口、石鐘山、九江	過池州見山二首（18）、過樅陽江（19）泊安慶城南（19）、詠事（19）、過望江（19）、南岸十餘里眺馬當山賦馬當歌（20）、江中三面視小孤山作小姑曲（20）、舟至湖口見湖流入江又近見石鐘山石門江洲遠見鄱陽湖（21）、將近九江忽望天南有似雲非雲而天爲敝虧者知爲廬山矣賦之（21）	宿九江大安旅館。
8/28（10/18）	九江（划子舟）	登龜開河石橋、甘棠湖、煙水亭、九江城、南門、能仁寺、西門街、溢浦	過馬當即景（23）、眺湖口縣即事（23）、詠石鐘山（23）	陪遊人物：桜楸
8/29（10/19）	九江（腕車、摩托車、籐輿）	新橋、廬山、牯牛嶺、御碑亭、御牌坊、佛手巖、天池寺、文殊臺、黃龍潭	甘棠湖望廬山（24）、溢浦尋琵琶亭地（24）、入廬山十五首（24~28）	10時上廬山，午2時入宿大觀樓旅館。陪遊人物：桜楸
9/1（10/20）	廬山（轎）	牯嶺、廬林、含鄱口、鄱陽湖、黃龍寺、牯嶺	高脊嶺看鄱陽湖（28）	晨白雲滿山，雨猶滴瀝，傍午益密。停晚

日期	住所（交通）	遊覽地	詩作	備註
9/2（10/21）	牯嶺衝（街）（轎）	三疊泉、五老峰	觀三疊泉瀑放歌（28）	望牯嶺廻。陪遊人物：棪楸
9/3（10/22）	牯嶺西南（轎）	蘆林、含鄱口、歡喜崖、息肩亭、棲賢寺、玉淵潭、萬杉寺、白鹿洞、秀峰寺、青玉峽瀑布	自三峽橋南過馬頭上西南過項家坂向家村詹家崖田在水岸山邊或平野重重不絕至萬杉龍開先坂人家皆備然塵外得一絕（29），廬山雜詠五首（29）	晨8時出發。陪遊人物：棪楸 秀峰寺住持能識寄鶴齋詩，棄生贈《寄鶴齋詩鬟》，彼亦贈棄生《廬山志》。後以卷贈大大歸遺之。陪遊人物：棪楸
9/4（10/23）		計遊西林寺、東林寺	廬山佳處有飲至不果者再作三絕（29）	驪雨未成行
9/5（10/24）	牯嶺（轎、電汽車、腕車、車）	竹林寺、蓮花洞、新壩、九華門、鎖江樓、塔忠武祠		雨不止，至蓮花洞接盛蔘菴函，速到漢口，乃託寓館主訪羅穀臣後電館館人。陪遊人物：棪楸
9/7（9/6夜）（10/26）	九江大安旅館（江孚大船）	九江、馬頭鎮。（湖北）武穴、田家鎮、黃賴口、西塞山、大冶、黃石港、古武昌（今鄂城）、樊口、黃州城（今黃岡）、赤壁山、漢口	九江中見日出（30）、過武穴懷古（30）、過武穴即事（30）、過田家鎮（30）、過田家鎮中南對半壁山為江流最狹近見處（31）、田家鎮書所見（31）、北過蘄州（31）、南望見西塞山（31）、過蘄城懷古（32）、過鄂城懷古清武昌縣也（32）、在武昌縣黃州間江路即事（32）、將近漢口作（33）、舟上夜見黃州赤壁即事（33）、漢口漢陽對南岸武昌三處電光燭天	凌晨4時啟行，夜12點至漢口。漢上諸文士自10點來候，11時回。宿江邊洪益巷迎賓旅館。陪遊人物：棪楸

9/8（10/27）	漢口（腕車、馬車）	漢口武漢報館	現空中百萬樓閣爲長江一路第一大觀愛爲長歌以形容之（33）、漢口即事（34）、武昌懷古（34）	至武漢報館訪盛蓥菴。陪遊人物：桃楸
9/9（10/28）	漢口（小舟）	牛園（仙源里）、漢水、漢陽明月湖、古琴臺、大別山、梅子山、歸元寺、漢水	重九日盛君蓥菴邀過李仲青家園賞菊飲酒暨稚曾名士共渡漢江遊諸名勝乘月回漢口則江拙宜諸君相候杏花大酒樓是皆漢上始題襟者訂明日偕遊武昌（34）、九日登漢陽琴臺（35）	改宿萃仁旅館、李仲青以英國酒、天津製五加皮、玫瑰、高粱酒、鰳魚、肥蟹招待。下午六人渡漢水、遊明月湖、遊畢渡漢水、盛朱二人邀入杏花樓、江拙宜、王定郊、鄒碧痕作陪。陪遊人物：盛、朱二君同遊李仲青半園、李仲青弟、三位老諸生相迎共六人。盛君陪生遊漢陽歸元寺
9/10（10/29）	漢口（火舟）	武昌、漢陽門、蛇山、黃鶴樓、漢口、望鸚鵡洲晴川閣、漢口	登武昌黃鶴樓二首（35）、漢口夜望（36）、詠武昌府南樓（36）、自武昌回漢口（36）	劉仲瀨未相見。
9/11（10/30）	漢口（車）		諸友過從	桃楸生病、洪棄生爲下藥方。與諸友約明日遊漢北諸寺、觀佛會、晤釋太盧。
9/12（10/31）	漢口（車）	古德寺、金沙寺	漢口五里外古德諸寺（37）、	太盧法師因病未見面、由黃谷安以柬延招

日期	交通工具	地點	詩作	備註
9/13（11/1）	漢口（舟、車、火車（粵漢鐵路））	武昌、洪山、墩子湖、行宮、鯰魚套、咸寧、汀泗橋、浦圻。雲溪、臨鄉縣、岳州焉家沖車站（湖南）洋樓司、路口舖、	墩子湖弔古（37）、武昌故宮行（111）、江夏過紫坊至山坡司（37）、月下過官步橋至咸寧縣（37）、汀泗橋（38）、夜半過浦圻縣（38）、夜入湖南路（38）、過羊樓峒及雲溪為湖南臨湘地（38）	待。陪遊人物：盛蓉菴、黃谷安、陳材傑／梭樹留漢口。任君陪散步候火車。4時20分至岳州，宿三元旅館。陪遊人物：任梅華
9/14（11/2）	岳州城（輪舟）	岳陽樓、洞庭湖、二喬墓、魯肅墓、南門江城陵磯、（湖北）嘉魚、新堤、赤壁、鸚鵡州、漢陽	登岳陽樓（39）、自岳陽樓下登江舟入洞庭湖透視君山沿艑山回見巴邱岸美磯無數至呂仙塔下登岸（39）、泛洞庭湖作（40）、岳州城北小喬墓二首（40）、登長沙舟下巴江（40）、過道人磯望白螺山（41）、過陸口（41）、嘉魚江駕部洲詠古（41）、過嘉魚縣赤壁古（41）、過江夏亦壁弔三國戰地（42）、過大軍山懷古（42）、過鸚鵡洲弔古（42）、自岳州巴江水破曉至武昌望漢陽入漢口即目（43）	下午6時登舟返漢口
9/15（11/3）	漢陽（輪舟）	漢口		自13至15日風輪如枕50餘時，不獲一眠，大嘆遊亦苦
9/16（11/4）	京漢車站（馬車、火車）	諶家磯、瀟口、祁家灣、三汊埠	自岳州巴江水破曉至武昌望漢陽入漢口即目（43）、謝洗	因與送行諸君聊天，過車站賣票時間，盛蓉菴、任梅華／過諶

日期	交通	地名	詩題	備註
9/17（11/5）	（火車）	孝感、陸家山、楊家寨。（河南）武勝關、新店、李家寨、信陽、彭家灣、長臺關、三官廟、李新店、新安店、西平、雁山、馬莊、遂平、焦店、臨潁、許州、新鄭、謝莊、鄭州	上送行諸君（盛君蓼庵汪君拙宜任君梅華吳老文峯鄒君古子王君定郊）（43） 過孝感縣（43）、過雲夢縣（44）、德安府安陸縣（44）、過應山縣（44）、過武勝關隧道（44）、望信陽懷古（45）、長臺關過淮水（45）、過雁山縣及駐馬店（46）、過遂平縣（46）、過鄢陵縣（46）、過郾城縣（47）、過臨潁縣望繁昌鎮至許州（47）、過新鄭縣（47）、	定郊為擇旅館等候。吳文峯、鄒古子亦來，夜江拙宜來送行。11時開車。陪遊人物：棪楸 自16日夜半至今日，歷21小時，為長途之最困。陪遊人物：棪楸
9/18（11/6）	鄭州（腕車）	東門、開元寺、夫子廟、循良祠、子產遺愛坊、鄭州城、東、西、北門	宿鄭州（48）	
9/19（1/7）	鄭州車站（火車、馬車、腕車）	鐵爐、滎陽、汜水、虎牢關、鞏縣、黑石關、偃師、義井舖、嵩山、（望見嵩山）、洛陽	過滎陽縣（48）、汜水縣過虎牢關成皋山（48）、過鞏縣及黑石關（49）、下車入偃師縣遊嵩山不至（49）	午前3點大風，是日霜降，5點起然燭待旦。至偃師縣無旅館，返車站住洛陽，宿城外旅館。陪遊人物：棪楸
9/20（11/8）	洛陽（馬車、洋式腕車）	仁惠橋、洛陽橋、關林、龍門鎮、龍門山、香山	自洛陽城外向伊闕中路瞻瞻關林（49）、遊伊闕西登龍門山（50）、遊伊闕渡伊水東登香山眺見嵩山（50）、	陪遊人物：棪楸
9/21（11/9）	洛陽（車）	洛陽東門、安國寺、周公廟、西門、東門	洛陽城即事懷古（50）	陪遊人物：棪楸

日期	地點（交通）	地名	行程	備註
9/22（11/10）	洛陽東站（火車（隴海鐵路））	洛陽（新安、電池、陝石縣、閿鄉）、假井舖、石關、韋縣、滎陽、中牟、鄭州、韓莊、開封	過新安縣函谷新關（51）、過澠池縣（51）、自觀音堂過硤石鎮行二哨地為永寧州屬（51）、過陝州及靈寶縣望潼關不至（52）、自西轉東重過洛陽（52）、北顧北邙山（52）、洛陽僵師鞏縣繞路上南眺嵩嶽（53）、自鄭州至中牟縣見圃田（53）、憑弔中牟臺及古吹臺（53）	陪遊人物：桜楸
9/23（11/11）	開封（腕車）	開封南門、相國寺、故汴宮北門、鐵塔、佑國寺、東門（古夷門）、禹王臺、青城	遊開封城登宋故宮懷古（53）、汴京（53）、登夷門詠古一首（54）、遊大梁相國寺（54）、登開封琉璃塔二首（55）、登開封城外吹臺駐兵（55）、遊大梁書院觀繁臺塔（55）	開封1日。遊陪遊人物：桜楸
9/24（11/12）	開封城外車站（火車（隴海鐵路））	開封、興隆、陳留、蘭封、黃河、野雞岡、商丘、柳河、楊集、碭山、隄圈。（江蘇）徐州、銅山、黃口、津浦車站	過陳留縣界（55）、過蘭封縣界（55）、柳河過睢州界（56）、過儀封縣（56）、過歸德府靈陵縣界（56）、過歸德府城（56）、視商邱縣城古（57）、過碭山縣懷古（57）、錫山堂孝王冢（57）、安山望陳涉墓（57）	徐州旅館。陪遊人物：桜楸
9/25（11/13）	徐州車站（車）	徐州城、夫子廟、快哉亭、燕子樓、南門、雲龍山、戲馬臺山	將入徐州城過老黃河橋（57）、徐州城內黃南營登蘇東坡復繞快哉亭一首（58）、登徐城黃樓眺眾快設亭二首（58）、徐城西訪燕子樓二首（58）、過徐海道治想望霸王廳（59）、登雲龍山眺戲馬臺並訪古亭院（59）、城南步范增墓（59）	陪遊人物：桜楸

日期	出發地（交通）	地名	詩作	備註
9/26（11/14）	徐州車站（火車（津浦鐵路）、馬車）	茅村、柳泉、利國驛、（山東）、微山湖、臨城、韓莊、滕縣、兗州、姚村、孔林、曲阜、鄒縣	過運河橋至韓莊望微山湖（60）、過臨城望抱犢山（60）、詠嶧山（60）、過南沙河即春秋邾水至南梁地至滕縣西征記西邾水（61）、過古薛地至滕縣城（61）、路東喜見嶧山（61）、鄒縣望亞聖孟子見嶧山昌（61）、鄒縣泗橋（62）、東見昌平山（62）、北過大泗橋（62）、兗州城下驛詠（63）、姚村驛乘馬車南過泗水向孔林宿曲阜（63）、拜謁夫子墓（63）	宿曲阜、無米飯疏食、麵包、乃食麵條、夜以行李作枕。陪遊人物：梭楸
9/27（11/15）	曲阜（馬車）	闕里孔廟、姚村、吳村、泰安界首、萬德、張夏、濟南	拜謁夫子廟（63）、陋巷瞻顏廟（64）、又詠顏廟（64）、曲阜城望尼山（64）、吳村望石門山（64）、過大汶河至大汶口（64）、東北堡詠視徂徠山（65）、泰安城北望泰山（65）、過長城嶺（65）	冒雨向孔廟。宿濟南西門外旅館。陪遊人物：梭楸
9/28（11/16）	濟南（車）	濟南西門外旅館		盛北溟至旅館。陪遊人物：梭楸
9/29（11/17）	濟出西門外（車）	濟南、北門、大明湖、歷下亭	濟南雜詠八首（66）、留題大明湖鐵祠（66）、留題大明湖李祠（67）、志書院詠投轄井（67）	盛氏陪湖邊酒樓夜飲、並供晩、供牀。陪遊人物：盛北溟、黃公南
9/30（11/18）	濟南（腕車）	南門、演武廳、廣智廠、歷山、趵突泉、金綫泉、五龍潭	歷山登眺入千佛寺謁舜祠（67）、遊趵突泉及呂仙廟（68）	陪遊人物：盛北溟
10/1（11/19）	歷城西門（車）	在歷城西門外萬館撰日記		縫人攜羔裘、備明日登泰山

日期	起迄地	經過地	詩作/事蹟	備註
10/2（11/20）	濟南（火車、腕車）	濟南、黨家莊、固山、萬德、泰安、岱廟	將遊岱自濟南復南下西過長清縣二首（68）、過張首夏將至萬德路上眺靈巖山（68）、過開鑿山路西望肥城縣（68）、過界首瞻睞敖徠山（69）、循泰安城遊遊岱廟（69）	宿泰安西關外旅館。陪遊人物：敖倈老人
10/3（11/21）	濟南西門外（兜子轎）	北門外、奈何橋、岱宗坊、三皇廟、玉皇閣、關帝廟、北天門、中天門、松坊、南天門、碧霞宮、玉皇頂	登泰山四首（69）	陪遊人物：張正陽
10/4（11/22）	玉皇頂	日觀峰、玉皇頂、下泰頂、泰安	泰山中偶詠八首（71）、泰山中佳境不可勝詠此擇其二（71）、泰山路中即事二首（71）、自泰安北返濟南作（71）	
10/5（11/23）	濟南車站(火車（津浦鐵路）、北寧鐵路)（天津至北京）)	濟南、桑梓店、禹城、德州、安陵。（河北）東光、泊頭、馮家店、滄洲、姚官屯、青縣、馬廠、唐官屯、靜海、獨流鎮、良王莊、楊柳青、天津西站、北倉、楊村、北京	出濟南過黃河過樂口橋見鵲華二山（72）、晏城過齊河縣（72）、禹城縣過徒駭河（72）、過平原縣城再過馬頰河橋（73）、平原北過陵縣西（73）、過黃河涯（73）、過桑園鎮（73）、過德州一路見運河（74）、過安陵鎮及連鎮爲古條地（74）、過景州又東過吳橋縣（74）、見滄州城過馮家口及傳河驛（74）、過泊頭鎮（74）、富麗並儼古蹟三首（74）、過馬廠至靜海縣（75）、過青縣（75）、過楊柳河青有感（75）、停天津驛即目（75）、雪夜過北倉（76）、夜入北京書感（76）	尹仲村陪乘火車往天津。尹仲村下宿天津。「立冬」。晚下雪如雨，云「得見天公玉戲」，亦南人眼福」。陪遊人物：盛北溟福」、陪遊人物：盛北溟送行，濟南民報主筆）陪行）、校楸

日期	地點	遊歷地	詩作	備註
10/6 (11/24)	北京			守筆、撰日記。陪遊人物：棪楸
10/7 (11/25)	北京	北京先農壇、忠烈祠、太歲殿	遊大內宮殿感賦長歌（77）、西苑行（78）、景山弔古（79）、遊外公園觀先農壇等壇	無事、棪楸出購棉被。陪遊人物：棪楸
10/8 (11/26)	燕臺旅館	正陽門、中華108門、天安門、紫禁城、太和殿、中和殿、保和殿、神武門、景山（煤山）、又華殿、武英殿	文華殿看畫偶詠六首（80）	遊記附錄「櫺兒在京遊景山筆記」。陪遊人物：棪楸
10/9 (11/27)		社稷壇	遊內公園觀社稷壇二十韻（79）	陪遊人物：棪楸
10/10 (11/28)		新華門、先蠶壇		陪遊人物：棪楸
10/11 (11/29)	西直門（腕車出西直門、京綏鐵路）	清華園、圓明園、昌平州站、居庸關、青龍橋、八達嶺、西直門、宣武門、西北城	將出居庸在西直門見河水先一登眺（81）、過沙河及榆河即事（81）、自清華園（82）、昌平州路雜詠四首（82）、路上看西山（83）、近塞見居庸山高日遠為中原所無（83）、乘鐵車由南口入山度居庸關（83）、自青龍鎮踰長城登八達嶺放歌（84）、青龍橋即景（84）、盧溝橋詠軍河（84）	陪遊人物：棪楸
10/12～10/14 （11/30～12/2）				10/12 撰日記；10/13感冒、兩鬢眶痛；10/14午復頭痛、萬中無人，怨從中來、放聲大哭。
10/17 (12/5)	萬所	祈年殿、天壇、皇帝齋宮		陪遊人物：棪楸

日期	交通	地點	詩作	陪遊人物／備註
10/19（12/7）	宣武門	龍福寺、地壇、雍和宮、皇祇室	瞻園丘方澤及日月壇感作二十韻（80）、遊雍和宮雜詠四首（81）	陪遊人物：桉楸
10/21（12/9）				頭痛稍止，決定明日回上海。
10/22（12/10）	北京（特別火車）	豐臺、安定、郎坊（武清）、楊村、天津、海河	出京過豐臺二首（85）、望南苑即事二首（85）、南苑故宮行（111）、過豐臺甸見西山作（85）、過黃村今爲武闈縣治（85）、過閻坊行武清縣各地中度淀池（86）	午後萬天津總站旁旅樓。
10/23（12/11）	天津（順天號船）			午登船準備返上海。
10/24（12/12）	天津（海行）	塘沽、大沽口、古黃河口、新黃河口、小清河、渤海	南返天津將出海作（86）、自三岔口過租界下海河行百餘里中經溏沽大沽出海（86）	早上8點開船。
10/25（12/13）	（海行）	萊州灣、登州、之罘、煙臺、威海衛、成山	至萊州海至登州見蓬萊山丹崖山作（87）、舟治之罘山入煙臺澳即事（87）、舟泊威海衛感事作歌（88）	
10/26（12/14）	（海行）	勞山、膠州灣、渤海、黃海	舟泛大海作（88）	在船中，天陰風大浪大。午後朔風呼厲，聞異鄉人語，壯氣消沈，心坎欲碎。
10/27～12/28（12/15～12/3）	（海行）	奈山（黃海盡處、東海起處）、揚子江、吳淞江口、吳淞鎮、新開河	夜船寄泊吳淞口外（88）	入東海，泊吳淞江口
11/10（12/27）	上海北站（滬杭鐵路、腕車）	梵王渡、徐家匯、龍華、莘莊、嘉善、松江府、楓涇（浙江）、嘉善	出松江府過吳淞江橋南下（89）、過楓涇鎮（89）、過嘉善縣坡及魏塘橋望見（89）	下午1時宿廣化寺；陪遊人物：有同行者

日期	住處（交通）	遊覽地點	詩作	陪遊人物
		嘉興、硤石、臨平、覓橋、杭州	湖水（89）、過嘉興府城見鴛湖旋過王店有梅會里又過海寧州硤石鎮（89）、過臨平望湖萃亭臨平懷古夜過杭城至孤山（90）	
11/11（12/28）	廣化寺（車、徒步）	蘇小小墓、秋瑾墓、棲霞嶺、岳王墳、三天竺、雲林寺、韜光庵、蘇堤、淨慈寺、三潭印月、西湖、孤山	登棲霞嶺歷嶺上洞下訪岳墳岳廟（90）、遊靈隱山寺觀飛來峰探峰洞步各亭洞入寺後登北高峰次韜光菴觀江海及湖二十韻（90）、遊天竺山自下天竺至陟中天竺至上天竺（91）、從下天竺步行至茅港自歷各湖莊湖港至蘇堤轉向南屏雷峰塔乃遊三潭返孤山（91）	
11/12（12/29）	廣化寺東北（偏肩輿、舟）	故行宮、孤山、白堤、斷橋、湧金門、吳山	遊西湖公園訪故行宮出園至林處士亭墓轉向平湖斷橋過寶石山塔（92）、杭郡登吳山巔憑弔宋大內放歌（92）、循寶石山登葛嶺訪仙蹟並甲往蹟放歌（93）、葛嶺洪忠宣廟留題（93）、三潭四賢祠見杭童浦位詠三首（93）、西湖雜詠六首（94）、西湖廣化寺留題二首（94）	
11/14（12/31）	孤山白堤（肩輿、舟、驢）	錢塘門、錢塘江、西興、蕭山、鏡湖、會稽山（禹陵山）、禹陵、禹穴、紹興、蘭亭	自錢塘過西興即景（95）、將遊浙東至錢塘江待渡望見蕭山及龕山及緒山（95）、過錢塘江至西興鎮雇舟遠遊（95）、舟入蕭山縣中出城看蕭山堂牛頭山作（96）、過錢清江即事（96）、由清江入鏡湖行山陰會稽道（96）、放舟自鏡湖西至東湖玩櫻山及遊櫻廬園亭並訪放翁舊蹟（97）、行若	陪遊人物：珍顯、姒吉甫

日期	地點	景點	事蹟	備註
11/15（民12（1923）1/1）	蘭溪（舟）	鏡湖、曹娥江、曹娥壩	耶溪中堂諸古蹟遂至禹廟湖（97）、自蕭山至山陰登鏡湖訪江賀二古蹟不見二首（97）、登會稽山拜禹王廟上謁禹陵觀空亭訪菲泉再遊禹王寺探禹穴轉出陵坊至山庭讀禹陵讀碑三十韻（98）、循禹陵往遊南鎮山（98）、舟自鏡湖入遊紹興城中轉遊城外漸趨蘭溪道（99）、蘭亭（99）、由鏡湖至蘭渚遊蘭亭登蘭亭山十八韻（99）、鏡湖曲（100）；舟出會稽鏡湖至上慶縣曹娥江曹娥壩月下見東山（100）、月下泝娥江到嵊縣剡溪（100）、浙東山山舟子多不知古名（101）	
11/16（1/2）	蘭溪（舟）	蕭山、西興、錢塘江、定山、萬松嶺、淨慈寺、南高峰、蘇堤、孤山	由錢塘江登定山過萬松嶺登南高峰行蘇隄返孤山（101）、即事贈黃化寺僧珍題二（101）、合肥張君邀同攝影湖上（101）、瑞安李茇才叔誠相遇孤山寺臨愛余詩文集遊鴈宕願為東道主余以遠遊歷半載方自會稽還未得如願賦此為後遊之券（102）	
11/18（1/4）	西湖（車、舟）	賀橋、長安、嘉興、鴛鴦湖煙雨樓	自杭回車遊嘉興郡城（102）、遊鴛鴦湖登煙雨樓即事（103）、鴛鴦湖曲（103）、出鴛湖返上海（103）	夕出嘉興、塞冽、夜半至上海。陪遊人物：廣化寺中人
11/20（1/6）	上海北站（滬杭鐵路、舟）	松江、三泖	將遊峰泖先遊松江郡城（104）、白松江泛入圓泖更至大泖涉長泖（104）、	買鱸魚

11/21 (1/7)	西門外慶雲橋（舟）		遊泖湖登長嶼水寺塔下泛泖長嶼作歌（104）、乘舟遊九峰（105）、自干山訪古迴舟登細林山（105）、松郡即事（106）、松郡感事（106）	
11/25 (1/11)	黃浦江（火舟）	佘山、天馬山	登天馬山訪古機至雲山佘山辰山望昆山鳳凰山（106）、愛天馬山風景又作（106）	晚將回臺，晚倪軼池、鎮江王瀹然、上海歐陽君、陳君、臺灣蘇、黃二氏送棄生至黃浦江登火舟。
11/26 (1/12)	黃浦江（火舟）	（江蘇）出吳淞口、揚子江口、（浙江）洋山、舟山、象山、三門灣、臺州、溫州、（福建）福鼎	自閩海入閩江作（107）	
11/28 (1/14)	福建（小火輪、車、小舟）	福州虎門、馬尾江、福州鼓山、南臺（釣龍臺）	過鼓山下憶昔遊（107）、羅星塔江望（107）、南臺訪古循至郡城船廠感賦（107）、舟駐馬尾江憑眺鼓山閩安（108）、追詠泉州洛陽江橋（109）、閩中雜詠五首（112）	
12/1 (1/17)	福建（小火輪）		遊華歸後偶得四首（112）	歸臺。

[表2]《八州詩草》詩歌繫年

※卷次依省文獻會本，以陽曆為主，括號內為陰曆。

詩題	時間	地點	題材	體製	卷次	備註
1. 將遠遊往臺北路作	1922年 9月7日 (7/16)	往臺北	山水	五古	卷一	
2. 過枋橋即景	9/7	枋橋	山水	七絕	卷一	
3. 雞籠山遇雨留宿顏君雲年陶園	9/10 (7/19)	基隆	山水	五古	卷一	
4. 將遊中華作	9/12 (7/21)	基隆	山水	五古	卷一	
5. 將泛海入中華作	9/12	基隆	山水	七古	卷一	
6. 舟至上海租界書所見二首	9/13 (7/22)	上海	社會	七律	卷一	6 至 41 所詠者屬江蘇省
7. 澔滬上即事	9/13～9/20 (7/22～7/29)	上海	社會	七律	卷一	
8. 遊蘇城外至寒山寺訪楓橋二首	9/25 (8/5)	蘇州	懷古	七絕	卷一	
9. 遊太湖遇雨	9/26 (8/6)	太湖	山水	五古	卷一	遊太湖以舟行為主
10. 往返太湖紀異	9/27 (8/7)	太湖	山水	五古	卷一	
11. 泛太湖（宿洞庭出石湖）	9/27	太湖	山水	五古	卷一	
12. 自太湖洞庭迴權六首	9/27	太湖	山水	七絕	卷一	
13. 蘇州車驛登眺	9/28	蘇州	懷古	五古	卷一	
14. 太湖中作	9/27	太湖	山水	五古	卷一	
15. 蘇州城內訪古六首	9/28 (8/8)	蘇州	懷古	七絕	卷一	

						備註
16. 出無錫望慧山作	10/7 (8/17)	無錫	山水	五古	卷一	搭滬寧線火車
17. 金山鑾陸感詠	10/8 (8/18)	金山	山水	五古	卷一	17 至 22 以舟行爲主
18. 金山即目二首	10/8 (8/18)	金山	山水	七絕	卷一	
19. 自瓜洲入揚州詠四首	10/8	揚州	懷古	七絕	卷一	
20. 揚州紀遊	10/9 (8/19)	揚州	懷古	七古	卷一	
21. 揚州故宮行	10/9	揚州	同上	同上	卷五	
22. 焦山	10/10 (8/20)	焦山	懷古	七古	卷一	
23. 北固山登望	10/10	北固山	懷古	七律	卷一	
24. 北固山訪古	10/10	北固山	同上	五古	卷一	
25. 出城訪竹林寺	10/10	鎮江	懷古	五古	卷一	
26. 出效拓寺入山	10/10	鎮江	同上	同上	卷一	
27. 初到鎮江二首	10/10	鎮江	同上	五絕	卷一	
28. 鎮江城南玉夾山二首	10/10	鎮江	同上	同上	卷一	
29. 出入鎮江城二首	10/10	鎮江	同上	同上	卷一	
30. 勾容道中登茅山	10/11 (8/21)	勾容道中	同上	五古	卷一	搭滬寧線火車至南京。
31. 下蜀港書所見二首	10/11	下蜀	同上	五絕	卷一	
32. 龍潭路望隔江桃葉山	10/11	桃葉山	同上	五古	卷一	
33. 望見攝山	10/11	攝山	山水	七絕	卷一	
34. 過棲霞山	10/11	棲霞山	懷古	五古	卷一	
35. 過堯化門及太平門車站	10/11	南京	山水	七絕	卷一	
36. 登雞鳴山	10/12 (8/22)	三臺洞	山水	五古	卷一	

	詩題	日期	地點	類型	體裁	卷	備註
37.	登三臺畺洞	10/12	燕子磯	懷古	同上	卷一	
38.	登燕子磯	10/11	雞鳴山	懷古	五古	卷一	
39.	登雨花臺	10/13 (8/23)	雨花臺	同上	五古	卷一	
40.	莫愁湖曲	10/15 (8/25)	莫愁湖	同上	五古	卷一	
41.	金陵雜詩十首	10/15	南京	同上	七絕	卷一	由下關乘舟遊湖至江西省九江。
42.	過烏江口望見霸王山及廟	10/16 (8/26)	烏江口	同上	五古	卷一	41至51所詠者屬安徽省
43.	過牛渚江	10/16	牛渚	同上	五古	卷一	
44.	眺采石磯	10/16	采石磯	同上	七絕	卷一	
45.	看天門山	10/16	天門山	山水	七絕	卷一	
46.	北望裕溪口	10/16	裕溪口	懷古	五古	卷一	
47.	過蕪湖三首	10/16	蕪湖	山水	五絕	卷一	
48.	世謂華州不見華山而同州反得見之華州人每云不平余在池州江上亦望不見九華而望見九華州中可見云云無為州人云爰作一詩	10/17 (8/27)	池州	山水	五古	卷一	
49.	泊安慶城南	10/17	安慶	山水	五古	卷一	
50.	詠事	10/17	安慶江路	山水	七律	卷一	
51.	過望江	10/17	華陽鎮	山水	七絕	卷一	
52.	南岸十餘里眺馬當山賦馬當歌	10/17	馬當山	山水	七古	卷一	52至67所詠者屬江西省
53.	江中三面視小孤山作小姑曲	10/17	小孤山	山水	五古	卷一	
54.	舟至湖口見湖流入江又近見湖見石門江洲遠見鄱陽湖城石鐘山	10/17	湖口	山水	五古	卷一	

	詩題	日期	地點	類型	詩體	卷	備註
55.	將近九江忽望天南有似雲非似雲而天為蔽斷者知為盧山矣賦之	10/17	九江	山水	五古	卷一	
56.	過馬當即景	10/17	馬當山	山水	七絕	卷二	
57.	眺湖口縣即事	10/17	湖口	山水	七古	卷二	
58.	詠石鐘山	10/17	石鐘山	懷古	七古	卷二	
59.	甘棠湖亭望盧山	10/18（8/28）	九江	山水	七絕	卷二	
60.	溢浦尋琵琶亭亭地	10/18	九江	懷古	七絕	卷二	
61.	入盧山十五首	10/19～10/23（8/29～9/4）	盧山	山水	五古	卷二	
62.	高脊嶺看鄱陽湖	10/21（9/2）	盧山	山水	五律	卷二	
63.	觀三疊泉瀑放歌	10/21	盧山	山水	七古	卷二	
64.	自三峽橋南過馬頭上西南過家一向家村詹家崖田在水岸山邊或平野重重不絕至萬杉龍開先坂人家皆條儵然塵外得一絕	10/22（9/3）	盧山	山水	七絕		
65.	盧山雜詠五首	10/19～10/23（8/29～9/4）	盧山	山水	七絕	卷二	
66.	盧山佳處有欲飲至不果者再作三絕	10/19～10/23（8/29～9/4）	盧山	同上	同上	同上	
67.	九江中見日出	10/26（9/7）	九江	山水	五古	卷二	
68.	過武穴懷古	10/26	武穴	懷古	五古	卷二	由江西九江乘舟至湖北漢口。68至94、103至116所詠者屬湖北省。
69.	過武穴即事	10/26	武穴	山水	七律	卷二	

編號及詩題	日期	地點	類別	體裁	卷次
70. 過田家鎮對牛壁山為江流最狹處遠見書鎮中古大廟	10/26	田家鎮	懷古	五古	卷二
71. 田家鎮書所見	10/26	田家鎮	山水	五古	卷二
72. 北過蘄州	10/26	蘄春	山水	七絕	卷二
73. 南望見西塞山	10/26	西塞山	山水	五古	卷二
74. 過石灰　書所見	10/26	大冶	社會	七絕	卷二
75. 過鄂城懷古清武昌縣也（西距武昌府八十里）	10/26	鄂城	懷古	五古	卷二
76. 過黃州赤壁懷古	10/26	黃州	懷古	五古	卷二
77. 在武昌縣黃州間江路即事	10/26	武昌縣黃州間	社會	七律	卷二
78. 將近漢口作	10/26	漢口	山水	五絕	卷二
79. 舟上夜見漢口漢陽對南岸武昌三處電光燭天現空中百萬樓閣為長江一路第一大觀愛為長歌以形容之	10/26	漢口	社會	七古	卷二
80. 漢口即事	10/27	漢口	社會	七絕	卷二
81. 武昌懷古	10/27 (9/8)	武昌	懷古	七律	卷二
82. 重九日盛君蓼庵邀過李君仲青家園賞菊飲酒暨雅僧名士共渡漢江諸名勝乘月回漢口則江拙宜諸君相候杏花大酒樓是皆漢上始題標君訂明日偕遊武昌	10/28 (9/9)	漢口	贈答	七古	卷二

洪棄生的旅遊詩歌——《八州詩草》研究

83.	九日登漢陽琴臺	10/28	漢陽	社會	五古	卷二	
84.	登武昌黃鶴樓二首	10/29（9/10）	武昌	社會	七律	卷二	
85.	漢口夜望	10/29	漢口	山水	五絕	卷二	
86.	詠武昌府南樓	10/30（9/11）	武昌	懷古	五古	卷二	
87.	自武昌回漢口	10/30	漢口	山水	七律	卷二	
88.	漢口五里外古德諸寺	10/31（9/12）	漢口	山水	五絕	卷二	
89.	嫩子湖弔古	11/1（9/13）	漢口	懷古	五古	卷二	
90.	武昌故宮行	11/1	漢口	懷古	七古	卷五	
91.	江夏過紫坊山坡司	11/1	紫坊等地	山水	五絕	卷二	炎秋留漢口。棄生由武昌乘火車至岳陽。
92.	月下過官步橋至咸寧縣	11/1	咸寧	山水	五絕	卷二	
93.	汀泗橋	11/1	汀泗橋	社會	五、七雜古	卷二	
94.	夜牛過蒲圻縣	11/1	蒲圻	山水	五絕	卷二	
95.	夜入湖南路	11/2（9/14）	湖南北部	山水	五絕	卷二	95 至 102 所詠者屬湖南省。
96.	過羊樓峒及雲溪為湖南臨湘地	11/2	臨湘	社會	五古	卷二	
97.	登岳陽樓	11/2	岳陽樓	山水	五古	卷三	
98.	自岳陽樓下登巴江舟入洞庭湖遠視君山沿編山回見巴邱岸美磯無數至呂仙塔下登岸	11/2	洞庭湖	山水	五古	卷三	
99.	泛洞庭湖作	11/2	同上	同上	五律	卷三	
100.	岳州城北小喬墓二首	11/2	岳陽	懷古	七絕	卷三	

編號	詩題	日期	地點	類別	體裁	卷	備註
101.	岳州坡東魯肅墓	11/2	岳陽	同上	五古	卷三	
102.	登長沙舟下巴江	11/2～11/3（9/14～9/15）	岳陽至漢口水路	山水	五古	卷三	乘舟由岳陽至漢口。
103.	過道人磯望白螺山	11/2～11/3（9/14～9/15）	同上	同上	五絕	卷三	
104.	過嘉魚縣赤壁山	11/2～11/3（9/14～9/15）	同上	同上	五絕	卷三	
105.	過陸口（即蒲圻口）	11/2～11/3（9/14～9/15）	同上	同上	五絕	卷三	
106.	嘉魚江鸚鵡部洲詠古	11/2～11/3（9/14～9/15）	同上	懷古	五古	卷三	
107.	過江夏赤壁弔三國戰地	11/2～11/3（9/14～9/15）	同上	同上	同上	卷三	
108.	過大軍山懷古	11/2～11/3（9/14～9/15）	同上	同上	同上	卷三	
109.	過鸚鵡洲弔古	11/2～11/3（9/14～9/15）	同上	同上	七古	卷三	
110.	自岳州巴江水破曉至武昌望漢陽入漢口即目	11/2～11/3（9/14～9/15）	同上	社會	同上	卷三	
111.	謝漢上送行諸君（盛君蓼庵江君拙首任君梅華吳老文辛鄒君古子王君定郊）	11/4～11/5（9/16～9/17）	由漢口乘京漢路至鄭州	贈答	五古	卷三	由漢口乘京漢線鐵路至鄭州。
112.	過孝感縣	11/5	孝感縣	社會	五古	卷三	
113.	過雲夢縣	11/5	雲夢縣	懷古	五古	卷三	

114. 過德安府安陸縣	11/5	安陸縣	行旅	五古	卷三	
115. 過應山縣	11/5	應山縣	山水	五古	卷三	
116. 過武勝關隧道	11/5	武勝關	懷古	五古	卷三	
117. 望信陽懷古	11/5	信陽	同上	五古	卷三	117 至 153 所詠者屬河南省。
118. 長臺關過淮水	11/5	長臺關	社會	五古	卷三	
119. 過確山縣及駐馬店	11/5	確山縣、駐馬店	社會	五古	卷三	
120. 過遂平縣	11/5	遂平縣	社會	五古	卷三	
121. 過西平縣	11/5	西平縣	懷古	五古	卷三	
122. 過郾城縣	11/5	郾城縣	懷古	五古	卷三	
123. 過臨潁縣望繁昌嶺至許州	11/5	臨潁、許昌	懷古	五古	卷三	
124. 過新鄭縣	11/5	新鄭	懷古	五古	卷三	
125. 宿鄭州	11/5	鄭州	懷古	五古	卷三	自 16 日夜半至 17 日，乘車 21 小時，為長途之最困。
126. 過滎陽縣	11/7（9/19）	滎陽縣	懷古	五古	卷三	乘隴海鐵路火車，西至洛陽。
127. 過鞏縣及黑石關	11/7	鞏縣、黑石關	社會	五古	卷三	
128. 下車入偃師縣遊嵩山不至	11/7	偃師縣	山水	五古	卷三	
129. 自洛陽城外向伊闕中路瞻瞻關林	11/8（9/20）	洛陽	懷古	五古	卷三	
130. 遊伊闕西登龍門山	11/8	龍門山	同上	同上	卷三	
131. 遊伊闕渡伊水東登香山眺見嵩山	11/8	香山	同上	同上	卷三	

編號．題目	日期	地點		體裁	卷	備註
132. 洛陽城即事懷古	11/9 (9/21)	洛陽	同上	同上	卷三	
133. 過新安縣函谷新關	11/10 (9/22)	新安縣	同上	同上	卷三	乘隴海線火車由洛陽西至靈寶縣。
134. 過澠池縣	11/10	澠池縣	同上	同上	卷三	
135. 自觀音堂過陝石鎮行二晡地為永寧縣屬	11/10	永寧縣	同上	同上	卷三	
136. 過陝州及靈寶縣望潼關不至	11/10	靈寶縣	同上	同上	卷三	
137. 自西轉東重過洛陽	11/10	洛陽	同上	七絕	卷三	從靈寶縣沿向路東至徐州
138. 北顧北邙山	11/10	北邙山	同上	五古	卷三	
139. 洛陽偃師縣路上南眺嵩嶽	11/10	偃師縣	山水	七古	卷三	
140. 自鄭州至中牟縣見圃田	11/10	中牟縣	懷古	五古	卷三	
141. 憑弔中牟臺及古吹臺	11/10	同上	同上	同上	卷三	
142. 遊開封城登宋故宮殿詠	11/10	開封	同上	同上	卷三	
143. 許京懷古	11/10	開封	同上	七律	卷三	
144. 登夷門詠古二首	11/11 (9/23)	開封	同上	七絕	卷三	
145. 遊大梁相國寺 (本北齊建國寺)	11/11	同上	同上	七律	卷三	
146. 登開封琉璃塔 (即古鐵塔) 二首	11/11	同上	同上	七絕	卷三	
147. 登開封城外吹臺 (俗呼禹臺二章) 時駐兵	11/11	同上	同上	七古	卷三	
148. 遊大梁書院 (清改二程書院今作農業學校) 觀繁 (音婆) 臺塔	11/11	同上	同上	五古	卷三	
149. 過陳留縣界	11/12 (9/24)	陳留縣	同上	五絕	卷三	

150.	過蘭封縣即清蘭義縣	11/12	蘭封縣	懷古	五絕	卷三	
151.	柳河過睢州界	11/12	睢州	懷古	五絕	卷三	
152.	過歸德府寧陵縣界	11/12	寧陵縣	社會	五絕	卷三	
153.	過歸德府視南邱縣城地	11/12	南邱縣	懷古	五古	卷三	
154.	過碭山縣懷古	11/12	碭山縣	同上	同上	卷四	154 至 163 所詠者屬江蘇省。
155.	碭山望梁孝王家	11/12	同上	同上	五絕	卷四	
156.	安山望陳涉墓	11/12	安山	同上	同上	卷四	
157.	將入徐州城過老黃河橋（9/25）	11/13	徐州	社會	七古	卷四	
158.	徐州城內東南登黃堂景蘇堂復繞觀快哉亭二首	11/13	同上	社會	七絕	卷四	
159.	登徐城黃樓眺望眾山感作	11/13	同上	社會	五古	卷四	
160.	徐城西訪燕子樓二首	11/13	同上	懷古	七絕	卷四	
161.	過徐海道治（故府治）想望霸王廳	11/13	同上	同上	七律	卷四	
162.	登雲龍山眺戲馬臺並訪古亭院	11/13	同上	同上	五古	卷四	
163.	城南步范增墓	11/13	同上	同上	五古	卷四	
164.	過運河橋至韓莊望微山湖（9/26）	11/14	韓莊、微山湖	社會	五古	卷四	由徐州乘津浦線鐵路至曲阜。164 至 207 所詠者爲山東省。
165.	過臨城望抱犢山	11/14	臨城	社會	五古	卷四	
166.	詠嶧縣	11/14	嶧縣	同上	五絕	卷四	
167.	過南沙河即春秋漷水至南梁河即西征記西漷水	11/14	南沙河、南梁河	懷古	五古	卷四	

	日期	地點			卷四
168. 過古薛地至滕縣縣城	11/14	滕縣	同上	同上	卷四
169. 路東營見嶧山	11/14	滕縣	山水	五古	卷四
170. 鄒縣望亞聖孟林感作二十四韻	11/14	鄒縣	懷古	五古	卷四
171. 東見昌平山	11/14	將至兗州	山水	五絕	卷四
172. 北過大泗橋	11/14	同上	山水	同上	卷四
173. 兗州城下驛詠	11/14	兗州	山水	五古	卷四
174. 桃村驛乘馬車南過泗水向孔林宿曲阜城	11/14	曲阜	懷古	五古	卷四
175. 拜謁夫子墓	11/15（9/27）	同上	同上	七律	卷四
176. 拜謁夫子廟	11/15	同上	同上	同上	卷四
177. 陋巷瞻顏廟	11/15	同上	同上	五絕	卷四
178. 又詠顏廟	11/15	同上	同上	五古	卷四
179. 吳村望石門山	11/15	吳村	同上	五律	卷四
180. 過大汶河至大汶口	11/15	大汶口	社會	五古	卷四
181. 東北堡謠視徂徠山	11/15	東北堡	山水	五古	卷四
182. 泰安城北望泰山	11/15	泰安	山水	七古	卷四
183. 過長城嶺	11/15	泰安西北	懷古	五古	卷四
184. 濟南雜詠八首	11/16～11/18（9/28～9/30）	濟南	山水	七絕	卷四
185. 留題大明湖鐵祠	11/16～11/18（9/28～9/30）	濟南	懷古	五古	卷四

編號	詩題	時間	地點	類別	體裁	卷次	備註
186.	留題大明湖李祠	11/16～11/18（9/28～9/30）	濟南	社會	七絕	卷四	
187.	佝志書院詠投轄井	11/16～11/18（9/28～9/30）	濟南	懷古	五古	卷四	
188.	歷山登眺入千佛寺謁碑祠	11/16～11/18（9/28～9/30）	濟南	懷古	五古	卷四	
189.	游趵突泉及呂仙廟	11/16～11/18（9/28～9/30）	濟南	山水	五古	卷四	
190.	將遊岱自濟南復南下西過長清縣二首	11/20（10/2）	長清縣	行旅	五絕	卷四	
191.	過張夏將萬德路上眺靈巖山	11/20	萬德等地	行旅	五古	卷四	
192.	過開鑿山路西望肥城縣	11/20	肥城縣	行旅	五古	卷四	
193.	過界首瞻眺徠山	11/20	界首	行旅	五古	卷四	
194.	循泰安城遊岱廟	11/20	泰安	懷古	五古	卷四	
195.	遊泰山四首	11/21～11/22（10/3～10/4）	泰山	山水	五古	卷四	
196.	泰山中佳境不可勝詠此擇其一二	11/21～11/22（10/3～10/4）	同上	同上	五古	卷四	
197.	泰山路中即事二首	11/21～11/22（10/3～10/4）	同上	同上	七絕	卷四	
198.	自泰安北返濟南作	11/22	泰安等地	行旅	七律	卷四	
199.	出濟南過黃河橋作	11/23（10/5）	濟南	行旅	七律	卷四	由濟南乘津浦鐵路至北京。
200.	濼口橋見鵲華二山	11/23	濼口橋	行旅	五古	卷四	

201. 晏城過齊河縣	11/23	齊河縣	行旅	五絕	卷四	
202. 禹城縣過徒駭河	11/23	禹城縣	行旅	五絕	卷四	
203. 過平原縣城再過馬河橋	11/23	平原縣	行旅	五古	卷四	
204. 平原北過陵縣西	11/23	陵縣西	行旅	五絕	卷四	
205. 過黃河洭亦作黃河崖	11/23	陵縣以北	行旅	五絕	卷四	
206. 過德州一路見運河	11/23	德州	懷古	五古	卷四	
207. 過桑園鎮	11/23	桑園鎮	社會	七絕	卷四	
208. 過安陵鎮及連鎮為古條地	11/23	安陵鎮等地	懷古	五古	卷四	208 至 242 所詠者屬河北省。
209. 過景州又東過吳橋縣	11/23	景州等地	行旅	七律	卷四	
210. 過馮家口反馬河驛	11/23	馮家口等地	行旅	五絕	卷四	
211. 過滄州城富麗並懷古蹟三首	11/23	滄州城	懷古	五絕	卷四	
212. 過興濟鎮至青縣	11/23	興濟鎮等地	行旅	七絕	卷四	
213. 過馬廠至靜海縣	11/23	馬廠等地	社會	七絕	卷四	
214. 停天津驛即目	11/23	天津驛	行旅	七絕	卷四	
215. 雪夜過北倉	11/23	北倉	行旅	五古	卷四	
216. 夜入北京書感	11/23	北京	懷古	五古	卷四	
217. 遊外公園觀先農壇雩壇	11/25（10/7）	先農壇雩壇	懷古	五古	卷五	
218. 遊大內宮殿感賦長歌	11/26（10/8）	大內宮殿	懷古	七古	卷五	
219. 西苑行	11/26（10/8）	西苑	懷古	七古	卷五	
220. 景山弔古	11/26（10/8）	景山	懷古	五古	卷五	

221. 文華殿看畫偶詠六首	11/26（10/8）	文華殿	懷古	七絕	卷五	
222. 遊內公園觀社稷壇二十韻	11/27（10/9）	社稷壇	懷古	五古	卷五	
223. 將出居庸在西直門見河冰先登眺	11/29（10/11）	西直門	山水	五古	卷五	
224. 自清華園	11/29（10/11）	清華園	行旅	五古	卷五	自清華園乘京綏鐵路遊長城等地。
225. 過沙河及榆河即事	11/29（10/11）	沙河、榆河	懷古	五古	卷五	
226. 昌平州路雜詠四首	11/29（10/11）	昌平	社會	五絕	卷五	
227. 路上看西山	11/29（10/11）	西山	山水	五古	卷五	
228. 近塞見居庸山高日遠為中原所無	11/29（10/11）	居庸山	山水	七古	卷五	
229. 乘鐵車由南口入山度居庸關	11/29（10/11）	居庸關	社會	七古	卷五	
230. 自青龍嶺踰長城登八達嶺放歌	11/29（10/11）	青龍嶺等地	社會	七古	卷五	
231. 蘆溝鎮即景	11/29（10/11）	蘆溝鎮	山水	五絕	卷五	
232. 蘆溝橋詠渾河	11/29（10/11）	蘆溝橋	懷古	七古	卷五	
233. 瞻園丘方澤及日月壇感作二十韻	12/5、12/7（10/17、10/19）	園丘等地	社會	五古	卷五	
234. 遊雍和宮雜詠四首	12/7（10/19）	雍和宮	懷古	七絕	卷五	
235. 出京過豐臺二首	12/10（10/22）	豐臺	行旅	五絕	卷五	乘火車由北京至天津。
236. 望南苑即事二首	12/10（10/22）	南苑	社會	五絕	卷五	
237. 南苑故宮行	12/10（10/22）	南苑故宮	社會	七古	卷五	

序號	題目	日期	地點	類別	體裁	卷次	備註
238.	過豐臺偶見西山作	12/10（10/22）	豐臺	行旅	五絕	卷五	
239.	過黃村今為大興縣治	12/10（10/22）	大興縣	行旅	五古	卷五	
240.	過郎坊行武清縣各地中度淀池	12/10（10/22）	郎坊、武清	社會	五古	卷五	
241.	南返天津出海外	12/11（10/23）	天津	社會	七律	卷五	由天津乘舟海行至上海吳淞口
242.	自三岔口過租界下海河行百餘里中經塘沽大沽出海	12/12（10/24）	塘沽、大沽	行旅	五古	卷五	
243.	至萊州海至登州見蓬萊山丹崖山作	12/13（10/25）	登州蓬萊山	懷古	五古	卷五	
244.	舟沿之罘山入煙臺澳即事	12/13（10/25）	煙臺	懷古	五古	卷五	
245.	舟泊威海衛感事作歌	12/13（10/25）	威海衛	社會	七古	卷五	
246.	舟泛大海作	12/12～12/15（10/24～10/27）	海行	行旅	五古	卷五	
247.	夜船寄泊吳淞口外	12/16（10/28）	吳淞口	行旅	七絕	卷五	247至249所詠者屬江蘇省
248.	出松江府過吳淞江橋南下	12/28（11/10）	松江等地	行旅	五古	卷五	乘滬杭鐵路由上海至杭州
249.	過楓涇鎮	12/27（11/10）	楓涇鎮	行旅	七絕	卷五	
250.	過嘉善縣城及魏塘橋望見湖水	12/27（11/10）	嘉善縣城	行旅	五古	卷五	250至289所詠者屬浙江省
251.	過嘉興府城見鴛湖旋過王店店有梅會里又過海寧硤石鎮	12/27（11/10）	嘉興	懷古	五古	卷五	
252.	過臨平望臨平湖翠亭山懷古夜過杭城至孤山	12/27（11/10）	臨平湖等地	懷古	五古	卷五	
253.	登樓霞嶺歷嶺上洞下訪岳墳岳廟	12/28（11/11）	岳墳、岳廟	懷古	五古	卷五	

序號	詩題	日期	地點	類型	詩體	卷次	備註
254.	遊靈隱寺觀飛來峰探峰洞步各亭後登北高峰次韻光菴觀江海及湖二十韻	12/28（11/11）	靈隱山寺等地	山水	五古	卷五	
255.	遊天竺山自下天竺陟中天竺至上天竺	12/28（11/11）	下天竺、中天竺、上天竺	懷古	五古	卷五	
256.	從下天竺步行至茅港舟歷各湖莊湖港至蘇堤轉向南屏雷峰塔乃遊三潭返孤山	12/28（11/11）	蘇堤等地	山水	五古	卷五	
257.	遊西湖公園訪故行宮出園至林處土亭墓轉向平湖斷橋過寶石山塔	12/29（11/12）	故行宮	懷古	五古	卷五	
258.	杭郡登吳山巔憑弔宋大內放歌	12/29（11/12）	吳山	山水	七古	卷五	
259.	循寶石山登葛嶺訪仙蹟並弔往躓放歌	12/29（11/12）	葛嶺	山水	七古	卷五	
260.	葛嶺洪忠宣祠留題	12/29（11/12）	葛嶺	懷古	七律	卷五	
261.	三潭四賢祠見杭董浦位詠三首	12/29（11/12）	四賢祠	同上	七絕	卷五	
262.	西湖雜詠六首	12/29（11/12）	西湖	山水	七絕	卷五	
263.	西湖廣化寺留題二首	12/29（11/12）	廣化寺	懷古	七律	卷五	
264.	自錢塘過西興即景	12/31（11/14）	西興	行旅	七絕	卷五	
265.	將遊浙東至錢塘江待渡望見蕭山及龜山赭山	12/31（11/14）	蕭山等地	行旅	五古	卷五	
266.	過錢塘江至西興鎮僱舟遠遊	12/31（11/14）	西興	行旅	五古	卷五	由西興鎮僱舟遠遊鏡湖禹陵等地

	日期	地點	類別	體裁	卷	備註
267. 舟入蕭山縣中出城看蕭山望牛頭山作	12/31（11/14）	蕭山縣	行旅	五古	卷五	
268. 過錢清江即事	12/31（11/14）	錢清江	懷古	五古	卷五	
269. 由清江入鏡湖行山陰會稽道	12/31（11/14）	鏡湖	山水	五古	卷五	
270. 放舟自鏡湖西至東湖玩稷山及遊稜廬園亭並訪放翁舊蹟	12/31（11/14）	東湖	山水	五古	卷五	
271. 行若耶溪中望諸古蹟至蘭湖	12/31（11/14）	若耶溪	懷古	五古	卷五	
272. 自蕭山至山陰鏡湖訪江賀二古蹟不見二首	12/31（11/14）	蕭山等地	懷古	七絕	卷五	
273. 登會稽山拜禹王廟上謁陵觀空亭訪菲泉再遊禹王寺探禹穴轉出陵坊至山庭讀晌嶁碑三十韻	12/31（11/14）	禹陵山	懷古	五古	卷五	
274. 循禹陵往遊南鎮山	12/31（11/14）	南鎮山	同上	同上	卷五	
275. 舟自鏡湖入遊紹興城中轉邐城外漸邐蘭溪道	1923年1月1日（11/15）	鏡湖等地	山水	同上	卷五	
276. 蘭亭	1923年1月1日（11/15）	蘭亭	懷古	七絕	卷五	
277. 由鏡湖入蘭溪至蘭渚遊蘭亭登蘭亭山十八韻	1923年1月1日（11/15）	蘭亭	山水	五古	卷五	
278. 舟出會稽鏡湖夜至上虞縣曹娥江曹娥攔月下見東山	1923年1月1日（11/15）	鏡湖、曹娥江	懷古	七古	卷五	
279. 月下泝娥江到嵊縣剡溪	1923年1月1日（11/15）	曹娥江、剡溪	山水	五古	卷五	

編號	題目	日期	地點	類別	體裁	卷	備註
280.	鏡湖曲		鏡湖	懷古	七古	卷五	
281.	浙東東山舟子多不知古名	1923 年 1 月 1 日（11/15）	鏡湖等地	行旅	五絕	卷五	
282.	由錢塘江登定山過萬松嶺登南高峰行蘇隄返孤山	1923 年 1 月 1 日（11/15）	定山等地	行旅	五古	卷五	
283.	即事贈廣化寺僧珍巘二首	1/2（11/16）	西湖	行旅	七絕	卷五	
284.	合肥張君邀同攝影湖上	1/3（11/17）	西湖	贈答	五古	卷五	
285.	端安李茂才叔誠相遇孤山寺酷愛余詩文集遊雁宕東道主余以遠遊歷半載方自會稽還未得如願賦此為後遊之券	1/3（11/17）	西湖	同上	七古	卷五	
286.	自杭回車遊嘉興郡城	1/3（11/17）	嘉興	行旅	五古	卷五	乘滬杭鐵路，由杭州至嘉興。
287.	遊鴛鴦湖登煙雨樓即事	1/4（11/18）	鴛鴦湖	山水	七古	卷五	
288.	鴛鴦湖曲	1/4（11/18）	鴛鴦湖	山水	七古	卷五	
289.	出鴛鴦湖返上海	1/4（11/18）	鴛鴦湖	行旅	五絕	卷五	289 至 298 所詠者屬江蘇省。
290.	將遊峰泖先遊松江郡城	1/4（11/18）	松江	懷古	五古	卷五	
291.	自松江泛入圓泖更至泖遊長泖	1/4	泖湖	山水	五古	卷五	
292.	遊泖湖登泖嶼長水寺塔下泛長泖作歌	1/4	泖湖	山水	七古	卷五	
293.	乘舟遊九峰	1/7（11/21）	九峰	山水	五古	卷五	
294.	自平山訪古迴舟登細林山	1/7	細林山	懷古	五古	卷五	
295.	松郡即事	1/7	松江	懷古	七律	卷五	

296. 松郡感事	1/7	松江	社會	七古	卷五	
297. 登天馬山訪古轉至機山至雲山佘山辰山望崑崙山鳳凰山	1/7	天馬山等地	懷古	七絕	卷五	
298. 愛天馬山風景又作	1/7	天馬山	山水	七絕	卷五	
299. 自閩海入閩江作	1/14（11/28）	閩江	懷古	七古	卷五	由上海乘舟海行至福州。299至305所詠者屬福建省。
300. 過鼓山下憶昔遊	1/14	鼓山	行旅	五古	卷五	
301. 羅星塔江望船廠感賦	1/14	羅星塔	社會	五古	卷五	
302. 南臺訪古循至郡城憶昔	1/14	南臺	社會	同上	卷五	
303. 舟駐馬尾江憑眺鼓山閩南山	1/14	馬尾江	山水	同上	卷五	
304. 追詠泉州洛陽江橋	1/14	泉州洛陽橋	懷古	五古	卷五	
305. 閩中雜詠五首	1/14	閩省	山水	七律	卷五	
306. 遊華歸後偶得四首	1/17（12/1）	歸臺以後往作	行旅	七絕	卷五	
307. 曲阜城望尼山	11/15	曲阜城	懷古	五絕		此首省文獻會全集本缺，今據原稿甲本補錄。
308. 過楊柳青有感	11/23	楊柳青	社會	七絕		此首省文獻會全集本缺，今據原稿甲本補錄。

共有詩作308題，420首。題材：懷古詩有134題、山水詩91題、行旅詩39題、社會詩40題、贈答詩4題。

第二節 《八州詩草》的背景

一、文學的背景

《八州詩草》屬遊覽詩詩集，以古典詩來吟詠山水。如果從文學的背景論棄生旅遊詩文的寫作，時間從早期，即清末到日治時期大正四年（1915 年），臺灣經歷政治主權領土改隸等世變，則棄生模山範水之際，筆下時常流露故國之思與殖民之痛。清末所作〈九十九峰賦〉鋪寫「世外蓬島，九九奇峰」，企求越界仙境，回歸治平盛世。每以仙境形容山水為超世之境，回歸自然本性。日治時期歎「蕭然物外，桃源難再」，批判日人殖民，越界侵略原住民土地，籲回歸教化。紀遊詩刻劃精詣處似杜甫，每觀察入微，思極入夢，在無意識的狀態泯沒現實和理想的裂痕，使山水詩篇成了壯麗的天啓，「憂心家國」和「樂在山水」交融為詩文旨趣，筆法受李白等人影響。

從文壇風氣與學術訓練言，清代為詩詞、古文、駢賦，各種文體集成熟練時期，作家能掌握各類文體特色風格，又能會通求變，方能推陳出新，與古人爭勝。洪氏光緒二十年（1894 年）所作〈擬作劉彥和文心雕龍序〉云：「故神思一作，早矯蕭代侈靡之風；通變一篇，遂啓韓公起衰之兆，是舍人之學也。」〔註 15〕氏詩文風格清眞古雅，宗法《文心雕龍‧通變》與〈神思〉之說。宗經通變，端在「憑情以會通，負氣以適變。」〔註 16〕以「尊古通變」、「神通千載」，懸為學養和創作的銘箴。以早年八股文寫作的基礎訓練，會通古文「義法」。其論八股時文，推崇方苞云：「以時文造理學而成為大家者，為方望溪。」「以時文造古文而確乎大家者，亦方望溪。」〔註 17〕洪氏的八股文每奉為師法準則。方苞「家法」以為時文之創意造語，應當取法韓愈、李翱：「唐臣韓愈有言：『文無難易，惟其是耳。』李翱又云：『創意造言，各不相師』。而其歸則一，即愈所謂『是』也。文之清眞者，惟其理之是而已，即翱所謂『創意』也。文之古雅者，惟其辭之是而已，即翱所謂『造言』也。」方苞「蓋謂文所以立義與意也。時文之為術淺而蘊之可發者微。」以古文「義法」為八股文極則，「則情與境非眞而意無由立也。」理之是與情境之眞為文之「創意」。而「義」即「義法」，氏云：「《春秋》之義法，自太史公發之，而後深於文者亦具焉。『義』即《易》之所謂『言有物也』。『法』即《易》之

〔註 15〕洪棄生著，《寄鶴齋駢文集》（南投：台灣省文獻委員會，1993），頁 100。
〔註 16〕同前註，《文心雕龍注釋》，頁 570、515～516。
〔註 17〕同前註，《寄鶴齋古文集》〈話制藝示及門〉，頁 287。

所謂『言有序也』。義以經，而法緯知，然後爲成體之文。」〔註18〕以古人「義法」爲文，所言有物有序。至於「造言」，即語言清新古雅，要能「推陳出新」。因此，洪氏制舉刻意追摹古文風格，即其友張汝南序其制義文云：

> 君於經史時務與地兵農皆有究心而有得於古，有感於時，有憤鬱於中，一舉而發之於時文，絕無異於爲古詩，爲古文駢文，則其爲時文也，亦古甚，大甚而不小甚矣。〔註19〕

他〈話制藝示及門〉因稱許明代八股文的大家歸有光（字熙甫，號震川，1507～1571 年）「以古文入時文而卓乎大家者，爲歸震川」。姚鼐評震川文「平淡」「自然生成」，〔註20〕氏於此特能領會，因以「古雅平美」詩觀針砭俚俗詩風。

日治時期，棄生視寫作如營造一洞天，安置私密隱情。吸鴉片成「癮」，而「癮」一滿足則痛苦暫「隱」，以詩寫鴉片癮自我滿足，並隱喻異族統治下難言的苦痛。詩中傾聽形軀的病痛，思索心靈自我淨化之道，更藉「煙仙」的迷濛形象冷諷時局的險惡詭譎，即〈吸煙戲詠〉云：

> 九華仙子餐沆瀣，薜荔衣裳芙蓉帶（時俗稱櫻粟煙膏爲芙蓉膏）。七寶盤匜百寶床，龍吸鯨呿天地隘。葡萄宮中火不衰，櫻粟堆裏香常在。獨銜金莖飢鳳吭，孤倚玉篠瘦蛟背。瓊鐘瑤席甘露漿，黑雲玄霜紫雲靄。燈閃長鳴寠窣風（初作寠（上穴、下條）風，因寠窣聲極似煙聲，故用此。），斗收佳氣氤氳界（吸煙之器似陶，作圓胚，謂之煙斗也）。不夜城中得濫觴，常燃鼎上欣津逮。癖嗜已同九轉丹，創懲未要三年艾。囊棄書劍求神仙，仙人謂我須淘汰。入塵已似鼠拖腸，離世何望蟬脫蛻。流連飲啄眞籧篨，散誕形骸總疣贅。教我且學不死方，煙霞之裏垢塵外。入山采朮兼采芝，青精有飯黃精代。愧我尚戀煙火緣，未能絕物待沽丐。蕙蘭膏後金粟膏，仙人擲米弄狡獪。引我漫居大沫天，置身遂入須彌界。有時臥遊上九宵，有時魂遊空五內。燥吻惟濡陸羽茶，饞情卻謝元修菜。藉茲冀免俗氛侵，

〔註18〕方苞《欽定四書文》《文淵閣四庫全書‧集部‧總集類》（台北：商務印書館，1983），「凡例」。《望溪先生文集》《續修四庫全書‧集郡‧別集類》第 1420 冊〈與吳東巖書〉（上海：上海古籍出版社，2002），集外文卷 5，頁 609-610。《望溪集》《文淵閣四庫全書‧集郡‧別集類》〈又書貨殖傳後〉（台北：商務印書館，1983），卷 2。

〔註19〕同前註，《洪棄生先生遺書》第七冊，頁 2962。

〔註20〕姚鼐〈與王鐵夫書〉。引自歸有光著，鄔國平譯，《新譯歸有光文選》〈導論〉（台北：三民書局，2009），頁 17。

不治未是南山穢。羅什有道吞亂針，游戲神通何介蒂。晞髮陽阿下大荒，久鄰山魈木石怪。御氣身與造化遊，陸地行仙緣莫壞。甜鄉休道爛如泥，糟邱須知肉不敗。與人無悶世無懷，掃愁有帚詩有械。揶揄或謂窮骨頭，顛倒拚作尸居態。邯鄲一枕夢黃粱，洞府三清伸白喙。霧液雲腋流玉酥，鷺膠鳳髓含金薤。太乙然火三千年，一吸沖虛無大塊。〔註21〕

詩旨彷彿泰瑞・伊格頓所說：「宇宙圍著撫慰病者而運轉。」〔註22〕洪氏徹夜吸煙，提振精神並緩和苦痛，不料靈感遄飛，乃一「煙癮」之隱士，視吸煙與作詩爲個人痼癖。一若吸煙，寫作撫慰受創的身心，則吸煙與創作爲淨化自我、昇華悲情的妙方。面對身體病痛與個人雄心，理性與激情，社會主導觀念與個人親暱的生活方式之間的衝突。詩表現同情與寬容，如約翰・葛雷（John Gray）討論自由主義者的寬容云：「凡人皆有意願過著不同的生活，而且這種意願是正當的。暫訂協議就是這樣一種理想。」〔註23〕如果日本殖民者不輕易與臺灣人協議生活方式等問題，就先以鴉片讓身體病痛與個人雄心協議，暫時避免身心衝突，學會傾聽身體的語言，與病痛和平共存。不料卻因吸煙快感引發激進感性，以寫作一幽冥的洞天幻象。「容我揭露深埋在冥界幽暗中的事物」，〔註24〕寫作彷彿與死者協商，以便揭曉生死之謎。

　　「九華」二句中的仙子，應本自《楚辭・九歌・山鬼》的山鬼形象，既描寫吸煙時美麗的幻覺，從詩末「掃愁有帚詩有械」的呼應，又宛如寫詩創作的「繆思」。偶遇仙子而誤入「洞天」，即作者吸煙寫詩的房間。「黑雪」數句描寫黑色鴉片煙霧中的煙管鳴聲，燈光明暗，營造幽邃沈靜的詭譎氣氛。「不夜」數句由失眠頭痛而以吸煙舒緩不安，轉以癖嗜如九轉神丹，展現作者避苦尋樂的渴求。「曩棄」以下的散誕頹放，暗示傳統士紳淪爲「疣贅」，身處邊緣的困境。吳文星的研究指出，日治之初，日人即將吸食鴉片、辮髮、纏足等視之爲台灣社會的三大陋習。吳文星更指出在1910年以後，台人受到日

〔註21〕洪棄生著，《寄鶴齋詩集》（南投：台灣省文獻委員會，1993），頁301。
〔註22〕泰瑞・伊格頓著，方佳俊譯，《生命的意義是爵士樂團》（台北：商周出版社，2009），頁182～183。
〔註23〕約翰・葛雷（John Gray）著，蔡英文譯，《自由主義的兩種面貌》（台北：巨流圖書公司，2002），頁6。
〔註24〕維吉爾的詩句，轉引自同前註，瑪格麗特・愛特伍（Margaret Atwood）著，嚴韻譯，《與死者協商：瑪格麗特・愛特伍》，頁223。

人的宣導鼓勵，以及中國因受革命影響而興起的剪辮之風，台人亦自發的放足、剪辮。〔註25〕洪氏因堅持留辮，視爲民族認同的象徵物，竟遭日警強行剪去。在日人殖民教育培植的新興領導階層興起後，傳統士紳的社會影響力漸漸示微，何況吸食鴉片所承受的社會壓力。「煙塵」二句道出個人與社會的疏離，在煙癮消退後更敏銳的察覺人間沈淪的悲涼。因此自嘲如「鼠拖腸」、「蟬脫蛻」，心靈卻希望超離塵世，置身須彌如芥，彷彿人海藏身而得其所哉！「仙人擲米」句用《神仙傳》麻姑擲米成珠的典故，以滿足於吸煙和寫作等癖嗜的專注過程，象徵自我淨化的儀式，則臥遊九霄、魂空五內，身感極端亢奮時，才發覺肉體的虛妄和肉體的眞實。雖有燥渴減食的生理現象，心中卻遠離俗氛的惡穢。吸煙時渾然忘我，好像將身體的病痛視爲遊戲神通般可悅，除了鴉片的緩解作用，更來自作家心靈專注於觀照造化，此身便自「山魈木石」的世界逃逸而出。精神上既能忍受異族奴役之苦，肉體也好像永不敗壞，可以無限量的耽於癖嗜帶來的快樂。暫拋下社會的期待和揶揄，在往昔黃粱夢中醒來。在內臟和外在感覺的蒙蔽下，愉悅或受苦的極致熱烈下，時間空間都瞬間忘卻，在吸煙霧濛、精神恍惚時。

「羅什」二句，與〈賦得鳩摩羅什吞鍼二首〉其一云：「情魔慾障銷磨遍，誰識阿師痛楚心？」其二云：「散花神女休相笑，情根情種芥蒂多。」〔註26〕之意同，聊藉吸煙排遣其情愁。方知寫作是爲了闡揚古代方聖之神通大道，端視能否轉化苦痛經驗爲生活之豐饒，以充實生命。詩既能內掃情愁，又能以筆代戈，對抗俗氛的侵擾，悍衛個人的情感，認同古人風流，發抒異代同調之滄桑。則文學世界誠如韓愈〈送高閑上人序〉所云：「苟可以寓其巧智，使機變於心，不挫於氣，則神完而守固，雖外物至，不膠於心。」〔註27〕與人無悶，與世無懷，平等達觀以待人處事。詩表現一種「超然的欲望」來陶冶情感。〔註28〕

其〈戒煙長歌〉云：「金粟前身李青蓮。」自比文人如謫仙，不能免除被拋擲到凡塵之苦惱與憂愁。又典用《維摩詰經・文殊師利問疾品》，以「設身有疾，而不求滅，是名方便。」以此饒益眾生，「又復觀身無常、苦、空、無

〔註25〕吳文星著，《日據時期台灣社會領導階層之研究》（台北：正中，1992），頁248。第五章。

〔註26〕《寄鶴齋詩集》，頁105。

〔註27〕韓愈著，馬通伯校注，《韓昌黎文集校注》（台北：華正書局，1986），頁157。

〔註28〕卡勒著，李平譯，《文學理論入門》（南京：譯林出版社，2008），頁125。

我，是名為慧。」因此，以樂生死的外道眾魔為待，以勝怨為勇。〔註 29〕其
「從癡有愛，則我病生。」的思維，以愛之根本，在眾生因癡而病。因樂生
死而體會病苦，身體自然慾求的追逐與滿足，固然能暫時忘卻生死苦痛，但
身體卻付出健康為代價。以疾病為喻，若不能調伏內心，戰勝怨恨、外道魔
魅等負面情緒，則肆意發洩當下，引發心靈的病苦使人深感絕望的悲哀。「菩
薩疾者，以大悲起。」觀身無常，世俗煩惱與修行勝義，因「雖身有疾，常
在生死，饒益一切，而不厭疲，是名方便。」的觀照，對眾生如母愛子，流
露對身體叛逆死亡，敵視病苦的同時，卻樂生縱慾的憐憫與寬恕。就疾病書
寫所隱喻的文心禪理，如清代袁枚〈題金正希先生畫達摩圖〉云：「顏淵專精
能坐忘，維摩憔悴常示病。絕無意想結空花，那有風泉攪清聽？眉毫禿盡腸
欲流，三才萬象同參證。」〔註 30〕詩中藉由身體知覺喚醒創作靈感。

　　從旅遊文學與詩歌美學立論，旅遊文學的定義，依孟樊的定義：

> 旅行文學，顧名思義，乃是由旅行而來的文學，或者是與旅行有關的
> 文學，簡言之，即「旅行」加「文學」。所以，旅行和文學兩樣對旅
> 行文學來說，缺一不可。就前者而言，旅行文學的內容應是來自作者
> 個人旅行的體驗，也就是它是從旅行經驗所產生的文學，並非「純想
> 像的遊記」，誠如楊萬里詩云：「山思江情不負伊，雨姿晴態總成奇。
> 閉門覓句非詩法，只是征行自有詩。」（〈下橫山灘頭望金華山〉）；就
> 後者而言，旅行文學固然和作者的旅行經驗不無關係，卻也不能背負
> 紀實的包袱而變成「流水帳式的筆記」，它需要有作者文學的想像，
> 也因此或多或少不無虛構的色彩──尤其是對旅行小說來說。〔註31〕

文學的想像不無虛構的色彩，但棄生的《八州遊記》卻考證翔實。另一問題
是作者為文而造情，或為情而造文？此是讀者批評的焦點。純然臥遊而不實
際旅行，或實際旅行而變成「流水帳式的筆記」，不是流於「為文而造情」，
就是為情而造不出文，尤其是合乎現實又想像浪漫的文采。洪此行特別細究
「山川風土之變遷」，由史地變遷的雙重性發抒現實感，詩文沉思而浪漫，文
采斐然。〔註 32〕

　　從行旅遊覽山水詩文的旨趣言，此類作品常常有「越界回歸」的旨趣。

〔註 29〕陳慧劍譯註，《維摩詰經今譯》（台北：東大圖書公司，1990），頁 191～220。
〔註 30〕袁枚著，《袁枚全集》（壹）（江蘇：江蘇古籍出版社，1997），頁 26。
〔註 31〕孟樊著，《旅行文學讀本》（臺北：揚智文化出版社，2004），頁 8。
〔註 32〕《八州詩草》，頁 1。

試論中國先秦時代，儒、道二家的「山水美學」。《論語・雍也》孔子認爲智者動，仁者靜；智者樂水，仁者樂山。《莊子》則認爲天地有大美而不言。儒家強調山水陶冶情性；道家主張回歸自然。在入世淑世與出世隱逸間，山水成爲士人精神與心靈的逋逃之藪。而文人行旅遊覽山水詩文多描寫行遊他方，本就有「越界」之實。

孔子強調「游於藝」，從技藝培養志道據德，克己復禮，依仁強毅的君子人格。孟子立心爲官之大者，如要踐形，理性須在完全自由的行動實踐中展現。道家主張回歸自然，誠如學者王邦雄所言，《莊子・逍遙遊》中的「遊」，主體生命的大道踐行須以天地自然的大化流行爲憑藉。儒家《中庸》的極高明道中庸，道家的鵬飛北冥而扶搖九天，生命境界的超拔須賴處人間世而能「技進於道」、「下學上達」的修養和悟解。

學者龔鵬程論「周人的生活中，充滿優遊的態度。」提出三論點：一、優游：寬鬆和豫的生活方式。如《小雅・采菽》：「優哉游哉」。以及《邶風・柏舟》、《衛風・竹竿》、《邶風・泉水》等篇章的觀點。二、出游以宣洩煩鬱：如屈原〈遠遊〉。以及《列子・周穆王篇》、《穆天子傳》。三、以優遊達致逍遙的人生境界：如《小雅・白駒》、《莊子・逍遙遊》。又論遠游求道的精神，以春秋典籍中，人民流散或歸附，乃因此而成爲政治良窳的指標之一，見《論語》、《孟子》。另外，游士熱烈的文德追求態度。「遠遊以求道」，追尋意義。〈遠遊〉由「憂世」而「憂生」而追求「度世」，超越此世。而莊子認爲孔子遊於道術，仍是「遊方之內」，其主張「與造物者爲人，而遊乎天地之氣。」飛越超舉之凌虛狀態，見〈逍遙遊〉。〔註33〕

此外，考查辭賦與詩對遊仙的描寫，李豐楙云：「〈離騷〉、〈遠遊〉應是巫師的神遊或是模擬巫師的昇天經驗，爲世俗化的昇登仙界的神遊版本。」「漢晉之際諸般〈昇天行〉、〈遊仙詩〉則是世俗化的乘蹻術。」〔註34〕漢賦如司馬相如〈大人賦〉云：「悲世俗之迫隘兮，朅輕舉而遠遊」〔註35〕則鋪寫遠遊天上帝宮之樂，稍稍滿足帝王遊仙求長生的欲望。前人賦文因而推極想像之遊樂，以蓬萊風景神秀如仙府神皋而引人涉足越界。如晉孫綽〈遊天台山賦〉

〔註33〕龔鵬程著，《年報：一九九六龔鵬程年度學思報告》（嘉義縣大林鎮：南華管理學院，1997 年 12 月），頁 56～64。

〔註34〕李豐楙著，《憂與遊：六朝隋唐遊仙詩論集》（台北：台灣學生書局，1996），導論頁 6。

〔註35〕司馬遷著，《史記》（台北：藝文印書館，1982），卷 117，頁 1246。

自序云：

> 天台山者，蓋山嶽之神秀也。涉海則有方丈、蓬萊，登陸則有四明、
> 天台，皆玄聖之所遊化，靈仙之所窟穴也。夫其峻極之狀，嘉祥之
> 美，窮山海之瑰富，盡人神之壯麗矣。〔註36〕

蓬萊本是山岳神秀之美稱，棄生在清末所作〈九十九峰賦〉比擬臺灣如蓬萊，
欲在亂世尋一樂園，遊覽台灣山水時也時作此想。因此，樂在山水使人油然生
超然出世之嚮往，筆下仙境再現原初的他者（primordial other）——無論想像是
源自《老子》的質樸之世、《莊子》的混沌未鑿、或溯源《楚辭·遠遊》神遊仙
境的主題——以神話永恆回歸的原初秩序象徵山水爲超世境地，援引天仙、尸
解仙、地仙之「神仙三品說」，見於葛洪以服食還丹金液，昇天爲仙的說法。若
服食半劑，則「不死之事已定，無復奄忽之慮，正復且遊地上，或入名山，亦
何所復憂乎？」〔註37〕成了中國文人模山範水時，文化心靈的模式。

從體製言，《昭明文選》始有「行旅」、「遊覽」詩文之別，前者多寫行役
之苦，後者多山水之樂。而中國文學傳統自《楚辭·九辯》宋玉悲秋的「士
不遇」主題書寫，文人或因貶謫，更有遭逢世變，流離轉徙者。流連山水，
不免有家國何在的徬徨焦慮，轉生孑然一身的孤絕苦澀。因此山水詩文貫穿
「流亡」的放逐情懷與尋彼樂土的嚮往。艾德華·薩伊德（Edward W. Said，
1935～2003）探討流亡的迷惑，恐懼、不安穩之外，也強調旅行者、過客懷
有的驚奇感，一如馬可波羅（Marco Polo，1254～1324）的遊記。薩伊德說：

> 因爲流亡者同時以拋在背後的事物以及此時此地的實況這兩種方式
> 來看事情，所以有著雙重視角（double perspective），從不以孤立的方
> 式看事情。新國度的一情一景必然引他聯想到舊國度的一情一景。就
> 知識上而言，這意味著一種觀念或經驗總是對照著另一種觀念或經
> 驗，因而使得二者有時以新穎、不可預測的方式出現……〔註38〕

屈原的〈離騷〉就是流放文學的代表，從「乘騏驥以馳騁兮，來吾道夫先路！」
的高邁，「路曼曼其修遠兮，吾將上下而求索。」的苦辛追尋。「心猶豫而狐
疑兮，欲自適而不可。」的疑惑不安，「鳳凰既受詒兮，恐高辛之先我。」對

〔註36〕同前註，蕭統編，《文選》，卷11，頁167。
〔註37〕葛洪著，王明校釋，《抱朴子內篇校釋》（北京市：中華書局，1996），卷3，
頁52〈對俗〉。
〔註38〕艾德華·薩伊德著，單德興譯，《知識分子論》（台北：麥田出版社，2004），
頁97～98。

政局的暗諷,「欲遠集而無所止兮,聊浮游以逍遙。」雖被流放,卻以自由逍遙的心態遊觀,展現雙重視角,甚至遊觀仙界的超世觀點。

又試以杜甫(字子美,712~770 年)流離入蜀詩作為例。〈登同谷縣〉有「況我饑愚人,焉能尚安宅。」的流亡之苦。〈龍門關〉「終身歷艱險,恐懼從此數。」的恐懼不安。卻在〈木皮嶺〉一詩云:「始知五嶽外,別有他山尊。」展現「雙重視角」。清人邵長蘅評述云:「〈登同谷縣〉後十二首,較秦州詩更爾刻畫精詣,奇絕千古。」〔註39〕邵氏的稱譽,洪氏附和道:「邵子湘評杜詩,去取處往往與予吻合,議論多獨出手眼。」〔註40〕洪氏舉金代詩人元好問(字裕之,號遺山,太原秀容(今山西省忻縣)人,1190~1257 年),以及清代詩人黃仲則(字仲則,又字漢鏞,自號鹿菲子,江蘇武進人,1749~1783 年)詩作為例云:

> 遺山鸛雀崖北龍潭五古一首,酷似杜入蜀,詩云:「層崖閟頑陰,水木深以阻。湍聲半空落,洶洶如怒虎。風生木葉脫,魄動不敢語。何年渾沌竅,靈物此棲處。初從一線溜,開鑿到神禹。雲雷鼓飛浪,噴薄齊萬弩。藏珠驪龍頷,百斛快一吐。油油入無底,細散不濡縷。歸藏海有穴,汎溢愁下土。南峯天一柱,萬古鎮幽府。江山有奇探,落景迫行旅。多慚采芝人,終古看飛雨」。〔註41〕……黃仲則五古,人罕稱之,究竟五古較多清高入古之作,除學漢魏晉宋而外,如舟過龍門山一首,尤優入杜境,不減杜入蜀詩,中間警句云:「幽谷神龍都,深潭老蛟大。風雨倏晦明,知是陰靈會」。……仲則七古,如……遊四明山詩之雄麗,……皆集中可傳之作。〔註42〕

元、黃二人行旅刻劃景物感性工巧,奇秀壯麗處似杜甫〈木皮嶺〉「西崖特秀發,煥若靈芝繁。」或〈龍門閣〉「長風駕高浪,浩浩自太古。危途中縈盤,仰望垂線縷。滑石欹誰鑿,浮梁裊相挂。目眩隕雜花,頭風吹過雨。」〔註43〕元氏詩末二句以山中采芝人映照生情,也展現「雙重視角」。而黃氏詩〈遊四明山放歌〉足稱「雄麗」。描寫山勢比喻聯翩似韓愈〈南山〉一詩,詩思入仙境又似李白。元、黃二人又妙以神物意象靈動寫景。

〔註39〕杜甫著,楊倫注,《杜詩鏡銓》(台北市:華正書局,1986),頁 301。
〔註40〕同前註,《寄鶴齋詩話》(南投:台灣省文獻委員會,1993),頁 115。
〔註41〕同前註,《寄鶴齋詩話》,頁 98。
〔註42〕洪棄生《寄鶴齋詩集》(南投:台灣省文獻委員會,1993),頁 331。
〔註43〕同前註,《杜詩鏡銓》,頁 302、306。

從觀照方式言，伊莉莎白·碧許〈兩千多張插畫加上完整的經文彙編〉（Over 2,000 Illustrations and a Complete Concordance）一詩，學者曾珍珍評論時引用 Bonnie Costell 指出碧許在這首詩的每一段落各自呈現了一種觀照方式，分別是碑銘式的（monumental，以承襲自傳統的固定理念加諸在所觀照的各別物象上）、游觀式的（excursive，以游移觀照各別物象之所見挑戰或搗毀心中固定成形的理念）、家常式的（domestic，以家的概念爲中心觀照各別物象，藉以屏擋抽象理念的過度宰制。）〔註44〕引而申之，風景勝地的輿地知識、傳說歷史等提供一「碑銘式的」觀照，作者的神游想像，行旅觀察，本屬「游觀式的」觀照，所見每有「雙重視角」，甚至「多重視角」。從觀照方式言，棄生早年吟詠臺灣八景詩，清代臺灣八景與八景詩提供風景勝地的輿地知識、傳說歷史等「碑銘式的」觀照，洪氏的神游想像，行旅觀察，本屬「游觀式的」觀照，所見每有「雙重視角」，甚至「多重視角」。而身心樂在山水，情景交融的文章，更融鑄成「家常式的」觀照。

旅行時此「家常式的」觀照。此若結合尋彼樂土的想像，山水便美化如人間仙境。學者李豐楙比較六朝遊歷仙境小說與陶淵明〈桃花源記〉後，認爲〈桃花源記〉爲一變種的仙鄉譚。「由於平實的『適彼樂土』的情境，因而大大激發唐宋詩人的歌詠，成爲中國文士心目中的理想世界。」〔註45〕

如學者石守謙研究，陶淵明之前，《搜神後記》、《異苑》、《周地圖記》等書已記載桃花源傳說。陶淵明之後，桃花源傳說又以圖繪傳播，形成「仙境山水」與「隱居山水」等「理想化」的完美山水形象的呈現。〔註46〕以王維、韓愈爲例，王維〈桃源行〉云：「初因避地去人間，更聞成仙遂不還。」〔註47〕將桃花源視爲仙境，韓愈〈桃源圖〉云：「神仙有無何渺茫，桃源之說誠荒唐。」〔註48〕誠如石守謙所言，王維、韓愈所依據的文本未必是陶淵明的〈桃花源記〉，有可能來自《搜神後記》等書已記載桃花源傳說。而韓愈素不喜佛、道二家，對神仙仙境說不能不置疑，誠如洪氏云：

〔註44〕 伊莉莎白·碧許（Elizabeth Bishop）著，曾珍珍譯《寫給雨季的歌——伊莉莎白·碧許詩選》（台北：木馬文化，2004 年），頁 126～137。
〔註45〕 李豐楙著，《誤入與降謫：六朝隋唐道教文學論集》（台北：台灣學生書局，1996 年），頁 137〈六朝道教洞天說與遊歷仙境小說〉。
〔註46〕 石守謙著，〈桃花源意象的形塑與在東亞的傳佈〉。石守謙、廖肇亨主編，《東亞文化形象之形塑》（台北：允晨文化，2011 年 3 月），頁 53～96。
〔註47〕 王維撰，趙殿成箋注，《王摩詰全集箋注》（台北市：世界書局，1962），頁 77。
〔註48〕 韓愈著，錢仲聯編，《韓昌黎詩繫年集譯》（台北市：學海書局，1985），頁 911。

〈桃源行〉，漁洋似謂摩詰風度勝退之。然氣力終在韓下，韓詩似名
將，王詩似名士也。〔註49〕

清初詩人王士禛《池北偶談》評王維詩「多少自在」，韓詩「努力挽強」，與
棄生抑揚觀點不同。韓詩「努力挽強」，棄生反而稱許氣力勝過王維。王維依
照佛、道的出世思想，想像桃源為仙境，為名士玄想一超越塵世之地。而韓
愈〈桃源圖〉詩首二句云：「神仙有無何眇芒，桃源之說誠荒唐。」〔註50〕又
云：「當時萬事皆眼見，不知幾許猶流傳。」如果從秦末至唐，桃源裡竟有如
許長壽的耆老，何妨就當年所見印證流傳的記載。換言之，政治的理亂才是
韓氏的關懷。其理性的批判，獨立自由的精神，誠如〈伯夷頌〉所謂「特立
獨行，窮天地亙萬世而不顧者也。」〔註51〕洪氏稱許「似名將」，〔註52〕饒富
氣力，足以解構神仙妄誕之說。而韓愈「家常式的」觀照，以家國的政治概
念為中心觀照此議題，藉以屏擋玄想者抽象理念的過度宰制。

　　然而文士因樂在山水，發神遊淨土的想像，使行旅遊覽山水詩文從地理
上的「越界」他方，「回歸」自然，進一步從塵世「越界」仙境，「回歸」自
然天性。如李白〈夢遊天姥吟留別〉（一作〈別東魯諸公〉）云：

海客談瀛洲，煙濤微茫信難求。越人語天姥，雲霓明滅或可覩。天
姥連天向天橫，勢拔五岳掩赤城。天台四萬八千丈，對此欲倒東南
傾。我欲因之夢吳越，一夜飛度鏡湖月。湖月照我影，送我至剡溪。
謝公宿處今尚在，淥水蕩漾清猿啼。腳著謝公屐，身登青雲梯。半
壁見海日，空中聞天雞。千巖萬轉路不定，迷花倚石忽已暝。熊咆
龍吟殷巖泉，慄深林兮驚層巔。雲青青兮欲雨，水澹澹兮生煙。列
缺霹靂，丘巒崩摧，洞天石扇，訇然中開。青冥浩蕩不見底，日月
照耀金銀臺。霓為衣兮風為馬，雲之君兮紛紛而來下。虎鼓瑟兮鸞
回車，仙之人兮列如麻。忽魂悸以魄動，怳驚起而長嗟。惟覺時之
枕席，失向來之煙霞。世間行樂亦如此，古來萬事東流水。別君去
兮何時還？且放白鹿青崖間，須行即騎訪名山。安能摧眉折腰事權
貴，使我不得開心顏！〔註53〕

〔註49〕《寄鶴齋詩話》，頁81。同上註，《韓昌黎詩繫年集譯》，頁916。
〔註50〕錢仲聯編，《韓昌黎詩繫年集釋》，頁78、84、912。
〔註51〕韓愈著，馬通伯校注，《韓昌黎文集校注》（台北：華正書局，1986），頁37。
〔註52〕《寄鶴齋詩話》，頁77、78、81。
〔註53〕李白著，郁賢皓注譯，《新譯李白詩全集》，頁757～761。

此詩是天寶五載（746年）李白離開東魯南下會稽時告別東魯友人之作。詩仰極山勢之崇高，想像及於海外瀛洲，當作於離開長安，南遊吳越，投閒置散時。〔註54〕「腳著謝公屐」，援引謝靈運此一山水詩鼻祖的形象，越界昇天神遊，進入一恍惚迷離之洞天。其寫作張本，可溯源自六朝道教洞天說與江南地洞奇觀。〔註55〕「迷花倚石忽已暝」，頗有陶潛〈桃花源記〉「忽逢桃花林」、「忘路之遠近」，因逢美景而迷路，遂誤入仙境。山水晦明變化，因夢成真，仙人如麻，宛如面前。學者郁賢皓析賞「千巖萬轉路不定，迷花倚石忽已暝」云：「正當遊賞極樂時，夜幕突然降臨，這時出現了可怕的景象：熊咆哮，龍吟嘯，巖泉為之震盪，深林為之戰慄，峰巒為之驚懼。濃雲欲雨，流水騰煙。接著用四句寫閃電雷鳴，山崩石裂，洞府石門，轟地打開。於是，詩人把幻想推向高峰，用瑰麗的色彩描繪神仙世界：天空廣闊，無邊無際，日月高照，樓臺輝煌，仙人們以霓霞為衣，以鳳為馬，紛紛飛下。白虎彈瑟，鸞鳥駕車，神仙之多，猶如亂麻。這是夢遊的高潮。」〔註56〕

山水實境與性靈悸動融冶演出，意境蒼然無盡直造「天人合一」之莊嚴宗教聖域。威廉·詹姆斯（William James。1842～1910）說：

> 莊嚴的心境從來不是簡單成分。莊嚴的喜悅在其甘甜中仍留有一種苦澀；莊嚴的悲哀經由我們親切的默許而存在。〔註57〕

「天人合一」之莊嚴神聖，未必是宗教修持的神秘體驗。盡心知性以知天，修德以俟命，立命踐形的君子，在尋求生命歸宿時，其沉思想像亦有此意境，如杜甫〈樂遊園歌〉「此身飲罷歸何處，獨立蒼茫自詠詩。」透露「莊嚴的喜悅在其甘甜中仍留有一種苦澀；莊嚴的悲哀經由我們親切的默許而存在。」李白領悟「世間行樂亦如此，古來萬事東流水。」「安能摧眉折腰事權貴，使我不得開心顏。」因山水崇高而生莊嚴心境，夢覺造化瞬變，榮華無常。昂藏自適的喜悅又不免孤寂苦澀。詩中神仙降真的奇詭幻夢，又彷彿「回歸」人的潛意識，或說是「閾下意識」，威廉·詹姆斯云：

〔註54〕 李白著，王琦注，《李太白集注》《文淵閣四庫全書·集郡·別集類》（台北：商務印書館，1983），卷15。

〔註55〕 同前註，李豐楙，〈六朝道教洞天說與遊歷仙境小說〉，頁109。

〔註56〕 李白著，郁賢皓注譯，《新譯李白詩全集》，頁757～761。

〔註57〕 威廉·詹姆斯著，蔡怡佳、劉宏信譯，《宗教經驗之種種》（台北：立緒文化，2001），頁30。

人類本性與意識之外或是閾下意識（subliminal，潛在意識的）的領域。它是一切潛伏事物的居所，也是一切未被記錄或未被觀察之事物的儲藏所，儲存著我們所有模糊推動著的激情、衝動、喜好、厭惡與偏見，一般非理性作用，是夢的來源，提供神秘經驗。〔註58〕

如何進入此一情緒儲存所，激發潛意識領域既莊嚴卻又苦澀孤寂的宗教情操？天才詩人如何觀察入微，思極入夢，在無意識的狀態泯沒現實和理想的裂痕，使山水詩篇成了壯麗的天啟。李太白詩成就「越界」仙境，「回歸」自然天性，刻劃夢境山水，既深刻又神祕的經驗。影響所及，後人以神話故事結構，藉由神話將象徵演繹成故事。〔註59〕此種筆法又見於蘇軾〈行瓊儋間肩輿坐睡夢中得句云：「千山動鱗甲，萬谷酣笙鐘。」覺而遇清風急雨戲作此數句〉云：

> 四州環一島，百洞蟠其中。我行西北隅，如度月半弓。登高望中原，
> 但見積水空。此生當安歸，四顧真途窮。眇觀大瀛海，坐詠談天翁。
> 茫茫太倉中，一米誰雌雄。幽懷忽破散，詠嘯來天風。千山動鱗甲，
> 萬谷酣笙鐘。安知非群仙，鈞天宴未終。喜我歸有期，舉酒屬青童。
> 急雨豈無意，催詩走群龍。夢雲忽變色，笑電亦改容。應怪東坡老，
> 顏衰語徒工，久矣此妙聲，不聞蓬萊宮。

此詩難掩天涯流落之滄桑，偏誇寫天地之大，甚至上至天界，以樂律細寫天籟。綜合地理、音樂入詩，形容入妙。紀昀評：「以杳冥詭異之詞，抒雄闊奇偉之氣，而不露圭角，不使粗豪，故為上乘。」「源出太白而運以己法，不襲其貌，故能各有千古。」又云：「結處兀傲得好。一路來勢既大，非此則收裹不住。」又評「登高」四句：「有此四句一頓挫，下半乃折宕有力，凡古詩長篇第一要知頓挫之法。」又評「安知」以下數句：「此一層又烘託得好。長篇須如此展拓，方不單薄。」〔註60〕

蘇詩多恢詭奇想，翻空出奇。此詩布局，略似李白〈夢遊天姥吟留別〉，然李詩峻偉，蘇詩奇闊，詩篇頓挫跌宕之外，二人均兀傲各露本色。蘇詩能不露圭角，不使粗豪，乃因詩境既高明臻及仙界聖域，曠大眇觀宇宙。更重

〔註58〕威廉·詹姆斯（William James）著，蔡怡佳、劉宏信譯，《宗教經驗之種種》
（台北：立緒文化，2001），頁579。
〔註59〕關永中著，《神話與時間》（臺北市：臺灣書局，1997），頁195。
〔註60〕蘇軾著，紀昀評點，《紀昀評點東坡編年詩》（北京：北京圖書館出版社，2001），
卷41，頁2。

要是深深觸及烈士暮年窮蹇之悲哀，妙以仙宴映照苦情，含蓄深婉。描寫越界仙境來詠嘆山水景物，棄生云：

> 望雲名山，字壽伯，予愛其論明人及國朝人詩，與予夙合，亟欲搜錄其詩，乃於黃山紀遊篇得其題詞云：「故人昔看黃山松，身入雲海騎蒼龍。翠濤灌頂三洗髓，遺蛻亦化青芙蓉。人傳別後山已童，寸管一攝秋煙空。山中高僧已百歲，圖寫妙境無此工。嗟吾日羈蓬蒿中，身欲往遊將誰從。覽君斯編獨快意，悠然忽與名山逢。惟昔秋老今春融，松花黃發山櫻紅。陽開陰闔萬象變，別見奇景開心胸。君如重遊約我同，椎鼓立發江船東。」氣殊清老。

> 黃山記遊，為歙人黃秋宜撰，筆墨拖沓，所作律詩、絕句全無可觀，乃其中有登光明頂歌及觀鋪海詩七古二首，筆墨超拔，與所作近體如出兩手，予甚疑之。其觀鋪海詩尤佳，有警句云：「太乙蓮船半空碧，王母桃花千遍紅。靈威丈人捧綠字，電光玉女磨青銅。金雞一聲海日爛，青鸞對舉煙霄空。鯤鵬摩宰北溟北，龍象蹴踏東天東」。〔註61〕

> 南海布衣蕭伯瑤（頲常）有羅浮鐵橋歌云：「朝登鐵橋峰，眾山盡培塿。舉袂凌蒼蒼，海日生左肘。上界三峰雲錦開，倒影射落金銀臺。跨此千尺虹，絕壁通蓬萊。至今雲氣連東海，蒼茫尚有蛟龍在。何年蓬萊失左股，夸娥負走瞞真宰。天公能令鐵作橋，山頭鎖住黿鼉驕。我聞媧皇補天手，煉石遺下扶桑口。萬年蒼黝化鐵精，山鬼夜哭徒杠成。長松萬樹嘯風雨，鳥飛不到長空青。下瞰兩石樓，雲牕霧牖何瓏玲。飛泉九百觸山動（羅浮瀑布九百八十零（嶺？）為天下最），地底鞭起千雷霆。天台石梁已嶄絕，何如此橋立積鐵。下臨無地崩崖裂。煙霞一線橫蒼蒼，憑空挂在南斗旁。麻姑行跡青未滅，聽我鐵笛弄殘月。秋風西來滿碧山，四百芙蓉青屏顏。猿猱瑟縮愁躋攀，連臂下飲龍潭灣。世人趑趄那得度，祇有飛仙能往還，身騎白鹿青崖間。回看塵海孤煙沒，何處中原青一髮。天門帝座如可通，請從閶闔朝金闕。」似此手筆，亦近時詩家所罕覯者。〔註62〕

〔註61〕 《寄鶴齋詩話》，頁95。
〔註62〕 《寄鶴齋詩話》，頁130。

施山（字壽伯，號望雲，浙江紹興人。1835～1901？）的題畫詩「翠濤」二句以神話傳說點染黃山絕勝「翠濤巒」、「光明頂」、「蓮花峰」之奇松。黃秋宜（生卒年不詳）以「靈威丈人」寫洞壑幽深，從雲海日出虛想神靈以狀景色聲情。〔註63〕蕭伯瑤（生卒年不詳，同治、光緒年間人）寫羅浮四百峰，石樓、鐵橋、飛雲嶺、蓬萊峰皆歷來文人遊客詠嘆勝景。〔註64〕蕭氏落筆避實擊虛，專詠鐵橋一建物，卻憑空以爲可橋通天門、越入仙界，並以天臺勝境形其高險，映襯取勢的筆法和詩句多本自李白詩。

　　以上詩人樂在山水，使人油然生超然出世之嚮往，筆下仙境再現原初的他者（primordial other）──無論想像是源自《老子》的質樸之世、《莊子》的混沌未鑿、或溯源《楚辭・遠遊》神遊仙境的主題──以神話永恆回歸的原初秩序象徵山水爲超越塵世的境地，援引天仙、尸解仙、地仙之「神仙三品說」，見於葛洪以服食還丹金液，昇天爲仙的說法。若服食半劑，則「不死之事已定，無復奄忽之慮，正復且遊地上，或入名山，亦何所復憂乎？」〔註65〕成了中國文人模山範水時，文化心靈的模式。

　　然而施山等三位清代詩人，生在滿清中葉以後，面對中國的世亂紛乘，如蕭伯瑤「回看塵海孤煙沒，何處中原青一髮。」等句，又隱約流露感時憂國情懷。

　　尋諸歷史，「憂心家國」和「樂在山水」交融爲旅遊山水詩文的旨趣，屢見不鮮。每以神話或傳說的故事結構，擬人筆法寫景，以景含情，化靜爲動的手法，棄生每舉蘇軾詩爲例，見本書第六章第三節「意味論」。「以人事喻景物，以詼諧佐機趣」乃東坡詩所擅場。氏以爲宋詩切近賦物，饒富理趣之特色在此。不同於宋詩，棄生以爲唐詩「用心在風格，每高視闊步，瑣屑之景，不置於口。」而詩至唐、宋，「變態已極」，〔註66〕爲棄生創作取法以求變的典範。

　　棄生論詩，推崇蘇軾，隱然針砭當時臺灣白話新體詩詩風。氏云：「東坡之不逮古人，只時俗語多耳，今人如袁子才，時俗語較宋人尤不勝其繁，雅

〔註63〕徐宏祖著，朱惠榮校注，《徐霞客遊記校注》（昆明市：雲南人民出版社，1985），頁20。

〔註64〕袁枚著，王英志主編，《袁枚全集》（江蘇省：江蘇古籍出版社，1997），頁698〈病起遊羅浮得詩五首〉。

〔註65〕葛洪著，王明校釋，《抱朴子內篇校釋》（北京市：中華書局，1996），卷3，頁52〈對俗〉。

〔註66〕同前註，《寄鶴齋詩話》，頁52。

音何由奏耶？」「學蘇而俚，皆學之者不能自得師也。」〔註67〕古典詩如此，何況以白話入詩的新詩？大正十四年（1925年），新文人如張我軍強力批判舊文學，以胡適的「八不主義」爲幟。影響所及，如翁聖峰云：「讓中國白話文在臺灣文壇迅速占有一席之地，並得到不容忽視的地位。」〔註68〕同年連雅堂在五月十五日發行的《臺灣詩薈》十七號〈餘墨〉云：「今之所謂新體詩者，誠不如古之打油詩。」又批評：「而今所謂新體詩者，獨不用韻，連寫之則爲文，分寫之則爲詩，何其矛盾。」既堅持古典詩，反對新文學，又如何能「入室操戈」，直搗新文學主張之核心呢？他辯解云：「臺北之採茶歌，純粹之民謠也，又莫不有韻，且極抑揚宛轉之妙。余嘗采其辭，明其意，美刺怨慕，可入風詩，而所謂新體詩者萬萬不及。」采詩或作詩自可學習民謠。若因民謠慣於用韻，就說新體詩非押韻不可，連雅堂之說囿於傳統視詩屬韻文之見。而新體詩用白話入詩，連雅堂云：

> 詩亦有六義，學者知矣。而今所謂新體詩者，則重寫實。余曾以少
> 陵之「露從今夜白，月是故鄉明。」二語，問之當如何寫法，竟不
> 能寫，亦必不能如此十字之寫景寫情耐人尋味也。〔註69〕

以今視之，新詩作家以尋常口語入詩，又濟之以文言句法或用淺白文言入詩，已是司空見慣。不必因古人詩句光景常新，就一併襲用古典詩體製作詩。棄生與連橫合編《臺灣詩薈》月刊雜誌，創刊於大正十三年（1924年）二月。《臺灣詩薈》共刊行二十二期，每期都有棄生的各類作品。自第六期開始連載棄生的《寄鶴齋詩話》、《八州遊記》，直到大正十四年（1925年）十月十五日第二十二號停刊爲止。棄生主張寫作古典詩，向民謠學習的主張也與連橫相同。

二、歷史和地理的背景

從歷史背景言棄生詩論，其要旨本自清初詩人王士禎，亦以「古雅」風格爲尚。因此，棄生「古典」的漢詩教學，指其以創作及教學中國古典詩歌爲遊藝養志之方，教授生徒，以束脩謀生。更進而以古人爲典型，針砭時弊，

〔註67〕同前註，《寄鶴齋詩話》，頁60、19。
〔註68〕張我軍（一郎），〈新文學運動的意義──白話文學的建設、臺灣語言的改造〉，收於《臺灣民報》67號19版，大正十四年（1925）八月二十六日。翁聖峰著，《日據時期臺灣新舊文學論初探》（台北：五南圖書出版公司，2007），頁108。
〔註69〕連橫編撰，《臺灣詩薈》下冊（台北：成文出版社，1977），頁343。連橫著，《雅堂文集》（台北：臺灣銀行，1964），頁288、289。

反抗日本殖民統治。此所謂「古典」一詞有「反動」與「諷世」之微言大義。氏〈崇正學論中〉云：「而欲因文見道，則古文爲重，涵養性情，則詩古爲雅。」〔註70〕取法經典，強調詩歌涵養性情的作用，爲洪「古雅」詩論重點。進而論其性情及詩作云：「杜公詩，多得變風遺音，此外惟陸公詩亦然。杜、陸二公所遭略同，不獨詩近古作者，即性情亦近古作者。」〔註71〕杜甫、陸游詩染變風遺音，性情亦近之。清末世變方殷，詩人作品多染變風，氏〈讀變雅詩說〉、〈讀變雅詩感〉等文感慨家國，引《詩經》變風變雅以諷世傷時。〔註72〕

　　他故鄉鹿港身處彰化沿海，閩、粵、漳、泉，素來「各分氣類，每因械鬥滋事」，如位於今日鹿港街東面的「許厝埔十二庄」，清末該地民風，據許嘉勇查考，「特別強悍甚而導致分類械鬥」。「許厝庄的匪類被清廷正法後，許多房厝田園被抄充至文開書院。」〔註73〕洪棄生熟於地方事務、歷史掌故；既長於文風鼎盛之鹿港，每以振興文教、移風易俗爲倡。光緒十二年（1886年）所作彰化觀風稿〈彰化興利除弊問對〉，提及地方諸多弊端，「械鬥」之興盛爲其一。光緒十八年（1892年）八月所作彰化觀風稿第一名〈聞彰化民情強悍動輒聚眾搶掠應以何法治之策〉提出「以賊捕賊」的治標法，以及寬政重教化的治本之道。光緒十九年（1893年）的〈問民間疾苦對〉提到「洋教宜防」之外，「內教宜敦」：「今鶩夷教者，大都愚夫愚婦，無聰明才智之士；則欲教此輩，又不當專言教而當先言養。養其衣食，養其身家；無苛政以困之，無峻法以繩之：則不言教而教無弗受。」氏〈求聯甲成效說〉本其儒術教民養民的思想，欲興保甲制度來輔助教化，「宣諭聖訓勸戒民」，以免「西人講教，既到處造堂，有磨涅吾民之憂。」從政治與教化言，清朝以科舉選任來推行儒教。士人或登科甲，仕宦在朝；或退而教書，弘揚文教。氏雖屢試舉人不第，然服膺儒教，〈問民間疾苦對〉主張「文道合一」與「重振倫常」的觀點：「士人善，則農、商亦善。當親與講貫，時與周旋。書院之地，聘名

〔註70〕《寄鶴齋古文集》（南投：台灣省文獻委員會，1993年），頁84。

〔註71〕《寄鶴齋詩話》（南投：台灣省文獻委員會，1993年），頁3。

〔註72〕見拙著析論，陳光瑩著，《臺灣古典詩家洪棄生》（臺中：晨星出版社，2009），頁10～13。

〔註73〕許嘉勇著，《許我一間厝、許我一塊埔：鹿港許厝埔十二庄》（彰化市：彰縣文化局，2007），頁22。又見林會承著，《藝文資源調查作業參考手冊3：傳統聚落與傳統建築類》（台北：行政院文化建設委員會，1998），頁59～60、68～69、52。

師以輔之；黨塾之間，勞俊秀以來之。學宮不可使有名無實，月課不可使舍本逐末；以教士者推而及民則民興，以教民者推而尊士則士奮。士奮、民興，而夷教有得而入者乎？」〔註 74〕他也許不知道光緒七年（1881 年）彰化埔心鄉羅厝天主教會的何安慈神父，後至員林傳教，便聘請漢學老師教導學生四書等漢學經典，以民眾求科舉榮身的心理，逐漸推展教化民眾的工作。〔註 75〕然其主張「文道合一」與「重振倫常」的觀點表現為詩歌諷諭的特色。

此「文道合一」與「重振倫常」的觀點，與他身處清末臺灣鹿港，文風鼎盛薰陶下，弱冠即胸懷經世濟民之志。惟因應舉不第，又慘遭清廷割臺，日人殖民台灣等變局與苛政。他貞隱不仕日人，如抱器之魯生，以文化遺民自許。民國十一年（1922 年）的大陸八州旅遊，為認同中國的文化之旅；年逾知命，他帶著次子洪炎秋到北京準備應試入北京大學，一方面遊歷各省，訪古詠懷，寫成《八州詩草》、《八州遊記》。

從他年少為文賦詩，多批評時弊說起，氏針砭清末學風敗壞云：「乃今日師儒惟以科場陋規相授受，其於君臣、父子、兄弟之大義即多不講，而又何論於明德、新民、修齊、治平也！」「弟有可以入聖賢者三，有不可以入聖賢者亦三。可以入聖賢者，性地光明也、氣象坦易也、有過不諱也。不可入聖賢者，多情、多慾、多愁也。」這是光緒十三年（1887 年）〈報張子汝南書〉中對時世的批評以及自省自勉，〔註 76〕反省情性：多情、多慾、多愁，然而性地光明、氣象坦易、有過不諱，認同聖賢、切身修養，詩文表現一種「超然的欲望」來陶冶情感。〔註 77〕

從地理的背景論洪棄生旅遊八州與《八州詩草》，九州之名，見於《尚書·禹貢》曰：「禹別九州，隨山濬川，任土作貢。」貢指田賦與進戲方物。〈禹貢〉的著成年代，應當在春秋之前。〔註 78〕九州即冀州、兗州、青州、徐州、揚州、荊州、豫州、梁州、雍州。先論冀州，冀州以遼河為界，以西為冀州，以東而南為青州。孔穎達《正義》云：

> 以治為先後：水性下流，當從下泄，故治水皆從下始。冀州帝都，
> 故從冀起。而東南次兗，而東南次青，而南次徐，而南次揚，從揚

〔註 74〕 同前註，《寄鶴齋古文集》〈問民間疾苦對〉，頁 164、167、156、120、155。
〔註 75〕 張碧霞著，《走入員林街仔》（彰化市：彰化縣文化局，2007），頁 230。
〔註 76〕 同前註，《寄鶴齋古文集》，頁 274。
〔註 77〕 卡勒著，李平譯，《文學理論入門》（南京：譯林出版社，2008），頁 125。
〔註 78〕 吳璵注譯，《新譯尚書讀本》（台北：三民書局，2007 年），頁 42。

而西次荊，從荊而北次豫，從豫而西次梁，從梁而北次雍。雍地最高，故在後也。青、徐、揚三州並為東偏。雍高於豫，豫高於青、徐，雍、豫之水從青、徐入海也。梁高於荊，荊高於揚，梁、荊之水從揚入海也。兗州在冀州東南，冀、兗二州之水各自東北入海也。

孔穎達以地勢高下論治水，其中兗州為濟河、黃河流域所經之地，〈禹貢〉「九河既道」處。「海岱惟青州」，言青州之域東至海，西至泰山。「海岱及淮惟徐州」，謂徐州之域，東至海，北至岱，南至淮。「淮海惟揚州」，謂揚州地域，北至淮，東南至海。〈禹貢〉「彭蠡既豬」所在地即屬揚州。「彭蠡」即鄱陽湖。又云：「三江既入震澤」，三江之名，古來說法不一。

〈禹貢〉「荊及衡陽惟荊州：江漢朝宗于海，九江孔殷，沱潛既道，雲土夢作乂。」言荊州之地，北至荊山，南至衡山之南，約當今湖北、湖南、貴州、廣西諸省地。有江、漢二水匯流入海。沅、漸、元、辰、敘、酉、澧、資、湘九水入洞庭湖，此九水即九江。沱，水名，在今湖北枝江入江。潛，在今湖北潛江地。雲土夢即雲、夢二澤，跨長江，一在江北，一在江南。

「荊河惟豫州：伊、洛、瀍、澗，既入於河，滎波既豬，導菏澤，被孟豬。」言豫州之地，南至荊山，北達黃河，當今河南全省及湖北北部。伊、洛、瀍、澗四水皆在洛陽入洛水。滎波故蹟在今河南滎澤。菏，澤名，故蹟在今山東定陶。孟豬，澤名；在今河南商丘。

「華陽黑水惟梁州」，此言梁州地域，北至華山之南，西南至金沙江。

「黑水西河惟雍州：弱水既西，涇屬渭汭，漆沮既從，澧水攸同。」此謂雍州地域，東至山西、陝西間南北流之黃河，西北至今甘肅之黨河，即黑水。弱水，即今甘肅張掖河，言已導之西流。涇水至陝西高陵入渭。渭水至陝西潼關入黃河。汭，指河流曲處之內側，此謂渭水北岸。漆水、沮水、澧水皆匯流入渭水。〔註79〕

考查棄生所遊歷處，除了梁州地域未曾涉足，雍州邊緣的潼關一地，他坐火車遠望而未至；也就是梁州、雍州大部分地區未遊，其他七州或多或少親履見聞。但若逆遡以求其源，則華中、華北、華南各重要河川之源本末流，如人之血脈相連，《八州遊記》論之詳實，也多少跋涉親履。不敢以九州為名，只因塞外東北的河川足未踐履，謙稱八州，則「八州」意涵即此。關於塞外

<hr>

〔註79〕吳璵注譯，《新譯尚書讀本》（台北：三民書局，2007 年），頁 42～60。

東北的遊記，他《八州遊記》凡例認爲可參考連雅堂（1878～1936 年）〈大陸遊記〉，則中華大勢瞭然矣。民國二年（1913 年）六月，連雅堂因新吉林報之聘，遠遊關外以觀其變。其民國元年到三年旅遊大陸，所見所聞收於〈大陸遊記〉。〔註80〕

棄生所遊歷處，與當年司馬遷壯遊的範圍相近。此見〈登會稽山拜禹王廟上謁禹陵觀窆亭訪菲泉再遊禹王寺探禹穴轉出陵坊至山庭讀岣嶁碑三十韻〉云：

> 早年讀禹貢，緬仰禹王功。八載釋玄書，四海盡來同。稍長觀史書，
> 益慕禹王風。萬里探禹穴，願追太史公。不信年遲暮，始到會稽中。
> 會稽水渺渺，會稽山隆隆。霈然下雲雨，帝澤九州豐。餘潤及海外，
> 豈獨限浙東。我自海上來，中原見高嵩。曲阜拜孔子，兗州仰岱峰。
> 遍訪九河跡，無若神禹工。直北上燕京，飆輪出居庸。迴舟下渤海，
> 再度入吳淞。細考三江瀆，亦爲大禹通。於茲拜禹廟，豈爲騁遊蹤。
> 禹陵咸若亭，萬古白雲封。石壁菲飲泉，信乎儉德崇。窆石及古篆，
> 卓立青芙蓉。繞陵列雲樹，疊嶂若長墉。陵下妠家村，陵右穀神宮。
> 澤比穀林（堯冢）遠，不共蒼梧（舜冢）終。……

棄生早年讀《尚書·禹貢》等書，曾深究其內容。《尚書·禹貢》孔穎達序云：「禹別九州，隨山濬川，任土作貢。」所載之山川、貢賦、土壤、疆域，對後世地理志影響甚大。〔註81〕及長觀史書，讀《左傳》所云：「微禹，吾其魚乎！」〔註82〕益慕禹王矻矻之風。因效太史公，萬里探禹穴。遲暮而至會稽，見會稽山。喻其帝澤如霈然的雲雨，豐潤九州外，亦澤及海外一介書生心靈。棄生此次壯遊，望嵩山，拜揖孔子於曲阜，仰瞻泰岱，遍訪九河禹跡，上燕京、出居庸，下渤海、入吳淞，考三江瀆。細考禹王故蹟，歌詠八州風物，爲神州文化之壯遊。畢生所學所志，乃獻成於此，非徒一騁遊蹤而已。寫禹陵若亭，爲白雲所封，菲飲泉清涵，似其儉風聖地，崇仰半生。〔註83〕禹葬于此，取石爲窆。後人覆以亭屋，有古篆，卓立於青山。繞陵列植雲樹，山疊

〔註80〕黃美玲著，《連雅堂文學研究》（台北：文津出版社，2000 年），頁 211。

〔註81〕未列作者，《尚書》（台北：藝文，1989 年 1 月），卷 6，頁 77。

〔註82〕左丘明著，楊伯峻注，《春秋左傳會注》（高雄：復文，1988 年 1 月初版），頁 121。

〔註83〕宋施宿撰，《會稽志》《景印文淵閣四庫全書·史部·地理類》第 486 冊（台北：商務，1983 年 10 月初版），卷 11，頁 222。

嶂若長墉。似家村爲禹之後代子孫所聚居處，陵右有穀神宮。「今穀林無聞（堯冢），蒼梧無徵（舜冢），而此地有繞陵子孫，則九載勤民之德遠矣。」〔註84〕詠讚禹功悠遠。

三、社會的背景

　　從社會的背景言，棄生遊大陸該年，也就是民國十一年（1922 年）五月，直奉戰爭結果，直系吳佩孚打敗奉系張作霖，張退回東北，宣布自治。不久，南方由孫中山領導的軍政府，其部將陳炯明叛變，正值軍閥混戰之際。民國五年（1916 年，大正五年），日人在基隆、臺北等地舉行始政二十週年「勸業共進會」，作爲「大正南進期」的帝國擴張活動之一。此年國曆四月二十六日，棄生從家鄉鹿港北遊與會，攜子炎秋遊淡水等地，並將炎秋山水畫贈請洪以南指正。洪以南，號逸廷，又號無量癡者。土治後街人，後移居淡水，顏其居曰：「達觀樓」。精書道，又善畫蘭竹。大稻埕達觀眼科醫院醫學博士洪長庚是其長子也。當時中國福建省長派其屬下張遵旭爲代表，於四月三日由福州乘新高丸赴臺，五日抵台北，七日參觀勸業會。十日參與勸業會之開幕式，十五日回台北，十六日再觀勸業會，十九日遊基隆水族館，遂乘湖北丸於次日返抵福州。張遵旭參觀南洋館之內部，裝飾極爲美麗。如中國福州、廈門、上海、漢口、廣東、汕頭、香港等之出品，點數已達二千有餘。四月七日，張遵旭同汪（子實），沈（節如）二君至港邊街辜顯榮君宅訪問，談及中國當此歐戰千古未遇之時機，猶不能發展海外貿易，振興內地產業，發達國民經濟，殊屬可惜。張等詢問中國商人日下情形若何？據言一無保護，又無機關，能力資本盡附缺如，將漸次消滅矣，不禁憮然！〔註85〕張遵旭爲中國官員，慨歎國力遠不如日本，棄生雖批判日人窮兵黷武，帝國野心無窮，但民國十一年（1922 年）遊中國親見，感慨也相近。

　　此年日人頒布新「台灣教育令」，明定中等以上教育機關（師範學校除外）取消台、日人的差別待遇及隔離教育，開放共學，提供在台日人子第更多教育機會，反而對台人不公。〔註86〕棄生此行目的之一，將次子炎秋帶到北京，

〔註84〕洪棄生著，《八州遊記》（南投：台灣省文獻委員會，1993 年 5 月 31 日版），頁 304。

〔註85〕張遵旭著，《臺灣遊記》（南投：台灣省文獻委員會，1996 年 9 月 30 日），頁 72～89。

〔註86〕吳文星著，〈日治時期臺灣的教育與社會流動〉。古鴻廷、黃書林、顏清苓合編，《臺灣歷史與文化（五）》（台北：稻鄉出版社，2000 年 11 月），頁 68。

準備考試，之後炎秋入北京大學教育系就讀。壯遊大陸後所作的《八州遊記》和《八州詩草》目的在采風問俗，銘心典範。如〈將遊中華作〉一詩云：「我欲窮天關，安得崑崙邸。」壯遊之志畢見。但此遊不在標榜自命不凡，他訪勝尋幽，好奇多問，詩文引古證今，卓有見識。憂世之情，又見其社會責任感。棄生此行采風問俗，詩文針砭中國當時諸多窳敗時弊，由封建專制革命成民國，卻換來軍閥割據混戰的局面。他的批判有如：

（一）對經濟發展的愛恨衝突：洪在中國山東廣智廠參觀時，認為當時中國應發展商工業，與世界各國競爭。但遊玩上海時，又批評其淫靡之風。〔註87〕對經濟發展有愛恨衝突。

（二）革命理想固然是，但現實卻是破壞：洪認為國父孫中山「天下為公」的革命理想固然高遠，現實卻是種種破壞。〔註88〕

（三）文化與政治為並生的兩支：洪感慨新舊文化遞嬗轉變，以及政治上軍閥割據，都是西方殖民帝國主義的不良影響。文化與政治為並生的兩支，文教不振，政風窳敗，洪詩感慨良多。

（四）黷武與教化的自相矛盾：洪處處批評軍閥黷武，軍閥黷武殊不知與教化自相矛盾。

（五）新文化與舊風俗的並列：洪描寫民國十一年所見的中國社會，可見新文化與舊風俗的並列。

（六）富有與貧窮的強烈對比：洪既見識上海的繁華，強烈對比河南省各地的貧苦。

四、美學的背景

棄生旅遊中國大陸後，為湖北友朋李仲青的「半園」作〈李氏半園記〉，李仲青隱於園林，家居為半村、半郭，距半市、半野之地。此乃傳統讀書人的「市隱」，金代文學家元好問認為「市隱」者的人品須「高」而「廉」。而元代文人王蒙、楊維楨的友人們在江南所營造的避世庭園，誠如學者石守謙所云云：「宣示著桃花源之無數化身在現實中存在的可能。」〔註89〕學者侯迺慧認為宋代園林的生活文化為體現儒、釋、道三教融合的實踐道場。此可印

〔註87〕《八州遊記》，頁4、208。
〔註88〕《八州詩草》，頁112。
〔註89〕石守謙著，《移動的桃花源：東亞世界中的山水畫》（台北市，三民書局，2010年），頁354。

證洪〈李氏半園記〉云：

> 余磋跎半生，潛浮兼半世。世過半百，乃於今年〔壬戌〕之半，出
> 臺灣、渡重洋而橫航吳淞，遠望雲山傲詭、波濤恢洪，則涉東海者
> 半，涉黃海者亦半。既歷中秋、屆重陽，一秋有半；由婁江而北江、
> 中江，西溯揚子大江，過天門而皖江、贛江、赤壁、鄂江，因而達
> 巴陵、下巴江，則涉長江者過半。其間泛太湖、宿東山，攬鄱陽湖、
> 宿廬山，浮洞庭湖、沿君山，則涉五湖又過半。於是行徑半妥，小
> 住於漢江。絕漢水，泛漢陽月湖；因盛君蓼菴，識李君仲青，驅車
> 繞漢口一週。
>
> 越日，出漢市，飲於李君家園，則有半俗、半僧、半而應奉、半生
> 熟魏。先時，園菊方盡開，餘花則開謝大半，問其名，曰「半園」。
> 問其旨，李君作而曰：「余處半清、半濁之世，遭逢半治、半亂之時，
> 薦更半君、半民之國。家世則半晦、半顯，家庭則半讀、半耕；家
> 居為半村、半郭，兄弟則半宦、半商。余乃半儒、半史，半介、半
> 通；而是園宜半寒、半暖之天，距半市、半野之地，多半春、半秋
> 之花，爰以半名，願有記！」
>
> 余曰：「是則半之時義大矣哉！習鑿齒稱半人，員榮期名半千，王大
> 年署半隱，王安石號半山，此古之樂居半者也。明末有龔半畝，清
> 初有惠半農，近時有孫半櫻，此今之願為半者也。君之園，半今乎、
> 半古乎！牟尼半座，《論語》半部，煙霞半塢，君之思過半矣。王大
> 年避賓客而置半亭，王安石抗古人爭半墩，薩仲明避京塵而營半野；
> 君之園無所避而置、無所爭而營，其為半也益闊。余寓申江而遊半
> 淞，上虎邱而遊半塘，駐江西而問半橋，過池州而望半巖，今來漢
> 皋而止於半園，其為會也半日。回憶故山有大半天而宮小半天，山
> 半宜茶，而不同半園宜花。余將再遊河南、山東、燕南、趙北，出
> 塞垣、下渤海而南遊會稽；則今至半園，為中行半途之人。於是循
> 芳草之半階，指茶蘼之半架；引半溫、半冷之清泉，為半陰、半晴
> 之灌溉。由是，園之中無遺憾，半之第無餘蘊。」余乃半揖而出，
> 則月已半規、日已半暝矣。〔註90〕

〔註90〕洪棄生著，《寄鶴齋古文集》（南投，台灣省文獻委員會，1991），頁233～
234。

文一開始記敘此次行程，以及和李氏相識的因緣。洪自稱磋跎半生，潛浮兼半世。世過半百，則有身世之悲。映襯李氏的好客，孔子所謂「有朋自遠方來，不亦說乎？」李仲青的真誠吐露，隱然有憂生憂世之情。傳統知識份子懷抱經世濟民的理想，無奈民國之後，西力東漸的民主科學思想，對照當時軍閥割據的動亂，其思考創新以應世安身的實踐，即「牟尼半座，《論語》半部，煙霞半塢，君之思過半矣。」不外以佛家的斷捨、儒家的濟世、道家的遊觀為主以應世處事。

「王大年避賓客而置半亭，王安石抗古人爭半墩，薩仲明避京塵而營半野。」效法古人的獨善其身。

「煙霞半塢，君之園無所避而置、無所爭而營，其為半也益閎。」則是乘物而遊，隨遇而安的道家的遊。牟尼半座，緣起和合，隨緣放曠，因而「循芳草之半階，指荼蘼之半架；引半溫、半冷之清泉，為半陰、半晴之灌溉。由是，園之中無遺憾，半之第無餘蘊。」親身體會隱於園林的愜意。王安石隱於建康有半山園，「指荼蘼之半架」，喜愛荼蘼作為園林的花品，學者侯迺慧認為自宋代園林興起後的風氣。〔註91〕

民國初年，學者胡適引尼采的哲言提出：「重新估定一切價值」，說出西力東漸下，文化反省和革新的刻不容緩。所謂「余處半清、半濁之世，遭逢半治、半亂之時，薦更半君、半民之國。」棄生和李氏等傳統時代知識份子該如何建設新的中國？半今乎、半古乎！清末所謂「中體西用說」能解決社會問題嗎？

行旅未半而前程迢迢，棄生〈李氏半園記〉一文可隱喻生命意義的實現在價值的追求。一是效法儒家，提及宋羅大經《鶴林玉露》卷七，記宋趙普為相，半部論語定天下，半部論語致太平以答太宗問。重點強調孔子德治治國的宏觀理念。

從詩歌美學言，棄生此行所作旅遊詩歌可謂「思通造化，模山範水」。他認為詩為「言之尤工者」，民國六年（1917年）所作〈寄鶴齋詩臠小引〉云：「言以道意，言之工者謂之文，言之尤工者謂之詩，則詩貴矣。然而工者少、不工者多；知者少，不知者眾。」抬高詩的地位在文之上，以為「言之尤工者」，彌足珍貴。詩的定義誠如張健云：「詩最簡潔的定義是：最精鍊的語言，

〔註91〕侯迺慧著，《宋代園林及其生活文化》（台北市，三民書局，2010年），頁354、258。

最具藝術價值的文學作品。」〔註92〕二人之說可相印證。氏云：「而欲因文見道，則古文爲重，涵養性情，則詩古爲雅。」〔註93〕取法經典，強調詩歌涵養性情的作用，爲洪「古雅」詩論重點。棄生云：「詩人之心，通乎造化。」此因詩人的想像力暗合神理：

> 詩人之心，通乎造化。唐以前，東西之人俱未知寰瀛大勢，乃孟東野即有句云：「上天下天水，出地入地舟。」此不啻親與今之泰西人乘船繞地球一週也。思想之玄妙而眞切，可與鄒衍之「海外九州」同傳。〔註94〕

詩引自唐代詩人孟郊〈峽哀十首〉其二，描寫三峽之地勢，並不是描寫地圓航船所見。但詩人的想像力暗合神理，每每「玄妙而眞切」，所謂「超以象外，得其寰中」。誠如學者 Adalaide Kirby Morris 討論美國詩人華萊士・史蒂文斯（Wallace Sevens，1879～1955 年）文學觀，視想像力爲「超越事物可能性的心靈動力」「企圖創造合理一如上帝造化的意念」。想像力所以可貴，在「因自身的轉化之理而轉化」闡揚「想像力不是自我中心者的自我投射，而是種能力以構思一本萬殊的宇宙。」「詩是詩人創作天性所爲。」作家因其閱歷學養，觀察想像，發現並闡明人情世界、宇宙萬物脈動而隱藏的眞理，其作品賦予看似平凡無奇事物以新奇豐富之感受與意境。將人類活動賦形與自然，由自然而人文，筆補造化，端賴詩人的彩筆。詩人余光中稱藉由「同情的摹仿」（sympathetic imitation）的手法，使兩件原不相涉的東西發生關係。此創造性想像的鍛鍊，有賴詩人，「憑了這種同情的想像力，詩人才能突破物我之異，進入生命之同。」〔註95〕史蒂文斯也說：「詩是詩人創作天性所爲」。又說詩歌語言的「類比效果」，在「超越塵世的境界中，生命因此而更有生活價值」〔註96〕凡此皆視詩文爲明道之工具，藉由同情類比等觀念手法，窺索自然造化之大道或是人文之理。

〔註92〕張健著，《文學概論》（台北：五南圖書公司，1983），頁 115。
〔註93〕洪棄生著，〈崇正學論中〉，《寄鶴齋古文集》（南投：台灣省文獻委員會，1993），頁 84。
〔註94〕洪棄生著，《寄鶴齋詩話》（南投：台灣省文獻委員會，1993），頁 95～96。
〔註95〕余光中著，〈藝術創作與間接經驗〉，《從徐霞客到梵谷》（台北：九歌出版社，1994），頁 305～306。
〔註96〕Adalaide Kirby Morris，《Wallace Stevens：Imagination and Faith》（New Jersey：Princeton University Presss，1974），頁 101、106、、108、109、113。

第二章　情景交融：論旅遊詩歌的創作

　　《八州遊記》相較《八州詩草》的關係，一長於敘事，一長於寫景言情。《八州詩草》寫景強調善捕清景，情景交融。無論是詩人吐情，或藉人物代言，情語動人，詩語自然有「音樂性」，或天眞近於天籟，或修辭近於人籟。詩語「繪畫性」則表現爲景語，如余光中說：「詩是一種高度綜合的藝術」「文字一方面具有意義，另一方面又兼有繪畫性和音樂性。」〔註1〕繪畫性和音樂性即蘇軾稱讚王維「詩中有畫，畫中有詩。」詩的意象與節奏妙合無間，且能情景交融。

　　學者衣若芬論南宋「西湖十景」的成立與山水畫詩之題詠，認爲南宋文人正式提出了「情景交融」的術語，而「瀟湘」山水畫的題寫即爲「情景交融」觀念之實踐。〔註2〕關於「情景交融」的理論此不細論，但棄生處於照相與留聲器發達的時代，一長於影像的保存記錄，一藉聲音歌唱風靡於世。無疑加深他對詩歌藝術美學的體會，雖然批評攝影機不如畫家妙手，能寫出江山大景與園林深處的曲折眞容。姑不論此說當否，他論抒情寫景強調傳神的寫照，寫景時採傳統山水畫多層次的觀照視野，暗中受留聲器和照相術寫實風格的刺激與影響。

　　以留聲器爲例，從傳播方式對人的影響言，心理學家菲利普・津巴多云：

〔註1〕余光中著，〈從經驗到文字——略述詩的綜合性〉，《望鄉的牧神》（台北：九歌出版社，2008），頁 144。
〔註2〕衣若芬著，〈「江山如畫」與「畫裡江山」——宋元題「瀟湘」山水畫詩之比較〉，《中國文哲研究集刊第二十三期》（台北中央研究院：中國文哲研究所，2003 年 9 月），頁 33～70。蔡英俊著，《比興、物色與情景交融》（台北：大安出版社，1986）。

「有證據表明，電視能傳遞情緒訴求，而印刷媒體適合理性的論點。」「情緒性的形象需要電視提供的圖像、聲音和動作，而理性的論點則強調對論點呈現節奏的控制。」〔註3〕日治時期明治四十三年（1910年）以後，台灣進入留聲機和唱片普及的年代，〔註4〕聲音情緒性的感染或強過閱讀文字。洪氏〈留聲器〉云：

> ……我謂此事何足異，在昔倡師稱小技。革人歌舞能目招，驅使草木供游戲。順帝靈巧亦可言，銅人報時按節至。國初博物有江永，郵筒傳聲千里致。鏤鋰渾沌機竅開，不須乞靈天地氣。木雞木狗並有聲，變幻五行易位置。奇巧即在耳目間，未用遠徵輸巧事。西洋此器未十年，末巧由來吾吐棄。是器傳說況區區，何似傳遞今古有吾儒。道德事功留紙上，但憑寸管非機樞。有時餘事弄狡獪，咤叱笑罵雜噫吁，傳之千載聲聲俱。不第繪聲且繪色，活留謦咳併眉鬚。西人亦有文字鄙且拙，廿六字母徒翻切。拗斷嗓子語言鸝，雖有精意無由設。時移地易音即差，兜儒傑侏難分別。得其官骸遺精神，留聲機械何須說。……我思此事由人廢，群才一出將淵淵。吁嗟乎！留聲器，我聞汝聲淚為連。此間時事不堪述，婦孺啜泣難下咽。勞者莫歌窮莫達，萬戶吞聲何處宣。願借汝機託汝械，為記愁苦與顛連。記事比珠哀比絃，傳諸天帝鈞天廣樂邊，叩天問帝夫何言。〔註5〕

以為西洋器物只見其「用」而無其「體」。以「傳聲器」為奇巧末技，未若聖賢文字之動人。「有時」四句，讚中國文字長於傳情，富於聲色，反譏拼音文字「地易音即差」，固有道理。若以印刷媒體如報紙、書籍以文字為主的傳播方式，則文字的形音義三者，「形」相對重要。特別是中文屬意符文字（logographic），六書中如象形、會意的構字法，配合文章或散行或對偶的句式，節奏表意之繁複為拼音文字（alphabetic）所不及。但謂拼音文字「兜儒傑侏難分別」，貶如蠻夷則有文化歧視了。「記事比珠哀比絃」，詩不但取法散文或史籍的敘事法，更每援引民間歌謠質樸的語言和活潑複沓的節奏。從文本的現世性，誠如艾德華‧薩伊德（Edward W. Said，1935～2003年）云：

〔註3〕菲利普‧津巴多（Philip G. Zimbardo）著，劉羽、肖莉、唐小豔譯，《影響力心理學》（北京：人民郵電出版社，2009），頁129。

〔註4〕郭麗娟著，《寶島歌聲（之貳）》（台北：玉山出版公司，2005），頁7。

〔註5〕洪棄生著，《寄鶴齋詩集》（南投：台灣省文獻委員會，1993），頁190。

　　文本自有存在之道，即使是最精練純化的形態也總離不開環境條
件、時間、地點、社會。一言以蔽之，文本在現世裡，所以有現世
性。……批評者具有現世中的閱讀者和寫作者身分，無疑也牽涉同
樣的關係。〔註6〕

棄生因留聲器功能，申述其「中體西用」論，標舉詩歌合一以諷諭現實的文藝
觀，從批評者閱聽文本，由現世感來闡發文本的永恆價值。「道德事功留紙上」
等語，則言明當挹取傳統經書、史籍之精華。中國文人大都精於經書史籍，無
論爲文作詩，取材以爲典故，別識會通以見心裁。此詩文宗經之說，本自劉勰
《文心雕龍‧宗經》言文能宗經，其體則有「情深而不詭」等六義。〔註7〕。
洪氏光緒二十年（1894年）所作〈擬作劉彥和文心雕龍序〉附和云：

　　其分體製也，原道以徵聖，意同韓愈；宗經而下緯，識過康成。騷
詩賦頌，則異流而同源；碑銘表對，復振葉以尋根。大有上下千秋
之概，是爲網羅百世之書。〔註8〕

一如洪氏因劉勰《文心雕龍》〈原道第一〉「心生而言立，言立而文明，自然
之道也。」〔註9〕從日月山川之象形論聖人經典之神理云：

　　其論文術也，幽渺無間，磅礴無垠，入乎文人之心，出乎造物之外，
曲從藻繪，乾坤之妙用斯開，妙爲雕鏤，學士之隱腸畢露。〔註10〕

此說印證劉勰重視文人「雕琢情性，組織辭令」，〔註11〕而文學宗經，於人有
文質彬彬的陶冶之功。洪氏稱許劉勰論文強調文人之心磅礴幽渺，出入造物，
妙爲雕鏤，自然無痕，而劉勰的評論文章即是鴻文，可謂眼高而手亦高。

　　印證洪氏壯年時服膺儒家教化，主張「文道合一」與「重振倫常」的觀
點。以及臺灣割日，在臺公學校逐漸取代了漢學書院塾校。「書房」沿襲清末
的漢學私塾教育，在日治時期逐漸沒落，一方面是日本公學校的教育政策。
一方面是日人的刻意打壓。但書房教育仍有傳承漢學的重要功能。〔註12〕以

─────────────

〔註6〕艾德華‧薩伊德著，薛絢譯，《世界‧文本‧批評者》（台北：立緒文化，2009），
　　　頁56～57。
〔註7〕劉勰著，周振甫注，《文心雕龍注釋》（臺北：里仁書局，1984），頁32。
〔註8〕洪棄生著，《寄鶴齋駢文集》（南投：台灣省文獻委員會，1993），頁100。
〔註9〕劉勰著，周振甫注《文心雕龍注釋》（台北：里仁書局，1984），頁1。
〔註10〕洪棄生著，《寄鶴齋駢文集》（南投：台灣省文獻委員會，1993），頁99～100。
〔註11〕劉勰著，周振甫注，《文心雕龍注釋》（台北：里仁書局，1984），頁2。
〔註12〕《寄鶴齋古文集》，頁213。賴和著，《賴和全集‧新詩散文卷》〈小逸堂記〉
　　　（台北：前衛出版社，2000），頁197。

1920 年代台灣文化協會的會員經驗和論述，如賴和（1894～1943 年）的〈小逸堂記〉一文，記錄塾師黃倬其對他教導有方，使他能以漢文創作。〔註 13〕王敏川（1889～1942 年）的〈書房革新論〉認爲書房的目的在「造就人才」、「習漢文」。他的革新論強調「人格的塑造」。在教法方面，主張以被教育者爲主體，改進教材分量過多，只重背誦卻不重理解的缺點。〔註 14〕洪氏處在民國初年中國白話文運動興起，臺灣日人刻意打擊漢文學，其古典詩一方面強調「推陳出新」，又強調文字比起語言有更豐富的載道功能，曲折卻眞實反應他身爲批評者具有現世中的閱讀者和寫作者身分，其文本總離不開環境條件、時間、地點、社會。

　　從善捕清景，情景交融，論棄生《八州詩草》詩歌敘事與寫景的豐饒與多義，棄生言詩之佳妙，每在情景交融處：

> 作詩能於寫情濃至之，忽著景語便有色，能於寫景綿密之際，忽參情語便有味，然須以無意得之，信手出之乃佳。〔註15〕

強調寫情宜濃至，寫景宜綿密，進而情景交融。就寫作態度言，「寫情言景」，則欲「情景交融」，自然湊泊，須如劉勰《文心雕龍・物色》云：「入興貴閑」，即棄生「然須以無意得之，信手出之乃佳。」故以自然高妙者爲上：

> 蔡伯喈之〈飲馬長城窟行〉，命意多源於國風，中間於言情中，忽著「枯桑知天風，海水知天寒」二語，……均是化工妙筆，是亦詩人奇特之筆。〔註16〕

此詩沈德潛評云：「前面一路換韻，聯折而下，節拍甚急。枯桑二句，忽用排偶承接。急者緩之，最是古人神妙處。」〔註 17〕節奏於急處緩之，詩於平敘處出奇。寫情濃至時，接以景語，看似不打緊，卻顯得香色流動。廖蔚卿言「情景交融」之理論，深受六朝「緣情」詩觀的影響。因而詩「緣情」，仍須「體物」；雖「綺靡」，仍須「瀏亮」。〔註18〕

　　以此論棄生旅遊詩歌的佳作，亦有情景交融，印證其創作要旨。如其〈島上本事四首〉其二云：「海外更無海，山中復有山。鹿麑千歲角，松樹萬年斑。」

〔註13〕賴和著，《賴和全集・新詩散文卷》（台北：前衛出版社，2000），頁 197。
〔註14〕王敏川著，〈書房教育革新論〉（《台灣青年》第 4 卷第 1 號，1921 年 1 月 20 日）。
〔註15〕《寄鶴齋詩話》，頁 115。
〔註16〕《寄鶴齋詩話》，頁 3。
〔註17〕沈德潛，《古詩源箋注》，頁 81。
〔註18〕《漢魏六朝文學論集》，頁 559。

〔註19〕一、二句景中寓情，覺踽天蹐地而有避世之想。三、四句則「鹿麋」音雙關「路迷」，旅遊深山但見即目悠悠而不知歲年，妙以千、萬等字誇飾。

　　再從寫情宜濃至，寫景宜綿密言。詩人善於博喻，寫景綿密者，如韓愈〈南山〉一詩。言唐、宋詩風格之嬗變者，每以韓愈（字退之，768～824年）爲大家，一變盛唐而下開有宋。如蘇軾云：「詩之美者，莫如韓退之，然詩格之變，自退之始。」〔註20〕世人每推崇韓愈「以文爲詩」，能捕捉語調中自然生動的情韻和節奏，詩語似「平」實「奇」，即棄生云：

　　　韓詩有二種，一種寓雄肆於順適之中，一種出險怪於奇闢之外，學
　　　其奇闢，當去其怪澀，學其順適，當去其直拙。

韓愈作詩，追求「姦窮怪變得，往往造平淡。」〔註21〕的境界。詩語「平淡」，內容則有「直、方、大」之趣。棄生以爲「其不及李、杜在此，其可以繼李、杜後而成家亦在此。」文理直而方，內容充實而大，乃韓愈詩「平而奇」者。韓氏「直」、「方」之詩風，因規矩經史，以文爲詩，而詩能載道。〔註22〕〈此日足可惜一首贈張籍〉勉張籍以儒道自任，正是韓愈平生抱負。所謂「孔丘歿已遠，仁義路久荒，紛紛百家起，詭怪相披猖。長老守所聞，後生習爲常。少知誠難得，純粹古已亡。」並敘貞元十五年（799年），汴州兵變時個人的遭遇。其中記黃河夜渡云：「驚波暗合沓，星宿爭翻芒。」筆力雄肆。末二句勉勵道：「高爵尚可求，無爲守一鄉。」不以世路艱難爲恤，勉友人立德行事，全詩敘事明密而波瀾老成，直寫遭逢世難的艱辛，詩語質樸，情思真摯婉轉，誠如棄生云：「雄肆而順適」。韓詩可與他作於貞元十六年（800年）的〈與孟東野書〉參證，棄生稱許其人：

　　　韓公詩文雖衝口而出，或不經意，仍不失深峻雅度，不似諸人開口
　　　真見喉嚨。公於諸人極爲推譽，真豪傑風。〔註23〕

韓詩文雖衝口而出，不失深峻雅度。另一類「險怪而奇闢者」如〈南山〉比喻連翩，以人文意象喻景物。敘事精警，押韻因難見巧。以精準、冷靜、有距離的文字形塑「瘦硬」詩風。而〈石鼓歌〉之蒼古，〈陸渾山火〉之奇闢，

〔註19〕《寄鶴齋詩集》，頁333。
〔註20〕吳文治編，《韓愈資料彙編》（北京市，中華書局，2004），頁152引《苕溪漁隱叢話》。
〔註21〕韓愈著，錢仲聯編，《韓昌黎詩繫年集釋》，頁77、820。
〔註22〕方東樹著，《昭昧詹言》（台北市，漢京文化出版社，1985），頁269。
〔註23〕《寄鶴齋詩話》，頁77、92、2。

最能代表韓愈的詩才。此外，韓詩相較李白及杜甫詩，確實獨有廊廟之大氣，如錢謙益〈顧麟士詩序〉論「儒者之詩」，稱唐之詩人，皆精於經學。如「韓之〈元和聖德〉，柳之〈平淮夷雅〉，雅之正也。」〔註24〕韓愈〈爭臣論〉云：「修其辭以明其道」，文章須切合日用人倫，除了「純文學」所謂「爲藝術而藝術」之外，尚有「經世濟物」的目的與功能。因此，作詩爲文須「得體得要」。韓愈之〈平淮西碑〉，一反當時習用之駢體，以古文寫就，乃刻意追攀雅、頌之大作。李商隱〈韓碑〉詩讚云：「點竄堯典舜典字，塗改清廟生民詩。文成破體書在紙，清晨再拜鋪丹墀。」言韓文莊嚴典重似《尚書》及雅頌，詩中直錄憲宗告誡臣下，乃至遣兵調將，命裴度往視師旅，及憲宗自課自勵語，語氣生動，可謂善學者。

棄生詩文學韓愈者，如早年〈九十九峰賦〉風格近於「繁縟」，即「博喻釀采，煒燁枝派」，〔註25〕運用漢賦對話型式，神話敘事結構，而言情眞摯如韓愈詩，〔註26〕文字瘦硬亦似之，可謂「奇闢」而「順適」。《文心雕龍・詮賦》云：「情以物興」，「物以情觀」。情景相生而交融的佳作，棄生推崇丘逢甲〈大甲溪〉詩「瑰瑋奇特」，詩風近於韓愈和盧仝，「而能繪切眼前景，殊佳。」丘逢甲詩云：「……大石如人班立肅，小石如犬群臥伏。連營八百斷復續，不數八陣疊魚腹。水挾石走西行速，群山隨溪互直曲。驚湍十丈下深谷，沙飛泥坼無平陸。東來就海爲歸宿，溪色微黃海深綠。赤道以南火上燭，熱風夜出蕩坤軸。曉發渾流黑河濁，不關天漏秋雨足。何況淫霖歲相屬，天驚石破走飛瀑。……」〔註27〕丘詩已見摹寫、擬人等繁複筆法。總結棄生寫景「綿密」，言情「濃至」說，參證趙宋梅聖俞「必能狀難寫之景，如在眼前；含不盡之意，見於言外，然後爲至矣。」詩論而益明。〔註28〕

討論遊遊詩文創作，不離寫景、敘事、抒情、議論四者。余光中從紀遊散文寫景、敘事、抒情、議論區分說：

> 散文以功能來區分，素有寫景、敘事、抒情、議論之說。遊記是散文的一種，當然也有這種功用。一般來說，寫景多爲靜態，屬於空

〔註24〕《錢牧齋全集》（伍），卷19，頁823。
〔註25〕劉勰著，周振甫注，《文心雕龍・體性》（臺北市：里仁書局，1984），頁535。
〔註26〕《寄鶴齋詩話》，頁114。
〔註27〕《寄鶴齋詩話》，頁93。
〔註28〕歐陽修，《六一詩話》，黃文煥輯，《歷代詩話》（一）（台北：漢京文化出版社，1983），頁267。

間；敘事多為動態，屬於時間；抒情則為物我交感的作用，……至
於議論，則是跳出主觀的抒情，對經驗分析並反省，把個別的經驗
歸納入常理常態，於是經驗有了意義，有了條理，乃成思考。〔註29〕

詩偏重抒情寫景，但亦有敘事議論處，洪氏分析反省經驗，敏於詮釋而成條
理、思考的議論文；其旅遊詩以山水為色，懷古為意，又融合知性感性。其
創作方法如下：

第一節　化用典故，出以感性；議論敘事，佐以機趣

旅遊名勝而援引相關的典故，偏於知性描寫。議論事理，歸納演繹；敘
事抒情，佐以機趣，則感性知性兼具。棄生援引相關的典故，偏於知性描寫
者如〈詠石鐘山〉等詩。此因宋代蘇軾〈石鐘山記〉膾炙人口，美景一經名
家品題，後人往往有「前面有景道不得」的遜避，不得不援引相關的典故，
以切合名勝名作，洪云：

問之為九華門，蓋九江之北門，過此則一大垣墻環一署，署內有高
樓，門外多列警察，余意鎖江樓在其中，急詢於警捕（巡查之名），
警捕即引入內，轉詢於警察長，略相問訊，知為福建人，令他引余
行，行出垣外轉署後，過高樓之前，迤東北又數十步，指示立塔地
方而去。余近之：乃一山坡，無路可登，一鄉人嚮導，乃得一數十
級石磴，登之見一廟，廟門大署「鎖江樓」，入其堂，乃回顧無樓，
一僧守殘龕（云祀天妃），乃向右坡上塔，塔七層，亦不整，北俯大
江，南望盧阜，西眺九江全城，城中亦有二塔，與此連立而三，東
面亦有人家，江流渺渺，櫃兒在攝影圖見鎖江樓，景致殊美，而余
見實地全相反，乃知攝影機，只堪攝荒殘小景，若江山大景，園林
深處，總須畫家妙手，纔能寫出曲折真容，入攝影機，只有一片模
糊而已，以此信人巧始能奪天工也。〔註30〕

江山大景，園林深處，總須畫家妙手，纔能寫出曲折真容，而詩家巧技寫景，
每每能奪天工。如蘇軾〈石鐘山記〉寫夜遊奇景，特具音聲摹繪的感性。化
用自蘇軾此文者，如洪〈詠石鐘山〉云：

〔註29〕 余光中，《從徐霞客到梵谷》（台北市：九歌出版社，1995），頁22〈杖底煙霞〉。
〔註30〕 《八州遊記》，頁87。

蘇子昔過石鐘山，聽風聽水開屏顏。我來猶見石鐘面，不聞聲出水
銊間。李渤水經讀未熟，蘇子水程邈難攀。石門湍急石瀑陡，湖裏
波淪湖口環。孤舟夜泊山易警，大聲鏜鞳兼潨潺。山僧考擊山石頑，
桑落洲前往復還。鸛鶴夜鳴棲鶻起，當年桴鼓不得閑。月明維舟絕
壁下，聲聲應薊落星灣。〔註31〕

此詩詠石鐘山，多隱栝蘇軾〈石鐘山記〉一文而成。前四句念東坡昔日過此，
今則未聞水石相搏之聲。五、六句批評李渤之陋，欲追攀蘇子水程而不可得。
「石門」「石瀑」「湖裏」「湖口」，以複沓之節奏，形此處水石之相激蕩。「孤
舟」四句本〈石鐘山記〉所言。文中云「山上栖鶻聞人聲，亦驚起，磔磔雲
霄間；又有若老人欬且笑於山谷中者，或曰：『此鸛鶴也。』」善用擬喻，聲
情動人，相當具有感性。惜棄生詩單純敘事，寫當日東坡於月明夜，泊舟於
絕壁下，聞水石聲如桴鼓，應於落星灣。固知東坡文章佳構，後人不敢擬其
萬一。末句即景生情，夸飾遊興。

　　議論事理，歸納演繹；敘事抒情，佐以機趣，則感性知性兼具。古人自
少為學，多涉覽經史。史籍不但提供是非得失，興壞理亂的事實以為龜鑑。
優良的史官，如曾鞏（字子固，江西南豐人，1019～1083 年）所說，應具備
「明」、「道」、「智」、「文」四個條件，也就是識見、思想、才能和文采四方
面的要求。〔註32〕深造自得者，議論言理，自然有過人識見。洪氏描寫人物
的詩歌每能抒情雋永，論辨類古文如〈鄭成功論〉史評人物，言理公允且識
見卓犖。韓愈〈柳子厚墓誌銘〉稱許柳宗元：「議論證據今古，出入經史百子。」
移以評論洪氏詩文，既富於學識，亦每有踔厲風發者，例如遊覽湖北武昌，
批圖覽史，議論云：

迨孫氏得荊州，移夏口於南岸即今武昌，合之《水經》夏水之首有
中夏口，則為三處，自酈道元竭夏流為夏水，故以為名，後世承之，
至於今垂為夏水故實，不知夏盈冬涸，凡水皆然，豈必漢上。夏水
之稱，蓋自夏州來也，《春秋傳》宣十一年楚莊王討夏徵舒人陳，鄉
取一人焉以歸，謂之夏州，有夏州，斯有夏水，故昭十三年傳，楚
靈王欲沿夏以入鄢也，夏自江溢出以入於漢，夏水之曲曰夏汭，故

〔註31〕《八州詩草》，頁 23。
〔註32〕曾鞏著，高克勤注譯，《新譯曾鞏文選》，〈南齊書目錄序〉，（台北：三民書局，
　　　　2008），頁 58。

昭四年傳沈伊射奔命於夏汭，昭五年傳，蓬射會師於夏汭，杜預注
今夏口也。夏州當在古華容西，近夏水出處，《春秋地理釋》，謂大
江中州，在江夏，與杜預作州鄉不同，亦謂夏口也，是晉以前通稱
夏口（間稱沔口），不稱漢口，《南齊書》、《梁書》，始稱漢口，以別
於南岸夏口，故梁紀稱武帝舉師，遣王茂等至漢口，又梁武帝謂席
闡文，漢口路通荊襄（原文荊雍蓋南雍州也），控引秦梁，糧運資儲，
仰此氣息，所以力壓漢口，遂築漢口城，以守魯山，則漢口之爲重
鎮，由來久矣。……李延壽修《南史》，多襲宋、齊、梁、陳書原文，
爲之分合割裂而已、獨敘武帝起義軍，竟將蕭老公策攻漢口，說漢
口關係當時形勢，絕大議論，許多權略，全數刪卻，不及漢口一字，
而絮絮補出城精毛人，泣投黃鵠磯事，此筆技只可與東坡說鬼、干
寶搜神，何以史爲。〔註33〕

唐代史家李延壽《南史》，計本紀十卷、列傳七十卷，共八十卷；記事起南朝
宋武帝永初元年（420 年），盡南朝陳後主禎明三年（589 年），述南朝宋、齊、
梁、陳四朝興亡，共一百七十年的歷史。《北史》和《南史》皆爲紀傳體史書，
《北史》計本紀十二卷，列傳八十八卷，共一百卷；起北魏道武帝登國元年
（386 年），盡隋恭帝義寧二年（618 年），記述北朝魏（包括西魏、東魏）、
北齊、北周和隋朝興亡，共二百三十三年歷史，兩書合稱爲《南・北史》。二
書在《宋》、《南齊》、《梁》、《陳》、《魏》、《北齊》、《周》、《隋》八書的基礎
上寫成，「除其冗長，捃其菁華。」主要刪掉八書本紀中的詔令、策文、奏議、
文章甚多。卻補充八書以外的「雜史」，即「野史雜記」等。〔註34〕棄生批評
其書誕妄不經者，如齊東昏侯永元元年（499 年）史載：

戊午，魯山城主孫樂祖降。己未夜，郢城有數百毛人踰堞且泣，因
投黃鵠磯，蓋城之精也。及旦，其城主程茂、薛元嗣遣參軍朱曉求
降。〔註35〕

所記涉及神怪，卻反而刪去該年六月，蕭衍論漢口形勢的卓見。蕭衍日後稱
帝，當歸功此次運籌得宜。此事記載於唐代史家姚思廉《梁書・武帝本紀》
云：

〔註33〕《八州遊記》，頁 102～103。
〔註34〕倉修良主編，《中國史學名著評介》（台北：里仁書局，1994 年 4 月），頁 503
　　　　～519。
〔註35〕李延壽撰，《南・北史・梁本記》（北京：中華書局，1997 年），卷 6，頁 174。

六月，東昏遣衛尉席闡文勞軍。齋蕭穎胄等議，謂高祖曰：「今頓兵
兩岸，不併軍圍郢，定西陽、武昌，取江州，此機已失，莫若請救
於魏，與北連合，猶爲上策。」高祖謂闡文曰：「漢口路通荊、雍，
控引秦、梁，糧運資儲，聽此氣息，所以兵壓漢口，連絡數州。今
莫併軍圍城，又分兵前進，魯山必阻沔路，所謂搤喉。若糧運不通，
自然離散，何謂持久？鄧元起近欲以三千兵往定尋陽，彼若歡然悟
機，一酈生亦足；脫拒王師，故非三千能下。進退無據，未見其可。
西陽、武昌，取便得耳，得便應鎮守。守兩城不減萬人，糧儲稱是，
卒無所出。脫賊軍有上者，萬人攻一城，兩城勢不得相救。若我分
軍應援，則首尾俱弱；如其不遣，孤城必陷。一城既沒，諸城相次
土崩，天下大事於是去矣。若郢州既拔，席卷沿流，西陽、武昌，
自然風靡，何遽分兵散眾，自貽其憂！且丈夫舉動，言靜天步；況
擁數州之兵以誅群豎，懸河注火，奚有不滅？豈容北面請救，以自
示弱！彼未必能信，徒貽我醜聲。此之下計，何謂上策？卿爲我白
鎮軍：前途攻取，但以見付，事在目中，無患不捷，恃鎮軍靖鎮之
耳。〔註36〕

齊和帝中興元年（501 年），蕭衍至竟陵，命曹景宗爲前軍，下至加湖，即在
今湖北省武漢市以北的灄水流域，當時湖水自北南注長江，去郢城三十里，
湖今已湮。其謀略以先拔郢州，席捲沿流，則西陽（今黃岡）等地自然望風
歸降。然此議論，竟被李延壽刪去，而雜入精怪之說，可見史筆史識之鄙陋。

化用典故，出以感性；議論敘事，佐以機趣，如湖北武勝關北鄰河南省，
〔註37〕武勝關東北有黃峴關，西北有平靖關。西晉時於此置義陽郡，稱此爲
義陽三關之險。〔註38〕〈過武勝關隧道〉云：

今武勝，古武陽。直轄大隧常山強，轟轟入穴長蛇長。入地出地天
破荒，輥車雷屬電吐鋩。偉哉崇山不可量，竟鑿龍門通呂梁。當時
三關成巨防，楚人恃此爲保障。中原失此形勢僵，楚師一出及鄭疆。
徒守虎牢晉無良，今雖鑿險成康莊。城口一塞仍蜩螗，沈尹戌謀尚
可嘗。平王戌申不戌關，放兕出柙虎出關。

〔註36〕姚思廉撰，《梁書》（北京：中華書局，1997 年），卷1，頁10。
〔註37〕《八州遊記》，頁130。
〔註38〕宋樂史撰，《太平寰宇記》卷132，〈淮南道十・信陽車〉，頁288。

棄生遊此關之前，先遊黃州麻城縣，東北有柏子山，東有舉水。《左傳・定公四年》蔡侯以吳子及楚人戰于柏舉，楚師敗績，楚囊瓦出奔鄭。柏舉即在此。此役吳五戰及郢，入郢，以班處宮。先是吳伐楚，乘舟從淮來，過蔡而捨于淮汭。自豫章與楚夾漢。楚左司馬戌（沈尹戌）謂子常（令尹囊瓦）曰：「子沿漢而與之上下，我悉方城外以毀其舟，還塞大隧、直轅、冥阨。子濟漢而伐之，我自後擊之，必大敗之。」直轅即武勝關，武勝關古名武陽關。大隧即黃峴關，冥阨即平靖關。此三關之險猶勝常山蛇陣。棄生謂：

> 此亦楚之罪惡貫盈矣，使沈尹戌之策行，囊瓦不速戰，則吳行江淮二千里以侵楚疆，勞師涉速，令尹與司馬前後攻之，吳未有不覆敗者。吳敗而楚益驕張，中國無伯，其氣彌惡，延至戰國，秦亦未敢輕視，而必無懷王之辱，周之鼎，入於秦，入於楚，未可知也。然而楚自熊渠侵略以來，首輕周室，乘夷王不振，分封三子為王，至周桓王中微，楚武熊通，再僭王號，由是侵暴庸、隨、唐、蔡，殄滅羅、鄧、江、黃、六、蓼、舒庸，以及漢陽諸姬，虜息媯，掠鄭甥，滔惡靡所不至，王法不得懲，天道不見殛，弒兄弒父弒君，及平王而肆奪子婦，若非吳師入郢，班處王宮，則蠻楚三百數十年之橫行無忌，未有以報之矣。今日道舉口，粵稽柏舉前後戰跡，吳實渡江而北，從淮南乘淮水至漢東。〔註39〕

魯桓公六年及八年（西元前 706、704 年），楚熊通伐隨；魯桓公十年（西元前 702 年），楚熊通自立為武王。楚文王十年（西元前 680 年）滅息。楚穆王三年（西元前 623 年）滅江。四年（西元前 622 年）滅六、蓼。楚莊王三年（西元前 611 年）滅庸。楚共王十七年（西元前 574 年）滅舒庸。楚靈王八年（西元前 533 年），滅陳，定蔡。楚平王（西元前 528 年即位，西元前 516 年卒）弒兄弒君，肆奪子婦。又聽信費無忌讒言，欲誅太子建，建出亡宋，其傅伍奢、奢子尚被殺，奢子胥奔吳，因有日後吳伐楚之戰役。楚滔惡靡所不至，因招後患。

詩寫「轟轟」入隧道，火車如長蛇。入地復出地，車破險荒，如雷屬電馳之遊龍。「偉哉」以下讚此險要，以閒宕筆映襯。「當時」句敘楚北險塞，守以自固，攻可入中原。《左傳・襄公十年》諸侯之師城虎牢而戍之，晉師城梧及制。楚子囊救鄭，諸侯之師還鄭而南，至於陽陵。欒黶率師獨進，與楚師夾穎而軍。

〔註39〕《八州遊記》，頁 100。楊伯峻注譯，《春秋左傳會注》，頁 1543～1544。

〔註40〕楚師出武勝關入鄭疆，晉國卻徒守虎牢，棄生歎晉國無良策卻敵。今此關雖鑿險通車，車路康莊，然河南、湖北猶多兵亂，沈尹戍之謀略猶可取法。申國乃周平王之母家，地在今河南信陽境。《詩經・王風・揚之水》「彼其之子，不與我戍申。」《毛序》以爲刺平王也。平王戍申而不戍關，迨楚滅申，遂如出柙之虎，再難制服。此詩可見他明於史籍的是非得失，興壞理亂的事實。

第二節　事近景遙，即景設喻；景擬人物，轉化多情

宋代畫家郭熙所著《山水訓》論「山」有三遠：即高遠、深遠、平遠，學者宗白華引述華琳《南宗抉秘》以靈動的「三遠」視界，刻畫山的殊貌，欲使「三遠」之畫境出，須「局架獨聳」、「層次加密」、「低褊其形」，又引華琳「無它，疏密其筆，濃淡其墨，上下四傍，明晦借映，以陰可以推陽，以陽可以推陰。」的「似離而合」方法，論畫的空間如有機統一的生命境界，由虛實、明暗、開闔的波動節奏引入空間感覺。〔註41〕此即古人所謂移形於蹤步，以眼前景狀無盡情。此因情虛景實，事近景遙。即景設喻，情因景而明晰悠長；景擬人物，景轉化而人物有情。

吳喬《圍爐詩話》卷六第二十二則云：「明然順逆在境，哀樂在心，能寄情於景，融景入情，無施不可，是爲活法。」洪詩活脫寄情於景者如〈入廬山十五首〉其七云：

> 不下含鄱領，不識廬山高。一落三萬仞，仰視皆秋毫。危磴行不已，
> 直到白水漕（澗名）。聞雷不見瀑，何處起驚濤？三轉見空際，飛天
> 萬丈拋。行次歡喜崖，路從井底抄。千峰雲外列，九旗（峰名）霧
> 中捎。樹石映紅日，峰峰披錦袍。羊腸走峻扳，險逕逐函崤。石澗
> 臥長虹，眾溾趨一坳。到此望天半，眾山猶幻泡。一下棲賢谷，山
> 山尚如毛。〔註42〕

含鄱口南曰砦口，砦口東南有白龍潭。水自山巔下注潭中，有小瀑布，俗謂之白水漕。〔註43〕詩敘由含鄱嶺下至歡喜崖。磴道迴長，愈下而愈聞瀑聲轟

〔註40〕楊伯峻注譯，《春秋左傳會注》，頁982。
〔註41〕宗白華著，《美從何處尋》（板橋：駱駝出版社，1987年8月），頁101。
〔註42〕《八州詩草》，頁26。
〔註43〕吳宗慈著，《廬山志》（沈雲龍主編《中國名山勝蹟志》第三輯。台北，文海出版社，1983年9月初版），卷5，頁582～583。

轟，偏又百迴而僅一見瀑。危磴之險，以「一落萬仞」誇飾。「仰視」句形其
山高。「聞雷」句以詰問致疑，見此瀑之幽深難覓。「三轉」句形容磴道之曲
長及瀑布如拋落自萬仞之上。映襯「井底抄」之形容，見此澗之高遠。雲外
千峰霧影濛濛。對比著樹石映日如披錦袍之麗景。又細寫羊腸峻扳，險邃可
比函殽。澗上橋如長虹。白水漕下注潭坳，眾溪一趨，跳波萬濺。末望天半，
雲深而眾山如幻泡。一下棲賢谷，又見萬山如毛。善用映襯、對比手法，形
容景物之深遠及高遠。細膩的描繪近景，寫意的捕捉山及雲之神韻。層次井
然，宛如名家之畫作。「眾山猶幻泡」句呼應「一下棲賢谷」，寄情於景而有
寂然超世之情懷。因此，清代華琳以爲訣竅在「似離而合」，所謂「似離而合」
應用修辭技巧指詩人以對比、映襯、夸飾等筆法，亦可奪造化之功。

　　宗白華論詩中景語，每每「有盡融入無盡者」。此法即明末清初錢謙益〈梅
村詩集序〉「文繁勢變，事近景遙，或移形於跬步，或縮地於千里。」縮地於
千里，引伸之，則「有盡可含藏無盡」，如「一朵花中見天堂」者。景擬人物，
景轉化而人物有情。如〈遊珠潭嶼放歌〉：「四山瀑布從空落，中流百練隨長
虹。」以換喻手法，擬水如百練隨長虹；此詩又有「一泓白水雲天涵，聯山
爲坳置大鏡。」喻山水如一坳大鏡，「一泓白水雲天涵」句可謂「有盡可含藏
無盡」。〈遊華歸後偶得四首〉其三云：

> 吳越燕齊楚豫山，一時看盡好山還。更從渤海來東海，閩嶠千峰四
> 顧閒。

一、二句乃「有盡融入無盡者」，三、四句則「有盡可含藏無盡」；回環映襯，
言近旨遠。景擬人物，轉化多情，如遊三台洞，洞在南京市北，〈登三台洞〉
云：

> 一洞入山腹，一洞凌蒼穹。宛轉最高頂，縹緲懸虛空。下壓大江水，
> 上卓玉皇宮。俯視江山水，兩腋夾天風。三磴千百者，蟻穴出游龍。
> 金陵在何處，一氣連溟濛。蜀江萬里來，吳地一線中。浦口九龍山，
> 帆片如飛蓬。江上八卦洲，點點覆青楓。儀眞與六合，目盡不可窮。
> 咫尺燕子磯，呼吸天可通。欄杆落鳥背，平視太陽紅。長嘯下高閣，
> 放櫂大江東。

此詩三、四句承首二句，下壓江水，上卓玉皇宮，俯仰之際，天風夾腋，意
態閑放。憶登磴之辛苦，出蟻穴而見水如游龍，一氣溟濛至金陵。由「一線」
窺天，登頂望江，景中寓情，細寫入微。帆片、青楓點綴於江山間，寫意如

畫。極目望儀眞與六合，呼吸燕子磯之王氣，憑欄送歸鳥及紅日。一介書生，自可長嘯江天，放櫂江湖，語具昂藏之概。此詩將三台洞比擬如人的軀骸，虛竅多孔，登頂如蟻穴出游龍，恣觀放曠，眞有《莊子・德充符》「官天地，府萬物，直寓六骸，象耳目，一知之所知。」與天地精神相往來。

第三節　烘雲托月，移形換步；避實擊虛，實景寫眞

　　烘雲托月是借助映襯、烘托手法；移形換步展現神遊周遍、無所不在的觀照。此明末清初錢謙益〈致梅村書〉所謂「陽施陰設，移步換形。」陽施陰設，如意在言外的手法，寫景時以意象烘托、暗示、呼應，在表情上顯得深長；又可用「化靜爲動法」，移步換形。例如杜牧〈金谷園〉末句云：「落花猶似墜樓人」，明喻美人綠珠墜樓如落花，張力來自時間的慢，以花的幽揚輕裊來形容香消玉殞的深痛。藉由意象虛實對比、映襯、烘托，議論、敘事、寫景和抒情筆法的穿插得當，即有烘雲托月、移步換形的妙趣。例如棄生遊偃師，望嵩山：

> 時逾三點外，到偃師車站，風稍定，雲霧稍散，遠望南方見二大山，高出近山之頭，亟覓驛亭中識字老人詢之，恰好其人曾到嵩山，指西一大山，曰少室也，東一大山，曰太室也，二山相距十七里，自此望之，若相連，或謂其下各有石室而名，或謂其形如高室也。少室周四十里，太室周一百三十里，其高，少室九百丈，太室二千餘丈，余謂此非實測，乃約略之詞。少室或五千尺，太室或七千又數百尺耳，少室三十六峰四天門，白鹿峰爲著，太室二十四峰，金壺峰最大，其中峰也，中峰之東，玉鏡峰次之，華蓋峰一名峻極峰，玉柱峰、青童峰、黃蓋峰、青岡峰，又次之；西北高峰曰望都，謂可望洛陽也，東北高峰曰雞鳴，謂五更見日也。余數其峰，少室不及三十六，太室不止二十四，故後人補之，謂二室七十二峰，少室山麓五乳山，有北魏時少林寺，有達摩面壁遺跡，有吳道子畫、米芾書，其僧以武技聞。太室山麓神蓋峰下，有漢以來中嶽廟，如宮城，有天中閣，廟外東西街曰天中街，越廟入山，有周道峰，爲漢唐迄清高宗輦路，石磴雖有壞，石級猶可循。二室並有石闕，啓母闕古碑刻多剝落，古柏參天，漢柏秦槐，大十人圍猶存，每見一峰，

轟立不可仰，及過前山，則俯而視之矣，老人之談，峰石巖谷，瀑
水藥草，諸勝處多瑣碎，余本知嵩高梗概。故得而敘次，比諸望長
安而西笑，向嶽圖以臥遊者，十倍心得焉。〔註44〕

敘次地望極有層次，得力於輿圖史蹟的博涉強記，平日的臥遊神往。此乃鄭
州登封一地周遭名勝。鄭州爲河南省會，有三千六百多年建城史的古都。位
於鄭州東南的新鄭，是戰國時期韓國的都城，上古時代是中華文明始祖黃帝
故里。鄭州登封周邊散布的八處十一項歷史建築，構成大陸第三十九處世界
遺產：「天地之中」歷史建築群。包括周公測景台和觀星台、嵩嶽寺塔。漢三
闕即太室闕、少室闕、啓母闕。中嶽廟、嵩陽書院、會善寺、少林寺建築群
等。其中始建於西元前二世紀的中嶽廟，是大陸現存規模最大、規格最高、
保存最完整的道教古建築群。西漢元封元年（西元前 110 年），漢武帝建太室
神祠，太室山被封爲「嵩高山」，簡稱嵩山，稱中嶽。離鄭州最近的看黃河處，
一個是邙山的黃河風景名勝區，北依黃河，景色宜人。〔註45〕〈洛陽偃師縣
路上南眺嵩嶽〉云：

嵩高巍巍中天中，東凌泰岱西華封。太室少室七十有二峰，二面望
之青排空。似連似斷白雲籠，欲往從之車如龍。天矯一瞥如追風，
嵩山峻立在蒼穹。華蓋玉柱搖芙蓉，漢唐磴道半頹落，奇勝尤多絕
處逢。途中立望比看畫，看山於此收化工。既無登陟苦，更覺全神
充。況我已盡北西東，二室眞面不朦朧。車中復窺玉女窗，箕山潁
水亦來從。昨遊廬山入山骨，今違嵩山在飄忽。時清再作中嶽遊，
海東萬里天山窟。〔註46〕

此次望山非晴霽之日，山爲白雲所籠。詩首敘其**巍巍**峙於中州，可凌泰岱及
華封。次言其青翠排空。恨車去如龍，山之夭矯，僅能一瞥。此山峻立黃淮
平原上，其華蓋、玉柱諸峰如搖青芙蓉。因歎漢唐磴道多半頹落，益顯山勢
之奇險。如太室西溝，崖勢甚壯，多垂溝脫磴。〔註47〕。由途中遠望，猶如
賞畫，天地之化工畫收眼底。既無登陟之苦，反較專注而從容。迴視此山北
西東三面，雖有雲籠，但其眞面已不朦朧。如宋代畫家郭熙所謂步步移面面

〔註44〕《八州遊記》，頁 144。

〔註45〕王玉燕著，〈河南鄭州遊〉（聯合報，民國 103 年 2 月 12 日星期三），A10 版。

〔註46〕《八州詩草》，頁 52。

〔註47〕徐霞客著，《徐霞客遊記》（上海：上海古籍出版社，1987 年 10 月第一刷），
卷 1 下，〈遊嵩山日記〉，頁 42。

觀，則一山而兼數十百山之形狀。〔註48〕嵩山南有箕山，而穎水源出少室山。棄生前時嘗遊廬山，今因行程飄忽，竟與嵩山違面而過。「時清」指時世清平，又指晴霽之時，語帶雙關。乃由海東再萬里西遊天山，遊興不淺。

避實擊虛，實景寫真手法，棄生云：

> 廬山之廣大深奧，人不能寫，廬山之奇特變化，余亦不能寫也，即廬山一角，使元時四大家對而描摹，則清奇濃淡，可以隨人隨地隨時而各成一格，可以四大家同一寫一角為一格，而各成四大觀，若使攝影機攝之，則一片模糊，成一黑屏風，萬萬不能攝出其秋毫，蓋化工非獸物所能將其形相也。余之筆亦攝影機之類，不能追畫中大家，今欲形容廬山，亦苦其變幻無方，而窮於應付，無已，則效時文手避實擊虛之法，寫其山一亭一石，聊擬議其萬一。……

> 自廬林又三里，至含鄱口，前日專為鄱陽湖來含鄱嶺，今日重過，如新書重溫，益知意味，亟呼停轎，再上含鄱嶺，徘徊四顧，奇峰錯出，下裂鄱陽湖，則見近九江一帶，湖中大小山不一，固不止大孤一山，亦不止所謂大芒山、小鞋山（因大孤亦有鞋山名，故金沙洲東湖中小山稱小以別之。）也，前日不下嶺，不知鄱嶺之高，與磴道之長（磴為柯鳳巢、關鶴舫、林碧潮、黃翼廷、容位荃、李祥卿數十人，關倡二百金，柯最多，五百，餘自二百以下。）……余回時，再在此迴望鄱陽湖，湖中洲含夕照作淡赭色，樹木翠綠，襯貼其間如染色丹青，湖上舟點，或隱或見，仰見漢陽、太乙、五老、大月諸峰，峙於空際，含鄱嶺為九奇峰之一，雖俯近亦不相下，嶺左右不知名之峰，有疊如錦茵，石骨作純鐵色，皺痕有如繡如皺者，草樹綴其上，如怒火吐芒，此為化工，余筆實不能寫，即畫中大家，亦所畫不出者也。〔註49〕

避實擊虛之法，寫其山一亭一石，此效法畫家同一寫一角為一格，而各成四大觀，景雖實而情虛靈難寫，所以清奇濃淡，大家各成一格，自成面貌。至於自然化工，筆不能寫，即畫中大家，亦所畫不出者。則如清初畫家笪重光云：「空本難圖，實景清而空景現。神無可繪，真境逼而神境生。位置相戾，

〔註48〕郭熙、郭思著，《林泉高致・山水訓》。收錄於王進祥編，《中國美學史資料選編》下卷（台北：漢京文化出版社，1983年年4月5日初版），頁14。
〔註49〕《八州遊記》，頁67、76～77。

有畫處多屬贅疣；虛實相生，無畫處皆成妙境。」〔註 50〕實景清而眞境逼即
是避實擊虛，實景寫眞手法。實際走訪，深入體會，觀察周全方能描繪，如
學者泰瑞・伊格頓（Terry Eagleton）所說：「經過足夠的觀察，將具有代表性
的事物從沒有代表性的事物中整理出來。」進而合理推論，爲生命的存在下
有意義的判斷。〔註51〕如此，作品方得造化的空靈精神。

　　如何「避實擊虛」，選取一亭一石，一窺山水虛靈之美，不妨著眼前人詠嘆
的名勝，加以變化。如光緒十三年（1887 年），清廷批准劉銘傳奏議，在臺灣中
部增設苗栗、臺灣、雲林三縣，由臺灣府管轄。倪贊元《雲林縣采訪冊》中「雲
林縣八景」有「象渚垂虹」（今竹山鎮與集集鎮分界處之濁水溪畔象鼻山，與獅
仔山對峙，或稱牛相觸，地當濁水、清水兩溪匯流之處，有清濁合流之稱）與
「龍門湧月」（今竹山鎮清水溪與濁水溪匯流處）、「珠潭映日」（今日月潭）、「玉
山流霞」（今玉山）等景。〔註52〕氏駢文〈遊珠潭記〉寫「象渚垂虹」附近云：

　　　　遠近之峰，若迎若送；高低之磴，若卻若前。望濁溪之高瀉，洶若

　　　　洪河；指清渭之交流，明如秦渭。

以陝西涇渭二河比擬，又四六句型的組合，有婉轉相騰之妙，便於宣讀句式，
化興地知識爲感性的節奏。棄生遊天門山，其地因李白題詠而著稱。棄生七
絕〈看天門山〉云：

　　　　出雲樓閣壓晴漪，兩岸青山又一時。

　　　　采石磯頭行客遠，日邊江上望蛾眉。（其一）

　　　　破浪樓船氣亦降，螺峰倚岸蹙成雙。

　　　　重重天塹連天關，楚尾吳頭鎖一江。〔註53〕（其二）

七絕其一詠舟行溯長江過當塗，有二山夾大江，以二山立關曰天門焉，又名
蛾眉山。出雲樓閣，「壓」字形容山勢之峻，乃眺望所感。兩岸青山，對峙如
門；〔註 54〕采石已遠，不覺行舟送客之迅速。末句化用唐詩人李白〈望天門

〔註50〕宗白華著，《美從何處尋》，頁 252。

〔註51〕泰瑞・伊格頓（Terry Eagleton）著，方佳俊譯，《生命的意義是爵士樂團》（台
　　　　北：商周出版社，2009），頁 159。

〔註52〕倪贊元，《雲林縣采訪冊》（台北市：成文出版社，1983），頁 140～141。劉麗
　　　　卿，《清代臺灣八景與八景詩》（國立中興大學中國文學系碩士論文，2000 年
　　　　9 月），頁 55，註 102。

〔註53〕《八州詩草》，頁 17。

〔註54〕宋樂史撰，《太平寰宇記》（《景印文淵閣四庫全書・史部地理類》第 470 冊。
　　　　台北：台灣商務印書館，1986 年 3 月初版），〈江南西道三・太平州〉，卷 105。

山〉：「天門中斷楚江開，碧水東流至北迴。兩岸青山相對出，孤帆一片日邊來。」於日邊江上望山，棄生讚其寫景迫眞。

七絕其二以「破浪樓船氣亦降」，反襯浪濤之洶湧。李白〈橫江詞六首〉其四云：「海神來過惡風迴，浪打天門石壁開。浙江八月何如此？濤似連山噴雪來。」此處風波險惡，自古已然。次句扣緊蛾眉山描寫。一二句一剛一柔，一動一靜，相襯成趣。末二句言其地勢之要。太白詩用「斷」、「開」二動詞取勢，語健頓挫。棄生用「連」、「鎖」，點出天門爲吳頭楚尾之鈐鑰，詩思切深。〔註55〕

例如廬山南麓的棲賢谷，以景致雄奇著稱，上有五老峰和漢陽峰左右對峙，下有匯聚眾百溪流的三峽澗，中途被巨石攔截，懸空直下玉淵潭中。唐代李渤（773～832 年）曾讀書於此，並將潯陽（今江西九江）的寶庵寺移建五老峰下，請著名的「赤眼禪師」歸宗智常（馬祖道一的弟子）住持，更名爲棲賢寺。北宋時，朝廷賜名「棲賢寶覺禪寺」。元豐三年（1070 年），蘇轍遊此，作〈廬山棲賢寺新修僧堂記〉云：

> 入棲賢谷，谷中多大石，茇業相倚。水行石間，其聲如雷霆，如千乘車，行者震掉，不能自持，雖三峽之險不過也。故其橋曰三峽。度橋而東，依山循水，水平如白練，橫觸巨石，匯爲大車輪，流轉洶湧，窮水之變。院據其上流，右倚石壁，左俯流水。石壁之趾，僧堂在焉。狂峰怪石翔舞於簷上，杉松竹箭橫生倒植，蔥蒨相糾。每大風雨至，堂中之人疑將壓焉。問之習廬山者，曰：「雖茲山之勝，棲賢蓋以一二數矣。」

文中描寫三峽橋和棲賢寺僧堂，妙以山水景物烘托。寫景生動精練，動靜相形。其兄蘇軾〈跋子由棲賢堂記後〉評論：「子由作〈棲賢堂記〉，讀之便如堂中。」清代王士禎《香祖筆記》卷十二也說：「潁濱〈棲賢寺記〉造語奇特，雖唐作者如劉夢得、柳子厚妙於語言，亦不能過之……予遊廬山至此，然後知其形容之妙，如丹青圖畫，後人不能及也。」〔註56〕蘇軾〈廬山二勝并敘〉中，〈棲賢三峽橋〉一詩云：

> 吾聞太山石，積日穿線溜。況此百雷霆，萬世與石鬥。深行九地底，險出三峽右。長輸不盡溪，欲滿無底竇。跳波翻潛魚，震響落飛狖。清寒任石骨，草木盡堅瘦。空濛煙霧間，澒洞金石奏。彎彎飛橋出，

〔註55〕瞿蛻園等校注，《李白集校注》（台北：里仁書局，1981 年 3 月 24 日版），頁1255、518。《八州遊記》，頁 53。
〔註56〕《新譯蘇轍文選》，頁 193～196。

激激半月轂。玉淵神龍近，雨霆亂晴晝。垂瓶得清甘，可嚥不可漱。
〔註57〕

詩首四句用翻疊句，妙以太山石為襯，以線溜相形喧豗之瀑流。水石相鬥之喻驚憾人心。「深行」、「險出」、「長輸」、「欲滿」四句，伏流逕流，此伏彼出，暗伏險狀。不盡之溪源，無底之深寶，偏從潛魚、飛狖側寫。跳、翻、震、落，曲盡瀑流之神。「清寒」句寫寒氣入石，饒雲帶靄，而瀕洞金石齊奏，生動盎然。飛橋彎彎，激激如半月。因雲泉潭淵而擬之神龍，兼寫雨霆異象，極讚山川之偉。末垂瓶飲甘泉，嚥而不漱，如珠玉之可貴。洪遊廬山三峽澗之源，自五老、漢陽、太乙諸峰，散行亂石間，過棲賢寺前。〔註58〕棄生〈入廬山十五首〉其八云：

> 背後負青山，當面對平篠。雖盤廬山底，仍出眾山表。隱隱蒼碧間，
> 禪房出樹杪。古寺號棲賢，臨流見幽窈。澗水天上來，轉覺瞿塘小。
> 蘇公擬三峽，三峽誰多少？陰沈至淵潭，神龍起昏曉。寺前五老峰，
> 遠遠聞啼鳥。我從海上來，愛此紅塵杳。既過澗中橋，無限清浪繞。
> 復飲招隱泉，秋風雙袂裊。〔註59〕

相較東坡詩，棄生詩寫眾山中的棲賢寺。「隱隱」二句寫曲徑通幽，形古寺之幽窈。「澗水」句寫瀑流，因東坡詩而議論，可謂「避實擊虛」。遠處五老峰似面呈啼鳥鳴唱，動靜相形。「我從海上來」，見仁者之樂山。棲賢橋側有招隱泉，其下有石橋潭，水出石龍首中，瀉下三峽澗，匯為巨潭，陸羽嘗評其水為天下第六。〔註60〕棄生飲其泉，覺秋風雙袂裊，令人有清冷入骨之感。

　　「避實擊虛」手法亦可選取代表性景物描寫，如棄生早年應試府城，歌詠台南的八景詩。遊大陸桑乾河及其下游渾河，則詠京師八景。桑乾河源出山西馬邑縣西北十五里洪濤山。即《水經注》灅水，亦謂之溼水，又名索涫水，由山西入河北保安，出西山，至北京西南曰蘆溝河，俗呼小黃河，以其流濁而易淤也，亦謂之渾河。〔註61〕蘆溝橋柱端雕獅子，橋作穹形，建於金，重修於明正統年間，每早波光印月，「蘆溝曉月」為燕京八景之一。〈蘆溝橋

〔註57〕蘇軾著，清王文誥、馮應榴輯注，《蘇軾詩集》（台北：學海出版社，1985年9月再版），頁1217。

〔註58〕吳宗慈著，《廬山志》，卷1，頁123〜124。

〔註59〕《八州詩草》，頁26。

〔註60〕吳宗慈著，《廬山志》，頁608。

〔註61〕顧祖禹著，《讀史方輿紀要‧直隸一‧桑乾河》（台北：洪氏出版社，1981年1月25日再版），頁447。

即景〉云：

　　　　北望黃金臺，西眺桑乾水。行至蘆溝橋，曉月下城壘。

黃金臺即燕昭王於易水爲郭隗所築，後人慕其好賢，在河北大興縣築臺，「金臺夕照」爲燕京八景之一。〔註 62〕末二句言「蘆溝曉月」。〈蘆溝橋詠渾河〉云：

　　　　渾河來自雁門關，灤洄馬邑號桑乾。

　　　　渾源一合去白登，并州一出到燕山。

　　　　西山束待不得閒，汪洋盪決在河間。

　　　　往時奔馳無定河，今爲永定入固安。

　　　　長流直下天津海，九十九淀今無干。

　　　　試憑蘆溝看去勢，長堤既築龍就閒。

　　　　下流又合琉璃水，宋遼界河亦安瀾。

　　　　蘆溝橋邊御亭記，渾流已到海漫漫。

渾河來自雁門關，源自馬邑縣。東流經大同市（古并州地，有白登山），至渾源縣之北，由太行出西山。汪洋盪決，古稱無定河，河間、武清縣間崩圮尤甚。清康熙時改名爲永定河。如今「永定」而入固安縣，直下武清縣。縣南有三角淀，周二百餘里，即《水經注》九十九淀。永定河本由淀河至天津入海。乾隆四年（1739 年），改河道由天津入海，故今不入淀。此河賴有堤防而安瀾。良鄉縣南五十里有琉璃河，下流入拒馬河，爲古宋、遼界河。蘆溝橋有御亭二，一爲康熙年間立，一爲乾隆年間所立「蘆溝曉月」詩。〔註 63〕渾河漫漫歸海，幸此河安瀾無患。

第四節　目擊道存，平中見奇；以古爲新，化生爲熟

　　《莊子外篇・田子方》仲尼見溫伯雪子，所言「目擊而道存」，被視爲得意忘言的例子。一如文殊師利會見維摩詰那種「默而相領」。心相契合，道不在言語。目擊道存，寫作時情景交融，方不留於直露發洩而無餘韻，詩文才

〔註62〕洪炎秋著，〈遊蘆溝橋筆記〉，收於洪棄生著，《八州遊記》，頁 274。蕭東發等撰稿，《北京之最》（台北：冊府出版社，1996 年初版），頁 104。張爵、朱一新著，《京師五城坊巷衚衕集・京師坊巷志稿》（北京：北京古籍出版社，2000年），頁 18、10。

〔註63〕《八州遊記》，頁 274～275、277。

有文字之外的默會餘味。例如南宋陳與義（字去非，號簡齋居士，洛陽（今河南洛陽）人，1090～1138 年）〈夜賦〉一詩開首四句云：「泊舟華容縣，湖水終夜明。淒然不能寐，左右菰蒲聲。」棄生稱許「不減秦淮海學謝之作。」〔註64〕劉辰翁評曰：

> （「泊舟華容道」二句）古語平平，如「清晨聞扣門」者，貴其眞也。
>
> 不如此起，眼前俯拾便是。〔註65〕

以眼前淒涼心境，側聽夜籟之水程映襯客愁。首二句頗似唐人張繼〈楓橋夜泊〉「江楓漁火對愁眠」的孤夐。眼前俯拾便是，即是「目擊道存」，即景寓情。此有賴創作時情與景會，意象翻空出奇，情感渾入渾出。其創作歷程即「佇興而就、翻空出奇。」棄生平日評詩之佳妙，以及他寫詩之手法，每每著眼在情景交融處。一方面創作時須「佇興而就」，一方面又如清初王士禛所說，作詩每在「偶然欲書」，一任文思蘊釀充溢，情態優遊不迫。氏詩思湧現，偶然欲書者，如〈入廬山十五首〉其十五句末自注云：「此丙寅六月十五夜半偶就，大暑子時。」亦有醒覺而成詩者，如〈鏡湖曲〉句末自注：「十九夜續昨夢中句。」〔註66〕而創作時須「佇興而就」：

> 「作詩火急追亡逋，清景一失難再摹。」東坡詩也。詩須佇興而就，
>
> 興去則詩亦去矣，惟過來人能知之。〔註67〕

就寫作態度言，「寫情言景」，則欲「情景交融」，自然湊泊，須如劉勰《文心雕龍·物色》云：「入興貴閑」，即棄生「然須以無意得之，信手出之乃佳。」故以自然高妙者爲上。「佇興而就」則才思充溢而氣機靈動。

　　因此，「清景一失難再摹」的「佇興而就」，往往在作者「身與物化」的「直觀」狀態。「清景一失難再摹」，若引用莫里斯·梅洛—龐蒂（Maurice Merleau-Ponty，1908～1961 年）所言：「視覺變成活動的那一瞬間，是當塞尚所說當他『通過繪畫思考』的時刻。」〔註 68〕「那沒有處所的精神必須被限定在一個身體裡，不僅如此，還必須通過身體被所有其他精神和自然接納。」因此，要捕獲對「清景」的審美知覺，蘇軾〈書晁補之所藏與可畫竹三首〉

〔註64〕《寄鶴齋詩話》，頁 21。

〔註65〕陳與義著，《陳與義集》（北京：中華書局，2007），頁 338。劉辰翁評見頁 576。

〔註66〕《八州詩草》，頁 28，101。

〔註67〕同前註，《寄鶴齋詩話》，頁 97。

〔註68〕莫里斯·梅洛——龐蒂著，楊大春譯，《眼與心》（北京：商務印書館，2007 年 6 月），頁 68、74～75、84～85。

其一云：

> 與可畫竹時，見竹不見人。豈獨不見人，嗒然遺其身。其身與竹化，
>
> 無窮出清新。莊周世無有，誰知此凝神？〔註69〕

強調創作時，須「直覺」把握「清景」。「直覺」即笛卡爾所說，由明晰心靈注視所形成的概念，如此平易、清晰，對吾人所瞭解之事物無可置疑。姚一葦認爲來自直覺的把握，即宋嚴羽所謂的「妙悟」，或「入神」。並引申即「知性感通（intellectual sympathy），使人置身物之中，與其獨特性相貼合。因此，人要產生完全「創造進化」（creative evolution），直覺與智能必要完美的混合。其基本性質是「立即或瞬間捕捉整體的能力，或者說心靈的統合（integration）功能。」〔註70〕印證龔卓軍對莫里斯・梅洛—龐蒂、李塔歐論及美感經驗的物我交感與創作時流變不居的造形經驗，如何以話語經驗源起的幻想母體，用以物感物，進而身與物化，而能「無窮出清新」。此思考方式若以龔卓軍從欲望與無意識的動力觀點看，所謂思考即「以感覺修正感覺，以感受『感受』感受。」「身體驅力的派置部置式語言」。〔註71〕這種創作心靈狀態與道家《莊子》強調凝神、心齋、坐忘的精神相應。

　　詩人以文字爲媒材，除了重視凝神、心齋、坐忘的創作心靈狀態。此外，佛家「緣起性空」之說，視言語概念爲正反相對而相互依存的內在矛盾性思想，無形中強調文字中所潛藏的「空無」經驗。此因文字本身的矛盾、吊詭、解構傾向，必須隨說隨掃。心理學家與佛教僧侶也認爲執著於自己的立場或觀點被視爲煩惱，當我們發洩式的書寫強烈的經驗，卻反而無法理解事件的全貌與意義，若捨棄自我、靜觀萬物，「無所謂經藏者」，不依權威而能提出質疑，自尋己道，反而能修飾、拓展、更新自己的世界觀，「以無所思心會如來意」，培養所謂「遙視力」（distant vision）的視野，方能體會人生新的意境。〔註72〕這種隨說隨掃，解構語言文字僵化的意涵，反而以文字爲筏，文字只是明道的方便施設，強調以「悟」爲意識透徹，智慧現前的無言默會，此蘇

〔註69〕《蘇軾詩集》，卷29，頁1522。

〔註70〕姚一葦著，《審美三論》（台北：台灣開明書局，1992），頁 43、47、51、171。

〔註71〕龔卓軍著，《身體部署（Dispositif of the Body）——梅洛龐蒂與現象學之後》（台北：心靈工坊文化公司，2006年），頁 113～114。頁 9～12。

〔註72〕達賴喇嘛、保羅・艾克曼（Dalai Lama & Paul Ekman, Ph.D.）著，《心的自由：達賴喇嘛 vs. 保羅・艾克曼談情緒與慈悲》（臺北：心靈工坊文化，2011 年 5月），頁 242、262、271、276。

軾〈虔州崇慶禪院新經藏記〉闡述云：

> 手必至於忘筆而後能書。此吾之所知也。不能忘聲則語言難屬文。
> 手不能忘筆則字畫難於刻彫。及其相忘之至也，則形容心術，酬酢
> 萬物之變，忽然而不自知也。自不能者而觀之，其神智妙達，不既
> 超然與如來同乎。故金剛經曰，一切聖賢皆以無爲法而有差別，以
> 是爲技，則技疑神，以是爲道，則道疑聖，古之人與人皆學而獨至
> 於是，其必有道矣。……并論孔子「思無邪」之意，有志無書之歎。

〔註73〕

以道家《莊子》「坐忘」，以及承蜩老人「用志不紛，乃凝於神。」的專注入
神，至心手相忘，妙手偶得。以佛家「思無」爲「無邪」來解釋孔子《論語·
爲政》說：「詩三百，一言以蔽之，曰：『思無邪』。」蘇軾以佛、道論點重新
詮釋「思無邪」的詩論。此論將「思無邪」本強調詩歌得性情之正的教化功
能，轉而思考文字中所潛藏的「空無」經驗，以及創作時「坐忘」等精神狀
態，爲「翻空出奇」創作說的要旨。

至於「翻空出奇」，因創作是由無生有，無指虛位、無形。創作時一如陸
機《文賦》云：「課虛無以責有，叩寂寞而求音。」《文心雕龍·神思》云：「規
矩虛位，刻鏤無形。」這種創作構思的心靈狀態如《莊子·達生》梓慶削木
爲鐻，必心齋「然後入山林，觀天性，形軀至矣，然後成見鐻。然後加手焉，
不然則已。則以天合天。」此以物觀物，端賴藝術家的直觀，始能發揮並創
造藝術媒材的特質，寓託獨特的意境。

其實《文心雕龍·神思》云：「意翻空而易奇，言徵實而難巧。」業師王
忠林闡述「意要觀照物，言要配合意。」「內容與表達形式如何高度統一。」
《文心雕龍·神思》云：「是以養心秉術，無勞苦慮；含章司契，不必勞情矣。」
重視的正是對外物的觀照。〔註74〕清代作家袁枚所謂「當謂古文家似水，非
翻空不能見長。」〔註75〕文筆「翻空出奇」，則妙手偶得，佳作天成。此創作
觀影響棄生的詩歌創作，他寫詩常以「避實擊虛」法來寫景，如其遊大陸江
西省廬山時所說：

〔註73〕蘇軾著，《東坡全集》《文淵閣四庫全書·集部·別集類》（台北：商務印書館，
1983），卷37。
〔註74〕王忠林著，《文心雕龍析論》（台北：三民書局，1998），頁366。
〔註75〕袁枚著，王英志主編，《袁枚全集》（貳）（江蘇：江蘇古籍出版社，1993），
頁525。

> 今欲形容廬山，亦苦其變幻無方，而窮於應付。無已，則效時文手
> 避實擊虛之法，寫其山一亭一石，聊擬議其萬一。〔註76〕

如何「避實擊虛」，選取一亭一石，一窺山水虛靈之美，不妨著眼前人詠嘆的名勝，加以變化。以棄生遊南投二坪山所作〈二坪山徑見蝶〉為例：

> 巖磴迴環一線微，七盤欲盡見朝暉。
>
> 青山首夏猶含笑，黑蝶如花繞路飛。〔註77〕

二坪，地名，在南投縣水里鄉二坪山。日治時期明治三十八年（1905 年），棄生偕其友朋及兒侄輩往遊日月潭，途中遊歷過此地。尋幽訪勝不辭行旅艱苦，道路迂迴，末二句寫乍見美景的心情，情景交融。他〈遊珠潭記〉一文則云：「上山少半，得平坦一方，有田，有園，有澗者，曰二坪也。再上則與夫傴僂，膝及頸矣。山徑黑蝶如錦，金蟬聲如銅絃，山花如繡，眾鳥如奏樂，峻險間有足怡情者。」刻意經營蟲鳥物態聲色，以襯托遊山心境之悠閒。此詩印證昭和三年（1928 年）七月二十日，日本博物學家鹿野忠雄旅行埔里所見之蝴蝶。〔註78〕洪氏寫黑色臺灣鳳尾翼蝶，詩作來自直覺的把握，以知性感通，使人置身物之中，與其獨特性相貼合，加以深化再創造，最能表現棄生佇興而就、翻空出奇的本領。此須抓住靈思充溢，意境現前的最佳時間，筆揮灑酣暢，否則過即氣餒。

至於「平中見奇」說，印證詩文意象，畫龍點晴之妙境，例如學者朱光潛強調文藝作品是舊觀念的新綜合，精采在其綜合面。以王昌齡〈長信怨〉為例：

> 奉帚平明玉殿開，且將團扇暫徘徊。
>
> 玉顏不及寒鴉色，猶帶昭陽日影來。

朱說前二句很平凡，但無此二句描寫榮華冷落的情景，便顯不出後二句的精采。前二句畫龍，後二句點晴，平中見奇。秦觀詞〈踏莎行〉前半闋云：

> 霧失樓臺，月迷津渡，桃源望斷無歸處。可堪孤館閉春寒，杜鵑聲
> 裡斜陽暮。

朱說從人事之中插入物景，顯得天然生成，互相烘托，益見其美，端在情感上的和諧。可說是平常意象的不平常綜合。〔註79〕田同之《西圃詩說》云：「詩

〔註76〕洪棄生著，《八州遊記》（南投：台灣省文獻委員會，1993），頁 67。

〔註77〕同前註，《寄鶴齋詩集》，頁 261～262。

〔註78〕鹿野忠雄著，楊南郡譯註，《山、雲與番人——台灣高山紀行》（台北：玉山社出版公司，2000），頁 234～235。

〔註79〕朱光潛著，《談美》（台北：金楓出版公司，1987 年 8 月初版），頁 89～91。

中無所為奇，即有奇可矜，亦遇物而見。猶夫三江、五湖，平漫千里，因風石而奇耳，豈強造哉！」學者張健闡述「遇事而見」之奇，「不同於標新立異，強造之奇。乃合乎自然的法則，遇實物實景實情實事而出之奇，便足珍貴。」〔註80〕棄生此種作品如〈東北堡諦視徂徠山〉云：

> 遠有新甫柏，近見徂徠松。長途獲名勝，宛與佳客逢。山頭暮雲起，
> 山下夕陽封。山中有佳處，玲瓏（峰名）獨秀峰。谷中有流水，紫
> 源鶴灣通。古時棲亦逸，言在竹溪東。尤徠有三老，慎勿居樊崇。
> 疊嶂自屼屼，石峪自重重。惜近泰山路，不免壓岱宗。車行犖确間，
> 仰首青芙蓉。

徂徠山在今山東泰安市東南四十里。山多松柏，《詩經・魯頌・閟宮》「徂來之松，新甫之柏。」〔註81〕獲此名勝，如逢佳客，可解長途之疲憊。玲瓏、獨秀等峰，紫浦、鶴灣諸勝，為山中佳處。唐玄宗開元年間，李白與孔巢父、韓準、裴政、張叔明、陶沔會徂徠山，酣飲縱酒，號竹溪六逸。〔註82〕漢赤眉帥樊崇保此，號尤徠三老。然而《後漢書・劉玄劉盆子列傳》謂樊崇傳入太山，自號三老，無「尤徠」二字。棄生以映襯法，寫此山疊嶂屼屼，石峪重重，遠見泰山，兩下相形，徂徠猶如一培塿，為岱宗所壓。〔註83〕細寫遠山近峰，又合寫沿途所見，因車途所見多犖确，徂徠、泰山如青芙蓉峰峰聳立。描寫合乎自然的法則，加上車途行進的流動視野，遇實物實景實情實事而出之奇，可謂平中見奇。

此外，所謂「以古為新」、「化生為熟」，例如薩伊德強調文本總是被所有後來讀者所擴展。詩人文士運用典故而賦予新意，例如黃庭堅「奪胎換骨」法，錢鍾書所謂「以古為新」、「化生為熟」，即「人所曾言，我善言之；放翁之以古為新也。人所未言，我能言之，誠齋之化生為熟也。」等方法都可以印證。〔註84〕

例如棄生乘舟溯長江過安徽省，遊覽蕪湖、銅陵、樅陽江、安慶市等地。遊安徽蕪湖縣，春秋時為吳鳩茲邑，漢置蕪湖縣，屬丹陽郡，後漢因之。縣

〔註80〕張健著，《詩話與詩》，頁287。
〔註81〕屈萬里著，《詩經詮釋》（台北：聯經出版社，1983年），頁610。
〔註82〕李白著，瞿蛻園校注，《李白集校注》，頁1752。
〔註83〕《八州遊記》，頁202。
〔註84〕愛德華・W・薩伊德著，李自修譯，《世界・文本・批評家》（北京：三聯書店，2009年），頁281～282。張高評著，《王昭君形象之轉化與創新：史傳、小說、詩歌、雜劇之流變》（台北：里仁書局，2011年12月），頁300。

西北有赭山，山色純赤，古丹陽郡因此得名。縣西有螺磯，上有靈澤夫人祠，俗傳以爲劉備夫人，即孫權妹。縣東南有清弋江，即清水也。〔註85〕王士禎〈螺磯靈澤夫人祠〉云：「霸氣江東久寂寥，永安宮殿莽蕭蕭。都將家國無窮恨，分付潯陽上下潮。」蕪湖自明代即因產米，以運河北貢京師而成爲大都市。王士禎詩對照現實繁華，詠史別見滄桑。棄生來遊時，因交通動線變遷，蕪湖繁華不再：

> 蕪湖之名噪天下，蕪湖之米溢東南，余意即不及下關，亦當不讓京口，乃今見之江步之淒涼如此，城市之不整如彼，遠近雖有大室，望處多半損壞，殊不見富庶之實，迨近夜浸江燈火，臨水人家，山色樹色，雜波光而上下，舟行稍遠，迴看昏黃深點裡，有大江茫茫，人煙杳杳，又勝似黃子久一幅富春圖。……蕪湖有青弋江，承石埭、太平（此寧國太平縣）、旌德、涇縣諸水，由是入於大江，故汪洋可觀。蕪湖江中有螺磯，有靈澤夫人廟，螺，老蛟也，磯下有穴深巨測，螺所居也，靈澤夫人，孫權妹而劉先主夫人也，先主敗螺亭，而夫人死於此也。咸豐十年四月，湖北江南水軍合攻梟磯冠屯，即螺磯也，惜舟子不能指其處。

棄生〈過蕪湖三首〉云：

> 隱隱螺磯廟，迢迢謝尚城。一江燈火浸，兩岸夜潮生。（其一）
> 雄緊臨江縣，蒼茫極浦秋。何時過北岸，一水入廬州。（其二）
> 遠浦分吳楚，橫流自古今。赭山山色近，清弋一江深。（其三）

其一詠螺磯廟及蕪湖，晉謝尚曾鎮此，故名謝尚城。但見兩岸夜潮湧生，巨浸中燈火映輝。其二言此縣爲雄鎮緊要之臨江縣地。「蒼茫極浦秋」中，溯舟入廬州。其三言此地爲吳頭楚尾。「橫流」以喻戰亂。咸豐十年（1860 年），湘軍水師破太平軍於螺磯，〔註86〕即在此。末見赭山山色已近，兼詠清弋江。含蓄婉諷，所謂「以古爲新」、「化生爲熟」。

〔註85〕和珅奉敕撰，《欽定大清一統志》（《景印文淵閣四庫全書》第 475 冊。台北：商務印書館，1983 年 10 月版），頁 655、658～660。

〔註86〕國史館編，《清史稿校註》（台北：國史館，1989 年 9 月），頁 10136，〈楊岳斌傳〉。

第三章 旨 趣

　　《八州詩草》以詠懷古跡詩及山水詩爲大宗，偶有酬贈之作。而懷古詩藉古諷今者，可視爲廣義的諷諭詩。本文參酌《八州遊記》之內容，以闡發、分析《八州詩草》詩作之題材，可分爲三大類：諷諭詩、懷古詠史詩、山水詩。歸納其旨趣如下：

第一節　三大都市，租界林立

　　上海是洪棄生大陸八州旅遊的首站。民國十一年（1922 年）九月十二日上午十一時，棄生偕其次兒炎秋，在基隆乘船往上海，翌日抵達吳淞口。至九月二十五日往遊崑山等地。於九月二十八日夜返上海。二十九日、三十日大雨。十月一日猶不晴，炎秋病起。二日小晴，棄生病。三日晴，棄生強起。停留期間，與諸文友歡聚，遂託王澹然代料理印刷文集《寄鶴齋文䜌》，並託王君匯兌四省銀券，以遊安徽、江西、湖南、湖北之用。十月七日，乘滬寧縣火車離此赴鎮江。〔註1〕

　　武漢市，今湖北省省會，全省政治、經濟、文化中心，爲長江中游最大的水陸交通樞紐。市區由武昌、漢口、漢陽組成。是年十月二十六日夜十二點，棄生抵此，停留五日後始離去。

　　是年十一月二十三日，他乘火車北上經天津西站。遊畢北京諸名勝後，於十二月十一日午後回到天津。翌日，登船。十三日開船，行海河經塘沽、大沽出海。以上三都市，因清末對外不平等條約而開埠，以致租界林立。

─────────────

〔註 1〕《八州遊記》，頁 2、5、15。

－109－

一、大陸八州旅遊的首站──上海市

上海原是黃浦江、吳淞口的小漁港，名滬瀆，簡稱滬。唐代，浦東及虹口以北叫滬海或華亭海。晚唐至宋，上海已是海上貿易繁華地。明世宗嘉靖年間，中國海上倭寇猖獗，上海海商和海盜糾葛互利，以突破政府的海禁，進行貿易。上海人善於從事海上貿易，從海外引進棉種，發展棉紡業，元末已是全國的綿紡織業的中心。近代上海的鉅變，始於鴉片戰後，清廷依南京條約開放五口通商。道光二十三年（1843 年），上海正式開埠，川流不息的外國人湧進上海租界。太平天國的動亂，大量難民遷居上海。上海以廉價的勞工、得天獨厚的原料市場，吸引外資和外國先進的科技，在二十世紀二〇年代，其紡織業、麵粉業、造船技術極發達。三〇年代，已成為國際化都市。而上海公共租界，英譯中名為「上海國際居留地」（The International Settlement of Shanghai），始於 1843 年，是外國勢力下的半殖民地，烙印著中國人的恥辱感。〔註2〕

棄生〈送客上海三首〉云：「地是中原邇，居偏外國環。華夷人語雜，未是好家山。」〔註3〕批評外國人環據上海，風氣雜染，不復純樸。民國十年（1921 年）三月二十二日到七月十二日，日本作家芥川龍之介（1892～1927 年）來大陸旅遊。在上海期間，特地拜訪國學大師章炳麟。芥川龍之介稱上海的社會風氣很壞，是中國首屈一指的「罪惡之都」，此因聚居著來自世界各國的人。小偷、賣淫、吸鴉片等已司空見慣。他也見識上海藝妓唱著西皮調的汾河灣，由一旁男子拉胡琴扮奏，或自彈琵琶。〔註4〕棄生〈舟至上海租界書所見二首〉云：

> 遙從海外入吳淞，空際樓臺目未逢。
>
> 僥休無人非轟耳，猙獰有國似穿胸。
>
> 三山海市浮妖蜃，一路珠宮動睡龍。
>
> 雷輥電鞭長震地，果然萬派此朝宗。（其一）
>
> 淼淼吳淞遠接天，五洲通後竟無邊。
>
> 祇今黃歇為洋鬼，自昔孫恩亦水仙。

〔註 2〕于醒民、唐繼無著，《近代化的早產兒──上海》（台北：久大出版社，1991 年 6 月初版），頁 69～81。

〔註 3〕《寄鶴齋詩集》，頁 345。

〔註 4〕芥川龍之介著，陳生保、張青平譯，《中國遊記》（北京：北京十月文藝出版社，2005 年），頁 31～61。

海上魚龍驚不夜，江中蛟虯聚成淵。

此間應有桃源地，安得長河洗濁涎。（其二）

其一頷聯以《山海經》中的聶耳、穿胸國形容「洋鬼」。上海古爲春申君黃歇封地，又稱爲「申」。孫恩爲東晉海寇，數掠滬瀆，後投海自沈，其黨及妾謂之水仙，投水從死者百數。〔註5〕古代之上海苦於海盜侵擾，近代入侵者爲洋鬼。然而十里洋場，宛如宮殿。這座浮滿妖蜃的三山海市，猶如明珠，如中國這條睡龍的驪珠。棄生遊上海中「妖蜃」一詞，指人各種貪癡愛恨情欲的化身，此種譬喻已習見於古典小說如《聊齋誌異》等，且化爲主角，蠱惑凡人。又以《楚辭・招魂》以中央爲樂土的寫法，將東西南北四土描寫多兇頑危險之物；以中國爲樂土，批判西方列強如四夷。雷輥雷鞭長震地，指交通發達，迅急且震天動地。其爲長江流域的總吞吐口，中國最大商港，有萬派朝宗之氣勢。不夜笙歌，常驚魚龍；江淵沈沈，如有蛟虯，指其龍蛇雜處。棄生惡其惡濁，冀挽長河以淨洗之。

　　他此行與上海素未覯面的友人倪承燦（軼池）、王植（澹然）相會，將其《寄鶴齋文讌》託友鐫刻。倪承燦識棄生之始，在民國八年（1919 年）創辦中國寰球學友會，辦〈友聲日刊〉作爲文藝學術發表園地。棄生因投稿而與之結文字交。〈友聲日刊〉（即〈友聲日報〉）於民國八年（1919 年）九月二十四日改爲〈薄海同文學會機關報〉，薄海同文學會招集人即王植（澹然）。倪承燦、王植所創辦的報紙皆曾刊登棄生文稿，此次東道，又受託鐫刻《寄鶴齋文讌》，且爲作序，可見情誼篤厚。〔註6〕

　　棄生說「猶太人之哈同園、黃浦灘之西人公園，雖龐然大觀，然彌繁彌俗。」誠如記者徐尙禮報導，猶太人之哈同園見證曾經在上世紀三〇年代縱橫上海的猶太人。猶太巨富哈同的遺產，一九一〇年竣工的「愛儷園」（哈同花園）已被拆除，舊址是現在的上海展覽館。哈同是最早來到上海的是所謂的「塞法迪」猶太人，他們是上海最富有的洋商。一八四三年上海開埠，外灘成爲英租界，兩年後，「塞法迪」猶太人大衛・沙遜在上海設立了沙遜洋行上海分行，其後同屬「塞法迪」猶太人的哈同、嘉道理陸續來到上海，揭開近代猶太人移居上海的序幕。「塞法迪」猶太人原是被西班牙驅趕出來的猶太

〔註5〕唐房玄齡等撰，《晉書》（台北：鼎文書局，1980 年 3 月初版），卷 100，〈孫恩傳〉。

〔註6〕孟兆臣著，《中國近代小報史》（北京：社會科學文獻出版社，2005 年 10 月），頁 309。《寄鶴齋駢文集》〈寄鶴齋文讌序〉。

人，後來泛指從地中海沿岸，西亞、北非外移的猶太人。今天伊拉克民不聊生，但顯赫的沙遜、嘉道理、哈同都是從巴格達來的。〔註7〕

棄生又說上海的劇場：「偌大舞臺、新舞臺、新世界、大世界等，劇色雖多，俗不可耐，故兒輩數與臺灣遊學生往觀，余從未一往。」棄生云：

> 上海本華亭縣水村，當吳淞江、黃浦江之匯，爲江海之舟所出入，宋時始置市舶司，元至元間始置縣，入清朝猶未甚盛。自道光有租界以後，西洋之舟，來者日多，遂爲東西交通孔道。東北如牛莊，東南如寧波、溫州、福州，海上之利，並爲所奪，故市場爲東南之最。然奇詭之物，淫靡之風，輸入珠江流域者自香港，而輸入揚子江流域者即自上海也。〔註8〕

誠如學者李歐梵的研究，三○年代的上海已是世界主義的城市，聯結中國和世界其他地方的文化斡旋者。世界主義是殖民主義的副產物，但上海許多中國作家和翻譯家將西方文化介紹到中國，書籍運送線把許多城市緊緊聯繫起來：上海、香港、天津、橫濱、新加坡、新德里和孟買。李歐梵引列文森（Joseph Levenson）的觀察，認爲鄉土化和世界主義如硬幣的翻轉，一是世故的臉，一是向外看的好奇心和求索。但列文森認爲儒家主張的「大同世界」本質上是世界主義，卻被急於對外開放的五四知識份子處理得太鄉土化，帶著羞怯的天眞。李歐梵對列文森的輕視不以爲然，卻肯定三○年代上海作家施蟄存編的雜誌《現代》對西方文學的譯介。〔註9〕

棄生是主張「中體西用」、「大同世界」的儒家學者，雖不滿上海的奇詭奢靡，但上海報業的發達使其作品得以刊登和出版，相較施蟄存等現代作家，他的作品偏「鄉土化」，世故卻又深切坦誠，反省中國的種種問題。

二、軍閥統治下的武漢

三國時，吳主孫皓徙都武昌，陸凱上疏諫云：「又武昌土地，實危險而墝确，非王都安國養民之處，船泊則沉漂，陵居則峻危。且童謠曰：『寧食建業水，不食武昌魚；寧還建業死，不止武昌居。』臣聞翼星爲變，熒惑作妖，

〔註7〕 《八州遊記》，頁5。徐尚禮報導，〈上海的猶太人〉，（北京：中國時報，2002年12月8日星期一），A12版。

〔註8〕 《八州遊記》，頁4～5。

〔註9〕 李歐梵著，毛尖譯，《上海摩登：一種新都市文化在中國1930～1945》（香港：牛津大學出版社，2000），頁292～293。

童謠之言，生於天心。乃以安居而比死。足明天意，知民所苦也。」〔註 10〕可見河鮮如武昌魚，早就是武漢人餐桌上不可少的佳餚。棄生〈自岳州巴江水破曉至武昌望漢陽入漢口即目〉云：

> ……漢陽武昌夾岸長，東西南北控中央。安得江神一起鞭石梁，聯絡二十二省成一疆。朝軔大秦暮扶桑。嗚呼！我歌未罷開曙光，天蒼蒼兮江茫茫，願乘槎兮出大荒。

湖北是「千湖之省」，武漢是「百湖之市」，「僅主城區就有四十個湖泊；其中東湖區三十三平方公里，是中國大陸最大的城中湖。」如今武漢三鎮中，武昌是文化中心，漢口是大陸內陸的商貿中心；而奠定中國近代工業起源的漢陽，則成為聞名海內外的製造業基地。〔註 11〕武漢地位處中國之中央，形勢險要。棄生援引神話，願借石梁以聯絡二十二省，團結以擊列強。喻外夷為大秦、扶桑，用《左傳·僖公三十二年》卜偃謂「將有西師過軼我」之典故，〔註 12〕亦暗諷西方列強與日本。歌罷而曙光早開，然天猶蒼蒼江猶茫茫，末句因有包荒競業之心情。

三、門戶洞開的天津、北倉、塘沽、大沽等地

　　天津市正處於海河及其五大支流——白河（北運河）、永定河、大清河、子牙河和衛河（南運河）的匯合處。為從海上進入北京的門戶。目前是僅次於上海、北京的第三大城市和沿海的重要海港。金、元時稱直沽寨，為漕糧河運的轉運港口。明成祖改名為天津。明、清兩代仍以轉運漕糧為主。咸豐十年（1860 年）英法聯軍之役後，簽訂「北京條約」，開放天津為通商口岸。光緒二十六年（1900 年），八國聯軍攻占天津，拆毀城牆。戰後英、日等九國在此設租界，盤踞海河兩岸，不僅把持了航運要道，並控制從海口通往北京的戰略要衝。〔註 13〕〈停天津驛即目〉云：

> 北通南運匯崇閭，舟楫輪蹄此海濱。
>
> 七十二沽何處認，繞河星火是天津。

〔註 10〕 晉陳壽撰，宋裴松之注，楊家駱主編，《新校本三國志注附索引·吳志·潘濬陸凱傳》（台北：鼎文書局，1997），頁 1401。

〔註 11〕 〈九省通衢——登黃鶴樓，遠眺武漢三鎮〉，《聯合報》A12 版「兩岸城市巡禮」，2013 年 1 月 6 日星期日。

〔註 12〕 楊伯峻著，《春秋左傳會注》，頁 489。

〔註 13〕 王育民著，《中國歷史地理概論》下冊，頁 700～723。

天津由白河北通北京。五口通商後，每年七、八月間，總有一、二百隻閩、廣洋船南來，從大沽口入天津，停泊在三岔口一帶。〔註14〕或由運河南運貨物至江、淮，可謂「北通南匯」，為一大崇閭。舟楫輪蹄於此海濱港市。白河即古沽河，匯於天津，故天津之地，多以沽名，如葛沽、丁字沽等，古有七十二沽之稱。「繞河星火」，形其繁華。

此外，〈自三岔口過租界下海河行百餘里中經塘沽大沽出海〉云：「鐵路到遼東，榆關若指掌。再行到大沽，海闊天氣爽。砲臺皆已夷，門戶長開放。回首承平時，不堪入夢想。」京奉鐵路經此出關，使關內外連成一氣，若指掌相應。大沽砲台已毀，門戶不啻洞開。棄生回首承平鼎盛，憂思不堪入夢。惟見夜深繁燈，海上眾星列布。

棄生不滿西方列強的殖民，與他深受日人殖民苛政的苦痛經驗有關，他以蛟蚓淵、妖蜃海市比喻上海之惡濁；貶抑洋人為聶耳、穿胸國人，因民族之恥辱而興諷。將中國比喻為睡龍，寓責備於詆毀。以「黃歇」「孫恩」為借代詞，用典適切。援引神話意象，發無聊之想。嘆軍閥之割據，不能聯合以禦外侮，末以景作結，隱然有競業包荒之志，意態飛動中不失含蓄。詠天津以「異風多」、「不見」海防山等雙關語婉諷門戶之洞開。詠塘沽海口，燈火、眾星兩意象錯置，隱喻國家急需導引，由寫景而入於象徵。

第二節　江河變遷，再三致意

古今江河之變遷，乃棄生在《八州遊記》中再三致意者。洪棄生八州之遊，於江河遷變之大關鍵，尤再三致意。民國十一年（1922 年）十一月五日，乘京漢線火車過河南長臺關，詠淮水。十一月十四日，火車過泗水橋，詠泗水。十五日過大汶河，詠之。十一月十七日至濟南，二十三日乘津浦線火車出濟南，過黃河橋，詠黃河。過樂口橋、晏城詠古濟水。過禹城縣、平原縣、陵縣等地，考證〈禹貢〉九河故道。過黃河崖詠古黃河。過德州詠衛河及南運河。過吳橋縣、東光縣、泊頭鎮、滄州城詠古滹沱河及徒駭口。過馮家口、磚河驛詠馬頰河故道。二十九日乘京綏鐵路過沙河及榆河，遊盧溝橋，詠渾河。〔註15〕這些水道不修，歸咎軍閥割據互鬥。軍閥割據事，拙著《臺灣古

〔註14〕 王洸著，《中國海港誌》（台北：中華文化出版事業委員會，1954 年 6 月再版），頁 724。

〔註15〕 《八州遊記》，頁 1、178、199、203、230～236、274。

典詩家洪棄生》分爲「軍閥割據，民不聊生」；「嘆書院隳廢，儒教衰微；風土皆痍，匪亂頻仍。」已論述，此不贅。

一、泗水、大汶河

　　古泗水源自今山東泗水縣東南。《博物志》謂泗水出陪尾，即《禹貢》之陪尾。泗水西南逕曲阜東北，分爲二流，北爲洙水，南爲泗水。洙水又源自汶河。泗水則又西過滋陽縣東北，〔註 16〕入江蘇省境，至淮陰入淮。後銅山縣以南，悉爲黃河所占。明萬曆二十二年（1594 年），又開迦河以避黃河水險，由是泗水乃合迦河，以入運河，不復入淮。古泗水在南，洙水在北；清代則泗北洙南。洙水經滋陽縣，至濟寧，會泗水入運河。〔註17〕〈北過大泗橋〉云：

> 上源發陪尾，下流至嶧陽。汶泗汪汪合，河聲大野荒。

火車抵兗州府（今兗州市）前，過一長橋約三、四百步，河中水亦多，爲泗水之正流。〔註 18〕其上源發陪尾，下流至嶧陽。洙與沂二水自此入泗，泗河西流爲運河。古汶河支流洸河注入泗水，今汶河則下注運河。汶水出泰安縣萊蕪縣仙臺嶺之南，棄生言汶水自古以來，爲山東大水，故《禹貢》之道浮於汶而達於濟。〔註 19〕徵考康熙四十二年（1703 年）泰安州泉圖，徂徠山下包括滄浪溝泉諸泉皆入匯萊蕪汶水。〔註 20〕汶泗皆流入運河，汪汪貫流於山東荒野。〈過大汶河至大汶口〉云：

> ……左右合諸汶，溟渤發大漚。波能挾黿鼉，勢可躍蛟虬。至此見溯洄，滔滔難翕收。一涌下運河，千里行巨舟。禹時循茲水，由濟達翼州。至今流不窮，天潢灌上游。火車馳鐵梁，臨之懾陰溝。

棄生乘火車，過山東柴汶、小汶、大汶河鐵橋。大汶河合諸汶水，溟渤發大漚。溯洄之勢，令人追思大禹治河導水之功。《尚書‧禹貢》云：「浮于汶，達于冀。」如今汶河下涌至運河，有航運灌溉之利，無懼黿鼉水蛟爲害，肇劃纘功始自大禹。

〔註16〕楊守敬、熊會貞疏，《水經注疏》（江蘇：江蘇古籍出版，1999 年 8 月第二刷），卷 25。

〔註17〕和珅等撰，《欽定大清一統志》（《景印文淵閣四庫全書》第 477 冊〈史部‧地理類〉。台北：商務印書館，1983 年 10 月初版），頁 548～549。

〔註18〕《八州遊記》，頁 187。

〔註19〕《八州遊記》，頁 200。

〔註20〕天津圖書館編，《水道尋往：天津圖書館藏清代輿圖選》（北京：中國人民大學出版社，2007），頁 77。

二、古濟水、淮水、黃河

濟水最早之記載見《尙書‧禹貢》「導沇水，東流爲濟，入于河。」源於河南濟源西北王屋山。在黃河南面的，古稱「河南之濟」；在黃河北面的，叫「河北之濟」。河南之濟爲黃河支津，與河北之濟無關。古人卻玄想出三伏三見說。故歷下凡發地皆是流水，世傳濟水經其下。〔註21〕棄生認爲「濟南地中到處有泉灢出，溢而成渠，最大者趵突泉，流爲灢水，入小清河。故昔人謂濟南爲濟水伏行之地，殆非虛也。」〔註22〕濟水伏行濟南之說，係襲曾鞏舊說而誤。

曾鞏於熙寧五年（1072年）知齊州軍事，作〈齊州二堂記〉。齊州、州名，春秋齊地，漢爲齊郡，北魏置州，唐宋因之，治所在歷城（今山東濟南）。轄境相當今濟南、歷城、章丘、濟陽、禹城、濟河、臨邑等縣地。宋徽宗政和中，升爲濟南府。此地臨灢水，水源出濟南市西南，東流爲小清河，北流入濟水，俗名娥姜水，以泉源有舜妃娥英廟故也。曾文據《史記‧五帝紀》謂「舜耕歷山」，考定「則圖記皆謂齊之南山爲歷山，舜所耕處，故其城名歷城，爲信然也。」文又云：「而自崖（渴馬之崖）以北，至於歷城之西，蓋五十里。而有泉湧出，高或至數尺，其旁之人，名之曰『趵突之泉』，齊人皆謂嘗有棄穫於黑水之灣者，而見之於此。」〔註23〕棄生襲曾鞏舊說，其〈濟南雜詠八首〉其三云：

> 濟源灢水漢如潮，歷井雖湮（歷山舜井）舜井饒（城中舜井）。
> 七十二泉何最好，城中尋過鵲華橋。〔註24〕

此遊濟南，過城中鵲華橋訪趵突泉。棄生誤認濟源漢湧爲泉。舜井在今歷山下，久已湮。濟南城之舜井則饒富水源。

兩漢三國時，濟水自成皋縣北（今河南氾水西）北從黃河分出，流至今濟南市的灢口鎮，大略與今黃河所經之路線相同。〔註25〕灢口爲灢水入大清何處。古濟河由灢口向東至海一段，今爲黃河。自汶口至灢口一段，則爲大清河，濟水今已不存。今灢口爲入黃河之口，始於咸豐五年（1855年），黃河決蘭陽銅瓦廂，由大清河出海，棄生誤爲咸豐三年事。〔註26〕

〔註21〕 王育民著，《中國歷史地理概論》上冊，頁86～89。
〔註22〕 《八州遊記》，頁203～205。
〔註23〕 黃鈞等注譯，《新譯古文辭類纂》，頁3275～3278。
〔註24〕 《八州詩草》，頁66。
〔註25〕 王育明著，《中國歷史地理概論》上冊，頁90。
〔註26〕 王育民著，《中國歷史地理概論》上冊，頁92。國史館編，《清史稿校註》（台北：國史館，1991年6月初版），卷133，〈河渠志〉。

　　棄生此遊由河南省長臺關過淮水，河南長臺關又名長樂關，在信陽縣北，
〔註27〕有淮水所經鐵路橋。〔註28〕淮水在此尚屬細流，至安徽省壽縣和正陽
關間，北合穎河乃大。〔註29〕西元十二世紀，黃河奪泗入淮後，黃河泥沙，
墊高了淮河下游的入海故道，河、淮交會的清口淤塞，下流不暢，洪水倒灌，
洪流匯聚，連成一片，洪澤湖由此形成。〔註30〕棄生〈長臺關過淮水〉云：

> 淮水出胎簪，湯湯一川澮。吸噏汝穎流，遂爲眾川最。浩浩正陽關，
> 淮域廣無外。汶泗雖變遷，淮流自洪沛。黃河任北徙，獨專入海大。
> 豈知長臺間，斂約不自汰。四瀆匹江河，濟水爲涔蓋。我作淮滿歌，
> 導淮今誰賴？遠遠洪澤湖，恐有蛟龍害。

《水經》謂淮水出南陽平氏縣胎簪山，東北過桐柏山，〔註31〕本湯湯如一川
澮。在安徽穎州汝口北合汝水，又北合穎水（即穎河）後，方成巨流。〔註32〕
明代爲捍禦淮水東侵，在洪澤湖東築堰。由於黃河的泥沙淤積，湖盆逐漸變
淺，使此湖成爲「懸湖」。淮河幹流受湖水頂托，一到汛期，幹支流同時漲水，
往往引起倒漾，再加上淮河橫向擺動，泥沙淤積河床，幹支流匯合的低窪處
便逐漸阻水成湖。今淮河南岸霍丘縣的城西湖、城東湖，壽縣以南的瓦埠湖，
淮南市以東的高塘湖，嘉山縣以北的女山湖，鳳陽縣東部的花園湖，以及淮
河北岸五河縣境的沱湖、香澗湖等，都是由此而形成的。〔註33〕

　　穎水於正陽關入淮，流域「廣無外」，指上述淮河中游幹支流匯合處諸湖
形成之地貌。汶、泗受黃河侵奪而屢變遷，惟淮水洪沛依舊。清咸豐五年（1855
年），黃河北徙，獨專入海，淮水不再受其影響。然長臺間尚爲細流，因云：
「斂約不自汰」。四瀆中之濟水，早因黃河之侵奪而湮滅。如今惟淮水可匹長
江、黃河。棄生作淮滿歌吟，亟待導淮去患。因黃河雖改道北徙，洪澤湖湖
底不再爲黃河的泥沙所淤澱，但已一般高於海面 9.5 米。民國二十年（1931
年），淮河流域發生大水，洪水沖破洪澤湖堤，使整個江蘇江北運河以東的裏

〔註27〕和珅等撰，《欽定大清一統志》（《景印文淵閣四庫全書》第 477 冊〈史部・地
　　　　理類〉。台北：商務印書館，1983 年 10 月初版），頁 403。
〔註28〕《八州遊記》，頁 131。
〔註29〕牛汝辰編，《中國地名由來詞典》，頁 483。
〔註30〕王育民著，《中國歷史地理概論》上冊，頁 113。
〔註31〕楊守敬、熊會貞疏，《水經注疏》（江蘇：江蘇古籍出版，1999 年 8 月第二刷），
　　　　卷 30，〈淮水〉，頁 2493。
〔註32〕《八州遊記》，頁 131。
〔註33〕王育民著，《中國歷史地理概論》上冊，頁 114、116。

下河地區淪爲魚鱉。〔註34〕「遠遠洪澤湖，恐有蛟龍害。」棄生當日之杞憂，他日竟然夢魘成眞。

至於中國歷代黃河河患，先從徐州一地說起。徐州自古爲汴泗交流之地，素少水患，迨黃河南徙，出其城下，而水害乃日劇。然黃河入淮，尙分數道。一自歸德（清置府，轄今河南商丘市、寧陵縣等地）至宿遷（今江蘇宿遷市），曰白河。一自睢州（今河南睢縣）經亳州（今安徽亳州市）、懷遠（今安徽德遠縣）入淮，曰渦水。一自榮澤（今河南滎陽市南）經中牟（今河南中牟縣）至壽州正陽鎮（今安徽壽縣附近）入，曰潁水。一自開封（今河南開封市）至徐州（今江蘇徐州市）小浮橋，曰汴河。明弘治間渦水及潁水等源湮，而徐州乃獨受其害。棄生此處誤將潁水作渦河。〔註35〕

自宋太宗太平興國八年（983 年），黃河大決滑州（今河南滑縣），東南流至彭城（今徐州市）界入于淮。熙寧十年（1077 年）的農曆七月十七日，黃河在澶淵（宋湖泊名，在今河南濮陽西）決口。八月二十一日，水及彭城下。蘇軾時爲彭城守，自八月二十一日至九月一日，因親率官吏，驅督兵夫，救護城壁，一城生齒并倉庫廬舍，得免漂沒之害。後又創木岸四，塞城門以禦水。幸賴前有所備，又能臨難急賑救濟，徐人始倖免於難，得能不盡爲魚鱉。子城的東門，當水之衝。蘇軾將城門擴大，護以磚石，城門上建一大樓，名之曰「黃樓」。堊以黃土，曰：「土實勝水」。蘇軾〈答呂梁仲屯田〉云：

　　亂山合沓圍彭門，官居獨在懸水村（呂梁，地名。）。

　　居民蕭條雜麋鹿，小市冷落無雞豚。

　　黃河西來初不覺。但訝清泗流奔渾。

　　夜聞沙岸聞甕盎，曉看雪浪浮鵬鯤。

　　呂梁自古喉吻地。萬頃一抹何由吞。

　　坐觀入市卷閭井，吏民走盡餘王尊。

　　計窮路斷欲安適，吟詩破屋愁鳶蹲。

　　歲寒霜重水歸壑，但見屋瓦留沙痕。

　　入城相對如夢寐，我亦僅免爲魚黿。

　　旋呼歌舞雜詼笑，不惜飲釂空餅盆。

〔註34〕 王育民著，《中國歷史地理概論》上冊，頁 114。
〔註35〕 《八州遊記》，頁 176。岑仲勉著，《黃河變遷史》（北京市：人民出版社，1957
　　　　年 6 月），頁 530～531、546～547。

念君官舍冰雪冷，新詩美酒聊相溫。

人生如寄何不樂，任使絳蠟燒黃昏。

宣房未築淮泗滿，故道湮滅瘡痍存。

明年勞苦應更甚，我當奮鋪先黥髡。

付君萬指伐頑石，千鎚雷動蒼山根。

高城如鐵洪口快，談笑卻掃看崩奔。

農夫掉臂免狼顧，秋穀布野如雲屯。

還須更置軟腳酒，爲君擊鼓行金樽。〔註36〕

蘇軾評柳宗元〈南澗中題〉詩清勁紆徐，憂中有樂，樂中有憂，〔註37〕蘇軾此詩所以高妙亦在此。蘇軾爲彭城守，禦水救民，水退後築黃樓事，其弟蘇轍〈黃樓賦並敘〉記熙寧十年此事本末，作於元豐元年（1078 年）八月。黃樓建成時，文中典故引元封二年（西元前 111 年），漢武帝親自到瓠子口，發兵卒堵塞黃河決口，完工後在該地築宮，名「宣房宮」。古人之事，蘇軾親歷身爲，因云：「今夫安於樂者，不知樂之爲樂也，必涉於害者而後知之。」有先之勞之，先難後獲的仁者襟懷。又云：「故吾將與子弔古人之既逝，憫河決於疇昔。知變化之無在，付杯酒以終日。」又超然自適。〔註38〕棄生〈將入徐州城過老黃河橋〉云：

黃河遠自龍門來，東下大梁至此迴。

直挾汴流通長淮，千里莽莽黃雲開。

徐州城下浪如雷，鯤魚黿鼉聲轟豗。

蘇子守徐夜無寐，似築宣房鑿離堆。

黃河南行七百載，永與徐方爲禍胎。

我乃今日過河橋，談笑卻掃千黃能。

溯自咸豐河北徙，河灘早已飛黃埃。

中流雖浸蟄龍窟，兩岸爭起避風臺。

河兮願汝洪流長北去，淮揚不滿徐無災。

我登黃樓望呂梁，清風明月彭城隈。

〔註36〕蘇軾著，《蘇東坡全集》（台北：世界書局，1996 年 2 月初版 7 刷），頁 374、97。李一冰著，《蘇東坡新傳》（台北：聯經出版社，1990 年 3 月第五次印行），頁 252。

〔註37〕柳宗元著，《柳宗元集》（台北：華正書局，1990 年 3 月初版），頁 1193。

〔註38〕《新譯蘇轍文選》，頁 157～166。

考黃河入淮之由，漢武帝元光三年（西元前 132 年），河決於瓠子（今河南濮陽縣南），東南注鉅野（今山東巨野縣），通於淮泗。〔註 39〕宋太宗太平興國八年（983 年），河大決滑州（今河南滑縣），東南流至彭城（今徐州市）界入于淮。神宗熙寧十年（1077 年），河大決澶州（今河北濮陽縣），遂分二派，一合北清河入海，一合南清河入淮。北清河即古濟河，南清河即古泗水，過徐州之水也。越年乃塞決口。至改元元豐四年（1081 年），更築河隄〔註 40〕。金世宗大定二十年（1180 年），宋代的「北流」已經斷絕，河漸南徙，後遂全河入淮。〔註 41〕元順帝至正四年（1344 年），河決白茅隄（今山東曹縣附近），沿及會通、運河，延及濟南（今山東濟南市）、河間（今河北省河間市）。至正十一年（1351 年），上命賈魯為總治河防史，塞北決河，濬南河故道。自封丘（今河南封丘縣）、祥符（今河南開封市）、陳留葛岡（今河南陳留葛岡）、儀封（今河南蘭考縣）黃陵岡、東明（今山東東明縣）、曹縣（今山東曹縣）、虞城馬牧集、鴛鴦口（今河南商丘市附近）、碭山（今江蘇碭山縣）、徐州（今江蘇徐州市）小浮橋及徐州洪（又稱百步洪）、呂梁洪二洪，邳州（今江蘇邳州市）、宿遷（今江蘇宿遷市）、清河（今江蘇淮陰市附近）駱家營會淮入海。〔註 42〕

明太祖洪武二十四年（1391 年），河決原武（今河南原陽縣，在黃河北岸，明之原武在黃河南岸），東經開封城北，東南至壽州正陽鎮，由潁入淮，賈魯故道淤，而會通河亦淤。永樂九年（1411 年），雖濬祥符賈魯河故道，仍是導河南行。迄於明萬曆之潘季馴，清康熙之靳輔，乾隆以後之河臣，均是導河合淮，使不奔潰，即慶安瀾。直到咸豐五年（1855 年），河北決蘭儀銅瓦廂，而後全河挾大清河以入海，而淮始得專其瀆。〔註 43〕徐州之民，無魚鱉患矣。

〔註 39〕 司馬遷著，日本瀧川龜太郎，《史記會注考證》（台北：洪氏出版社，1986 年 9 月版），卷 29，〈河渠書〉。

〔註 40〕 脫脫等撰，《宋史·河渠志》（台北：鼎文書局，1978 年 9 月初版），頁 2259、2284、2286。《八州遊記》，頁 176。

〔註 41〕 岑仲勉著，《黃河變遷史》，頁 415。

〔註 42〕 宋濂等撰，《元史·河渠志三》（台北：鼎文書局，1980 年 3 月初版），頁 1646～1654。岑仲勉著，《黃河變遷史》（台北：里仁書局，1982 年 1 月 15 日版），頁 446～450。

〔註 43〕 《八州遊記》，頁 176～177。萬斯同等撰，《明史·河渠志一、二》，頁 2013～2074。《清史稿校註·河渠志一》，頁 3627～3669。

　　回頭論棄生〈將入徐州城過老黃河橋〉詩，「徐州」二句，「似築」、「談笑」二句檃栝自蘇軾〈答呂梁仲屯田〉。清勁處不讓東坡，而紆徐處或不及。昔日東坡所憂之水患，今日已去。棄生談笑之餘，猶祝佑此郡，襟懷彷彿前賢。棄生爲遊泰山，自濟南復南下，至泰安市。〈將遊岱自濟南復南下西過長清縣〉云：

　　　　疊疊山田路，長清一望間。溪濚琨瑞水，雲護玉符山。石碕司徒邑，
　　　　溪橋玉水皴。碻磝城不見，何處碻磝津。

長清縣東南九十里有朗公山。苻堅時，沙門竺僧朗隱於此，故名。此山爲玉水導源處，玉水又名琨瑞水，水逕玉符山，即方山，亦在此縣東南九十里處，入黃河。長清縣西北荏平縣，古有碻磝城。碻磝，黃河津渡名，在南北朝爲重鎮。〔註44〕春秋齊地石碕，在長清縣東南，乃齊頃公賞司徒邑所。〔註45〕他搭火車離開濟南，火車過濼口即跨黃河橋，七律〈出濟南過黃河橋作〉云：

　　　　作客齊中有客陪，河橋滾滾首重迴。
　　　　千秋砥柱三門出，萬里崑崙九曲來。
　　　　南望徐淮昏墊去，東流青（青州）海尾閭開。
　　　　長虹五百眞懸渡，空際馳驅隘八垓。

棄生濟南之遊有盛北溟、尹仲材作陪。車中見河橋下黃流滾滾，河身重迴。頷聯言黃河九曲，源出崑崙；砥柱乃山名，亦名三門山，在今河南省三門峽市東北黃河中，水流險急，傳說禹治水至此。此聯用典，一言中游以上，一言河源。頸聯上句言黃河下游北徙，徐、淮昏墊既去，已無水患之虞；下句言其尾閭由青州入渤海。末言橋如長虹，懸渡河上。空際馳驅，游目騁懷，不覺八垓頓隘。全詩層次井然，對仗工穩而氣勢雄放。火車北過晏城，爲齊河縣，棄生〈晏城過齊河縣〉云：

　　　　黃河入大清，濟水失青青。古曲傳鴝鵒，西風野井亭。

大清河自濼口以東爲黃河。濟水已不存在，失卻青青之水。齊河縣，漢祝阿地，西有古野井亭，《左傳‧昭公二十五年》公伐季平子不成，出奔野井。齊侯唁公於此。終因內不容於臣子，外不容於齊、晉二國，死于乾侯，果然應驗了「往歌來哭」的鴝鵒讖。

〔註44〕《八州遊記》，頁212。民國楊守敬，熊會貞，《水經注疏》，卷8〈濟水〉，頁
　　　　740、469。
〔註45〕楊伯峻，《春秋左傳會注》，頁796，〈成公二年〉。

三、九河故道

九河之名，首見《尚書‧禹貢》「九河既道」。《爾雅‧釋水》言九河爲徒駭、太史、馬頰、覆鬴、胡蘇、簡、絜、鉤盤、鬲津。〔註46〕棄生訪山東九河故道，〈禹城縣過徒駭河〉云：

> 此爲漯川道，今名徒駭河。高唐山色遠，山下起夷歌。

禹城縣（今禹城縣）在山東省西北部，徒駭河中游南岸。棄生認爲此河乃《尚書‧禹貢》漯水，漢置漯陰縣，在今禹城縣東，南臨此河，漯陰縣在今山東臨邑縣，由此推知。其《八州遊記》云：

> 漯水爲古之巨川，自禹治水後，凡千百七十六年，爲周定王五年，
>
> 而爲大河所據，迨王莽時，大河再東徙，而漯水遂枯。〔註47〕

所言可能有誤。一、漯河是否爲禹所導治，可疑。應是東周定王五年（公元前463年），河徙後在山東分二渠出海，其中一渠。二、王莽時，河雖決徙，但仍由漯水出海，並未枯竭。〔註48〕此古高唐地，《孟子‧告子下》所謂「緜駒處高唐，而齊右善歌。」因詠其事。〈過平原縣城再過馬頰河橋〉云：

> 平野遠千里，西見平原城。是地平原津，祖龍困歸程。韓信下田齊，
>
> 乃渡十萬兵。我過馬頰河，大水當前橫。是爲故篤馬，今蒙禹河名。
>
> 禹蹟幸未湮，汩汩寒波明。鐵橋似懸渡，殷殷凌虛行。俯視河水中，
>
> 長流接海青。

馬頰河，《漢書‧地理志》謂之篤馬河，西漢屯氏別河南瀆，自平原城北，首受大河故瀆東出。漢武帝時，河由館陶衝出一條支河，叫屯氏河。〔註49〕《唐書》、《元和志》謂之馬頰新河。秦始皇三十七年（公元前210年）巡天下，至平原津而病。淮陰侯韓信渡河襲齊，皆棄生經行處，〔註50〕詩因詠之。馬頰河橫前，慶幸禹蹟未湮。汩汩寒波上，火車殷殷如雷，由鐵橋懸渡而過。目送逝水，長流入海。〈平原北過陵縣西〉云：

> 東望盤河店，漢有盤河屯。鉤盤認禹蹟，大河風日昏。

〔註46〕郝懿行著，《爾雅義疏》（台北：藝文出版社，1987年10月四版），頁930。岑仲勉，《黃河變遷史》，頁164。

〔註47〕《八州遊記》，頁232。顧祖禹《讀史方輿紀要‧山東濟南府臨邑縣‧著城》。

〔註48〕岑仲勉，《黃河變遷史》，頁132、144、252、283，王育民著《中國歷史地理概論》上冊，頁52。

〔註49〕民國楊守敬、熊會貞注疏，《水經注疏》，卷5，頁449。

〔註50〕日本瀧川龜太郎，《史記會記考證》，卷6，《秦始皇本紀》及卷92，〈淮陰侯列傳〉。

《漢書·溝洫志》載成帝時，許商上書言九河之名，有徒駭、胡蘇、鬲津，見在今成平、東光、鬲縣中。因推知簡、絜、鉤盤在東光之南、鬲縣之北也。屯氏別河南瀆，過西平昌縣，東入般縣，爲般河，即《爾雅》鉤盤河。〔註51〕自平原而北，右爲陵縣，東有盤河店，即鉤盤河所經地。〔註52〕棄生所見，惟「大河風日昏」。〈過黃河涯亦作黃河崖〉云：

> 不見黃河跡，崖尚黃河名。黃河南徙後，地與舊時平。

今陵縣北之黃河涯，乃宋朝以前老黃河故道。北宋時，黃河屢決，漸南徙。其北流斷流，在金世宗大定十九年（1179年）以前。〔註53〕棄生謂即鬲津枯河，古爲鬲縣地。〔註54〕王莽名之曰河平亭，爲屯氏河故瀆所經地，〔註55〕地平一仍舊日，故云：「地與舊時平」。〈過景州又東過吳橋縣〉云：

> 胡蘇亭下草離離，不見沉瓜泛李時。
> 一水冰流光武渡，九河雲跡許商知。
> 我從西海來東海，路過南皮向北皮。
> 射雉臺荒何處望，泊頭鎮外認滹池。

車過古景州（今景縣）地，北經之地，依序爲吳橋縣、東光縣、泊頭鎮（今泊頭市）。東光縣有禹時胡蘇河，又有胡蘇亭，許商所得三河之一。棄生未見故瀆，想像胡蘇亭荒草離離。泊頭鎮東爲南皮縣，鎮西有漢渤海郡成平縣故城，《水經注》卷十謂衡漳經此，東逕阜城（今阜城縣）南，左會虖池別河故瀆，爲古滹沱河，民曰徒駭。〔註56〕漢光武帝懼不敢渡，王霸詭云冰合，其流之大可知。〔註57〕頷聯上句詠此事，下句詠胡蘇河。頸聯上句之東海爲棄生海上旅程之始途。今又由南皮向北皮。曹丕〈與朝歌令吳質書〉云：「浮甘瓜於清泉，沉朱李於寒水。」〔註58〕即在南皮。又有齊桓公射雉臺，時皆荒矣，滹沱故跡在泊頭鎮，亦不可認矣。〈過馮家口及磚河驛〉云：

> 舊本清池地，曾行馬頰河。村家多古屋，古水半無波。

馬頰河故道約在今河北東光縣北、交河縣南，古滄州（今滄州市）東南。市

〔註51〕楊守敬、熊會貞注疏，《水經注疏》，卷5，頁431、451。
〔註52〕《八州遊記》，頁232。
〔註53〕岑仲勉，《黃河變遷史》，頁16。
〔註54〕《八州遊記》，頁233。
〔註55〕楊守敬、熊會貞注疏，《水經注疏》，卷5，頁438。
〔註56〕楊守敬，熊會貞，《水經注疏》，頁999～1001。
〔註57〕《八州遊記》，頁234～235。
〔註58〕梁蕭統編，《文選》（台北：藝文出版社，1987年6月十版），卷42，頁602。

有馮家口及磚河，磚河本衛河之支河，時已湮涸。《唐書》載滄州清池縣，古河多至十一處，河渠稱之。棄生過一水，多村落不見古隄。〔註59〕故云：「村家多古屋，古水半無波。」〈見滄州城富麗並懷古蹟三首〉云：

> 譙樓連寺觀，一路此岧嶢。渤海誠名郡，恢閎自漢朝。（其一）

> 東爲徒駭口，西有參戶村。何處衛鱄蹟，無人坐木門。（其二）

> 燕國下齊城，城南有盟亭。古墓何人弔，來尋趙武靈。（其三）

滄州市在河北省東部，京杭運河畔，舊稱浮陽，北魏置滄州，東面瀕鄰渤海〔註60〕，漢爲渤海郡。棄生見其「譙樓連寺觀」，市聚富麗，城郭岧嶢，不愧爲恢閎之古漢城。其二之徒駭口指古滹沱河，入衡漳，即濁漳，至此出海，爲古漳水，早已斷瀆。其二詠《左傳‧襄公二十七年》衛侯弟子鮮奔晉，公使止之，乃止使者而盟於河，託於木門。〔註61〕棄生以爲古木門城在滄州市，詩因詠之。但晉國國土未嘗至此，恐不可信。顧棟高謂在河北河間市西北三里，較可信。其三言滄州市盟亭，乃春秋燕、齊二國分界之處，舊城有趙武靈王墓。但趙武靈王墓一說在蔚州（今蔚縣，在河北省西北部，鄰近山西省。）靈丘縣東。〔註62〕趙武靈王胡服騎射以教百姓，趙國遂爲強國。

第三節　險要不守，守備不修

中國關城、港灣要地之守備不修，一旦有警，倉卒間如何應變？棄生因此詠詩諷之。

一、湖北武勝關

湖北武勝關北鄰河南省。〔註63〕武勝關東北有黃峴關，西北有平靖關。西晉時於此置義陽郡，稱此爲義陽三關之險。〔註64〕〈過武勝關隧道〉云：

> 今武勝，古武陽。直轄大隧常山強，轟轟入穴長蛇長。入地出地天破荒，輥車雷屬電吐鋩。偉哉崇山不可量，竟鑿龍門通呂梁。當時三關成巨防，楚人恃此爲保障。中原失此形勢僵，楚師一出及鄭疆。

〔註59〕《八州遊記》，頁235。
〔註60〕牛汝辰編，《中國地名由來詞典》，頁29。
〔註61〕楊伯峻，《春秋左傳會注》，頁1128。
〔註62〕《八州遊記》，頁236。日本瀧川龜太郎，《史記會注考證》，卷43，〈趙世家〉。
〔註63〕《八州遊記》，頁130。
〔註64〕宋樂史撰，《太平寰宇記》，卷132，〈淮南道十‧信陽〉，頁288。

徒守虎牢晉無良，今雖鑿險成康莊。城口一塞仍蜩螗，沈尹戌謀尚
可嘗。平王戌申不戍關，放虺出枑虎出關。

武勝關古名武陽關。《左傳·定公四年》蔡侯、吳子、唐侯伐楚。舍舟於淮汭，
自豫章與楚夾漢。左司馬戌謂子常曰：「（我）還塞大隧、直轅、冥阨。子濟
漢而伐之，我自後擊之，必大敗之。」直轅即武勝關，大隧即黃峴關，冥阨
即平靖關。此三關之險猶勝常山蛇陣。「轟轟」入隧道，火車如長蛇。入地復
出地，車破險荒，如雷厲電馳之遊龍。「偉哉」以下讚此險要，以閒宕筆映襯。
「當時」句敘楚北險塞，守以自固，攻可入中原。《左傳·襄公十年》諸侯之
師城虎牢而戍之，晉師城梧及制。楚子囊救鄭，諸侯之師還鄭而南，至於陽
陵。欒黶率師獨進，與楚師夾潁而軍。〔註65〕楚師出武勝關入鄭疆，晉國卻
徒守虎牢，棄生歇晉國無良策卻敵。今此關雖鑿險通車，車路康莊。然河南、
湖北猶多兵亂。沈尹戌之謀略猶可取法。申國乃周平王之母家，地在今河南
信陽境。《詩經·王風·揚之水》「彼其之子，不與我戍申。」《毛序》以為刺
平王也。平王戍申而不戍關，迨楚滅申，遂如出柙之虎，再難制服。

二、居庸關

居庸關在今河北昌平縣西北約二十四里，亦名軍都關，為天下九塞之一，
乃太行第八陘。有南北二關口，相距約四十里。兩山夾峙，下有巨澗。懸崖
峭壁，稱為絕險〔註66〕。「居庸疊翠」為燕京八景之一。〔註67〕〈乘鐵車由南
口入山度居庸關〉云：

萬山到此爭走趨，牙牙虎豹聚一隅。太行八陘開塞口，石峰四拔凌
雲衢。輥車雷硠火烈烈，長蛇出穴復入穴。常山率然不可追，燭龍
騰驤地維折。險谷重重隧道開，高岡穿過龍虎臺。居庸雄關空際出，
燕山鐵騎地中來。五桂洞，石佛洞，入險冥冥如入夢。牛羊纔見散
谷底，人物旋覺登天上。上關流水兼流冰，彈琴峽至潞河清。車聲
轔轔空谷應，戍臺隱隱雲中迎。上車已過張家口，此路應通隴西右。
惜乎中原斬木事干戈，到處垂楊生左肘。不然禹域周疆遍八埏，飛
輪已上崑崙巔。

〔註65〕楊伯峻著，《春秋左傳會注》，頁1543、982。
〔註66〕顧祖禹著，《讀史方輿紀要·直隸一·居庸》〈直隸二·順天府·昌平州·居
　　　 庸關〉（台北：洪氏出版社，1981年1月25日再版），頁416～465、507。
〔註67〕蕭東發等撰稿，《北京之最》，頁2。

首敘萬山爭趨，岩石牙錯，若虎豹蹲踞一隅。居庸關南北之山，純石戴土。山依然，而林不存，疊翠之景已湮。益覺石峰四拔凌雲。火車雷轟，若常山長蛇。過險谷入隧道，穿高岡越龍虎臺。設計京張鐵路八達嶺隧道者，為中國傑出工程師詹天佑。但見居庸雄關高入雲際，可捍燕山鐵騎之仰攻。越險入洞，冥冥忘我中如入夢境。「牛羊」二句彷彿坐雲霄飛車所見。山澗中水流一道，雪亦積爲一道，亦有水行雪中者，眞成玉澗。鳴琴峽在上關西北，聆水聲如聆尾音。詩人見鐵路直通隴西，慨歎民初軍閥割地自雄，內鬥不已，否則鐵路當可遍及邊城。

八達嶺爲今居庸關的北口。今存關城建於明弘治十八年（1505年），有東西二門。東門題額「居庸外鎮」，西門題額「北門鎖鑰」。設有臺堡，以爲守禦儲糧之用。〔註68〕〈自青龍嶺踰長城登八達嶺放歌〉云：

> 陰山祁連安在哉，我從絕頂登天臺。萬騎胡兒今不見，萬山疊疊東
> 西來。東望臨榆負山海，西望恒嶽飛塵埃。太行薊邱挾兩脈，勾注
> 井陘如累坯。秦皇漢武多邊才，能隔大漠尋蓬萊〔註69〕。起自臨洮
> 至遼東，長城萬里蒙恬開。高齊幽州事徘徊，繕治長城下口隈。我
> 在嶺頭一俯視，有似莽莽紅雲堆。南下倒馬關，北上飛狐口。密雲
> 山如虎豹臨，桑乾河作龍蛇走。此嶺嵯峨鎮域中，插天疑有鬼神守。
> 嶺外大野浩茫茫，嶺內連山峰陡陡。峰嶂雖逼天陘谷，北門鎖鑰長
> 在手。鳴呼〔註70〕，誰能從軍赴沙磧，南北東西此樞紐。

詩首敘登嶺所見，語壯氣雄，有吞八荒之概。「萬騎」承首句，言昔日塞外胡亂已亡，惟見萬山疊嶂東西來。「萬騎」、「萬山」夸揚氣勢。臨榆縣在今遼陽市西境，倚山海關爲衛。西望恒嶽至代，有飛狐之口、倒馬之關、夏屋、廣昌、五回之險。太行山起河內，回環至京都之北，引而東直抵海岸，延袤二千餘里，實古今之大防。亦謂之燕山，河北所恃以爲固者也。山凡八陘。其在河北者有四，曰井陘、飛狐、蒲陰、軍都。〔註71〕勾注在山西代縣西北二十五里，即雁門山，爲九塞之一。秦皇漢武開邊禦戎。蒙恬因趙、燕、齊固有之長城增拓，起臨洮至遼東。高洋繕治幽州下口至恆州。棄生於樓頭俯視，見山赭如紅雲莽莽成堆。居庸接倒馬、飛狐之關口。東至密雲縣之古北口及

〔註68〕《八州遊記》，頁256～260。
〔註69〕編者按：「蓬萊」，省文獻會全集本「蓬」誤作「逢」，今據原稿甲本改正。
〔註70〕編者按：「鳴呼」，省文獻會全集本「鳴」誤作「嗚」，今據原稿甲本改正。
〔註71〕顧祖禹著，《讀史方輿紀要・直隸一・居庸》，頁444～445。

金山嶺、司馬臺長城，爲北京通往塞北及東北松遼平原的重要口隘。形勢雄險，如虎豹臨人。桑乾河如龍蛇奔騰之勢。居庸嵯峨插天，如鬼神鎮北，人不敢近。遙望嶺外曠野，身處群峰陡峭間，「北門鎖鑰」之名不虛矣。有地利而無軍守，天險亦不足恃，因有從軍守邊之呼籲。

三、威海衛

威海衛在山東半島東北端，前臨黃海，後負北山嘴、遙遙山諸峰巒。距煙臺港約五十浬，本爲清北洋海軍基地。光緒二十年（1894 年）甲午戰敗，日軍戰據威海衛，光緒二十四年（1898 年），日軍退出，交回治權給清廷，清廷再租與英國。民國十九年中英訂約，始收回威海。港外障劉公島。劉公島北岸多峭壁，不可攀登，故爲堅壘。〈舟泊威海衛感事作歌〉云：

> 藩山渚海起雄城，昔人設衛何崢嶸。
> 國朝增修備海戰，水師屯駐護神京。
> 一城能守勝萬兵，大沽旅順賴支撐。
> 港口況有劉公島，山頭又連廣利營。
> 置將練軍曾幾載，戰守無人雄風改。
> 牙旗一退大東溝，洋氛竟見將軍降。
> 繞途敲起龍鬚嶼，覆轍人同馬尾江。
> 一敵方去一敵來，辱沒中華望海臺。
> 電火星星外人在，暗雲漠漠何時開。
> 我船到時夕陽落，尚見山中有城郭。
> 主人讓與英圭黎，入關安得王鎮惡。
> 聞道長牆竟海長，島角東南亦有防。
> 兵室沈沈雜鮫室，洋房密密似蜂房。
> 放舟從此蒼茫去，成山勞山不多處。
> 天邊散島與來船，數點彈丸帶星曙。

詩起首夾議夾敘，言昔日此軍港之重要。「一城」言其險要，與大沽、旅順如唇齒相依。劉公島有東西二砲臺，爲前清時布置。〔註 72〕「置將」二句歎戰守無雄風。因爲甲午大東溝敗役後，海軍蟄此不出。後盡爲日人所殲，清將

〔註72〕王洸著，《中國海港誌》（台北：中華文化出版事業委員會，1954 年 6 月再版），頁 68、284。

丁汝昌服毒死，海軍殘部皆降。「繞途」句補述日人不敢攻其前，繞後路由榮城灣登陸。棄生批評當年李鴻章誤國：「有可守之地，無可守之人，李鴻章之肉，其足食乎。」〔註73〕「覆轍」句暗諷李氏。後爲英人強租，使此要地辱沒。電火星星，外人據此，長令人心如暗雲漠漠。因思古人偉跡，所聞所見卻盡是外人登堂入室；兵室洋房，如鳩佔鵲巢。放舟蒼茫，遙望成山、勞山。回望來時散島，星曙下如彈丸。

四、長門天險、福州船廠

民國十二年（1923年），棄生遊畢大陸，乘舟返台，途經閩、浙沿海。其《八州遊記》云：

> 入福建境，福寧府福鼎縣有南關澳，寧德縣三沙灣有三都澳。南關狹而長，三都曲而大，海道深通，與浙江舟山各港，皆可築軍港者。惜乎中華日事鬩牆而不問。〔註74〕

甲午戰後，旅順、威海等沿海軍港既失，海軍無駐泊之所，清廷遂議築港。宣統初，命親藩南下，確定象山港、三都澳爲修築軍港之地。惜民初軍閥割據，內鬥不已，未見修築。〈羅星塔江望船廠感賦〉云：

> 江海互嶔岑，巘岡多修阻。長流湧迴波，連山帶平楚。蔥蔥鬱鬱中，中有船官浦。左侯有遠謨，創此藏舟隖。長弓弋八荒，經營非小補。既有伏波船，兼有射潮弩。後繼奈無人，未獲寸功睹。況自海揚塵，到處撤堂戶。哀此好山川，水部成荒圃。天塹渺茫茫，江上數聲艣。

棄生謂福州虎門，自海遠望則峰巒重重，連環鎖鑰，過於塞上長城，非如上海一望平洋之比。〈自閩海入閩之工作〉所謂：

> 海天一色雲薈騰，雲開何乃見長城。
> 長城非城千山青，中有山門五虎橫。
> 山門蕩蕩連海門，千迴百折長江奔。
> 中流江峽成海峽，束縛蛟龍留潮痕。
> 潮來潮去山重疊，錢塘潮水不足論。
> 舟入金牌長門裡，重重鎖鑰江海水。
> 宛轉亭頭又館頭，羅星塔山連雲起（自金牌門至羅星塔，皆港名。）……

〔註73〕《八州遊記》，頁284。
〔註74〕《八州遊記》，頁319。

詩以頂眞、類疊的筆法，迴環往復的描寫「長門天險」，引出羅星塔下的福州船廠。船廠爲左宗棠創設，薦起沈葆楨任之。光緒十年（1884 年）中法戰役，法軍犯之，清廷船艦悉數戰敗沈燬，存者惟伏波，藝新二船。〔註 75〕棄生慨歎沈氏既去，後繼乏人。海軍既燼，堂戶既撤。港灣缺乏經營，臨危門戶何能堅守？

第四節　遊古都城，吟詠興亡

洪棄生至大陸旅遊，憑弔古都、古城。吟詠興亡，意態閒放。

一、蘇州

蘇州有上海的「後花園」之稱，以幽雅之園林著稱。蘇州、杭州屬於古代吳越文化區，俗諺云：「上有天堂，下有蘇杭。」唐、宋以後，長江三角洲以太湖爲核心，湖蕩密布，土地肥沃，爲魚米之鄉。

太湖是中國第四大淡水湖，古稱震澤、具區，亦稱之爲五湖。《尚書·禹貢》云：「三江既入，震澤底定。」太湖流域即司馬遷《史記》提到吳有「三江五湖之利」。晉人庾仲初在〈揚都賦〉自注中說：「太湖東注爲松江，東北入海爲婁江，東南入海爲東江。」認爲松江、婁江、東江爲古代太湖三江，以後大都沿用其說。北支婁江即今瀏河，經崑山、太倉，瀏河入海；中支松江即今吳淞江，又稱蘇州河，從吳江向東進入上海後入海；南支東江爲黃埔江前身。三江在古時都水量浩瀚，尤其松江最寬。

隋代江南運河自鎭江經丹陽、武進、無錫、蘇州、吳江、嘉興，直抵杭州，貫穿太湖平原。唐中期以後，婁江、東江都淤廢消失，而松江（吳淞江）又淤淺不能暢通，地處太湖下游的蘇州，爲太湖洪水入海必經之地，因此常遭水患。宋仁宗祐景元年（1034 年），范仲淹知蘇州，爲解決水患，將吳淞江水進行分流入江入海，開濬東北方的入江渠道，以降低太湖和吳淞江的水位，雖未及興修，但經後人治理，使道直流速，改善吳淞江的排洪功能。

蘇州自泰伯、仲雍南奔荊蠻，建立「勾吳」，到春秋吳王闔閭委伍子胥立城郭，可見建城歷史其來久遠。唐代蘇州相當繁榮，白居易曾任蘇州守，其

〔註75〕《清史稿》（台北：國史館，1989 年 9 月出版），卷 136，〈志 111·兵·海軍〉，頁 4051、4036～4037。

〈登閶門閒望〉云：「閶門四望郁蒼蒼，始覺州雄土俗強。十萬人家供課稅，
五千子弟守封疆。」劉禹錫〈白太守行〉云：「蘇州十萬戶，盡作嬰兒啼。」
可見當時蘇州百姓對白居易的愛戴。白居易崇仰的詩人韋應物也曾任蘇州
守，其〈軍中冬讌詩〉云：「茲邦實大藩，伐鼓軍樂陳。是時冬服成，戎服氣
益振。」〔註76〕可見唐代此地繁榮。

唐人杜荀鶴云：「君到姑蘇見，人家盡枕河。」白居易云：「綠浪東西南
北水，紅欄三百九十橋。」處處小橋流水人家，古城蘇州的護城河在盤、胥
兩門。城牆築自五代吳越王錢鏐，城樓雄偉，水巷臨街。蘇州特殊地段水巷
河面加寬，俗稱「潭」，因橋成路，因橋成市。

（一）蘇州古城

春秋時，蘇州為吳王闔閭都城。蘇城八門，其名皆古，為吳王闔閭立。
其中胥門者，伍子胥嘗居其旁，民以稱焉。〔註77〕姑蘇山有姑蘇臺，闔閭始
建而成於夫差。越伐吳，乃焚燬之。〔註78〕〈蘇州車驛登眺〉云：

> 右睨虎邱山，左顧姑蘇市。雙塔矗雲端，玉筍兩峰峙。我曾山塘過，
> 遊遍闔門裏。身經霞綺堆，遐觀茲為美。吳山啼鷓鴣，蘇臺遊鹿豕。
> 東有越來溪，遠入石湖水。霸圖跡已空，西施名亦靡。無數西子山，
> 綽約胥門倚。我為弔古來，一望福光里。

二塔對峙雲端，使人遊興勃然。閶門外闢成大市鎮，酒樓旅館，巍峨宏敞，
廣路闊於城內。〔註79〕蘇繡堆如霞綺，令人目不遐給。蘇州刺繡技巧自宋代
開始已成熟，之後更聞名中外。王鏊《姑蘇志》說蘇繡以精、細、雅、潔著
稱。〔註80〕春秋吳宮已埋幽徑，當年鳥啼鹿鳴今何在？棄生〈林十自吳淞歸
寄問江東名勝二十二首〉其七因而點染「廢苑梧桐處處秋」之蕭瑟。〔註81〕
幽思隨越來溪遠入石湖，南宋范成大嘗居於此。遙想霸圖跡空，美人何在？
山形綽約，依稀如西子意態。福光里有泰伯舊蹟，值得訪弔。〈蘇州城內訪古

〔註76〕石琪主編，《吳文化與蘇州》（上海：同濟大學出版社，1992年3月），頁212、
　　　　161、137、329。
〔註77〕宋朱長文纂修，《吳郡圖經續記》（《宋元方志叢刊（一）》。北京：中華書局，
　　　　1990年5月第1版），頁640～644、670～671。
〔註78〕宋范成大纂修，《吳郡志》（《宋元方志叢刊（一）》。北京：中華書局，1990
　　　　年5月第1版），頁748。
〔註79〕《八州遊記》，頁6～7。
〔註80〕石琪主編，《吳文化與蘇州》，頁287、669、500、546、548。
〔註81〕《寄鶴齋詩集》，頁247。

六首〔註82〕〉其中五首云：

> 湖裏歸來城裏遊，樂橋〔註83〕前後酒家樓。
>
> 專諸巷近要離遠，偏是吳儂愛虎邱。（其一）
>
> 錢圍〔註84〕韓橋〔註85〕燹火經〔註86〕，荷塘柳岸尚青青。
>
> 南園已作空王地，賴有滄浪子美亭。（其二）
>
> 臨頓橋邊衢路長，驅車更訪古滄浪。
>
> 錦衣大樹將軍盡，留得錢家鼎甲坊〔註87〕。（其三）
>
> 勝地茶花當武源，吟詩想像到梅村。
>
> 夢樓去後〔註88〕無人詢〔註89〕，惟我來尋拙政園〔註90〕。（其四）
>
> 兩岸人家夾綺羅，湔裙碧水市門過。
>
> 下塘街畔桃花舫，更比山塘畫槳多。（其六）

蘇州城里閭棋布城冊方，昔日多橋梁，唐白居易詩云：「紅欄三百九十橋。」城中心點為樂橋，橋東西為東市、西市，是商人貿易處。〔註91〕棄生〈林十自吳淞歸寄問江東名勝二十二首〉其九，稱讚要離與專諸「二子千秋意氣長。」〔註92〕春秋時，吳王闔閭因伍子胥薦進，欲使要離代其戮慶忌以除後患。要離詐以負罪出奔，使吳王戮其妻，斷己右手，遂如衛以就慶忌。迨慶忌伐吳，殺慶忌於渡江中流之舟中。事成後，自慚殺妻事君，又殺故君之子，恥於貪生棄義，遂伏劍而死，誠烈士也。〔註93〕

《越絕外傳記吳地傳第三》云：「闔廬冢，在閶門外，名虎丘。下池廣六十步，水深丈五尺。銅槨三重，墳池六尺。玉鳧之流，扁諸之劍三千。方圓之口三千，時耗魚腸之劍在焉。千萬人築治之。取土臨湖口，築三日而白虎

〔註82〕此組詩又見連橫《臺灣詩薈》第 9 號，1924 年 10 月。

〔註83〕編者按：「樂橋」，《臺灣詩薈》作「皋橋」。

〔註84〕作者註：「廣陵王璙。」

〔註85〕作者註：「靳王。」

〔註86〕編者按：「經」，原稿甲本作「徑」，誤，今據《臺灣詩薈》及省文獻會全集本改正。

〔註87〕作者註：「錢棨三元坊。」

〔註88〕作者註：「王文治多聯字。」

〔註89〕編者按：「詢」，《臺灣詩薈》作「問」。

〔註90〕編者按：此首省文獻會全集本漏收，今據原稿甲本補錄。

〔註91〕宋范成大纂修，《吳郡志》，頁 812。

〔註92〕《寄鶴齋詩集》，頁 247。

〔註93〕漢趙曄撰，《吳越春秋》（南京：江蘇古籍出版社，1999），頁 40。

居上，故號爲虎丘。」〔註94〕吳人偏愛虎邱。其地有吳王闔閭墓等古蹟，泉石幽雅。〔註95〕

其二詠蘇州滄浪亭，五代時，吳越王錢鏐子廣陵王璙，曾領蘇州。舊園本五代時孫承佑所有，北宋時已廢。蘇舜欽於仁宗慶曆五年（1045年），舉家遷此，買園築亭，號亭曰「滄浪」。南宋時抗金名將韓世忠曾在這裏居住，又稱韓園。元、明時一度爲佛寺。亭在錢棨所立三元坊東南，原臨水邊，康熙中聖祖將南巡，巡撫宋犖移到土山上。時值秋天，楊柳繞岸。〔註96〕賴有此園，得以懷想蘇舜欽〈滄浪亭記〉「安於沖曠，不與眾驅。」之高風。〔註97〕蘇州城名勝園林，多以碑刻叢帖置其間。畫像石刻，以滄浪亭爲最多，中有清刻名賢畫像五百六十九方，每方一象，凡春秋至清代同治間蘇州地方之名賢，莫不刻入。

其三詠臨頓橋，因吳王親征夷人，頓軍憩歇，宴設軍士，因此置橋。〔註98〕錢棨（字振威，一字湘舲，或作湘靈，蘇州長洲縣人，1742～1799年）是清乾隆三十一年（1766年），長洲縣秀才的「案首」，四十四年（1779年）鄉試解元，四十六年（1781年）辛丑會試，是科之會元、狀元，乃科場三元，〔註99〕故其居處曰「三元坊」。附近的滄浪亭，後爲韓園，已廢。詩人以東漢「大樹將軍」馮異比擬韓世忠，蓋韓氏功勳雖大而謙退不伐，可媲美古人。

其四詠拙政園，始建於明正德四年（1509年），園主王獻臣取潘岳〈閑居賦〉語意：「築室種樹，灌園鬻蔬，以供朝夕之膳，是亦拙之爲政也。」命園名爲「拙政園」。〔註100〕清初此園歸海寧相國陳之遴。之遴因獲罪而譴謫遼海，之遴子乃吳梅村婿，梅村因作〈詠拙政園山茶花〉以慨息其蹇運。棄生云：

〔註94〕 袁康著，劉建國注譯，《新譯越絕書》（台北：三民書局，1997年6月初版），頁37。
〔註95〕 董壽琪著，《虎丘》（蘇州：古吳軒出版社，2000年10月第三次印刷）。
〔註96〕 《八州遊記》，頁13。葛曉音編著，《中國名勝與歷史文化》（北京：北京大學，1990年第2次印刷），頁14、383～384。
〔註97〕 王熙元、郭預衡主纂，《譯註評析古文觀止續編》（台北：百川出版社，1994年3月20日初版），頁756。
〔註98〕 宋范成大纂修，《吳郡志》，頁812。
〔註99〕 《清史稿校註》，卷115，〈選舉志〉。李嘉球著，《蘇州狀元》（上海：上海社會科學院出版，1993年10月），頁131～132。
〔註100〕 魏嘉瓚編著，《蘇州歷代園林錄》（台北：文史哲出版社，1994年12月初版），頁141。

> ……園與花並因梅村詩而得存，有王夢樓、張之萬、溥良諸題署，
>
> 惜我來不及花開時耳。〔註101〕

拙政園爲蘇州園林之佳者，堂宇亭榭、橋池草木之盛，甲於一方。〔註102〕感慨之餘，見規模雖小，然布置幽雅，〔註103〕惜古調自愛，如今無人詢問，只得「孤芳自賞」。

其六言蘇州「兩岸人家夾綺羅」之錦麗。過城中見下塘街畫楫數十，縱橫水面。小橋流水，兩岸碧裙吳娃，映著街畔舫渡之桃花，畫槳輕搖，好一片水鄉風光。唐寶曆元年（825 年），白居易任蘇州刺史，開鑿山塘河和修築白公堤，主持從閶門運河鑿河道直達虎丘山下，即現在的山塘河，築起七里長堤，稱白公堤，即今山塘街。山塘街義士墓、孝子祠、節婦坊特別多，花場各類花卉也不少。又清代蘇州青樓妓館，多在山塘。白居易開山塘河後，虎丘道上「畫軔停橈馬簇蹄」，宋代蘇舜欽寫畫舫「青娥蕩槳」、「歌餘清洌」。又遊至附近的玄妙觀，蘇州城玄妙觀始建於西晉。吳赤烏四年（241 年），孫權爲報母恩所建的普濟禪寺，六年後又在其旁建瑞光塔，爲城西南「盤門三景」之一。〔註104〕

二、揚州

揚州，即今江蘇省揚州市。棄生〈揚州故宮行〉云：：「古墓梅花嶺，人家芍藥園。驅車直上蜀岡山，山中輦道莓苔斑。迴憶南巡臨幸日，平山萬綠娛宸顏。」芍藥園的典故，又見於趙翼〈揚州雜詠・金帶圍〉首六句云：「揚州芍藥天下稀，忽幻四朵金帶圍。幕府讌賓數不足，并邀過客停驂騑。後來四公皆入相，競傳花瑞先示機。」〔註105〕典用北宋四公入相，而揚州芍藥已先示吉兆，出自《清波雜志》。金帶圍指紅藥而黃腰的芍藥。宋韓琦爲揚州守，金帶圍一出四枝，琦自當其一，餘則王岐公、王荊公、陳秀公三人當之，後四人皆入相。王岐公即王曾（益都人，字孝先，仁宗時爲相，卒諡文正），陳秀公即陳執中（南昌人，陳恕子，字昭譽，仁宗時爲相，卒諡恭），王荊公即

〔註101〕《八州遊記》，頁 14。

〔註102〕石琪主編，《吳文化與蘇州》，頁 193。

〔註103〕《八州遊記》，頁 14。

〔註104〕石琪主編，《吳文化與蘇州》，頁 11、618～619、15、53、74～76、80、132、206～208。

〔註105〕趙翼著，李學穎、曹光甫校點，《甌北集》（上海：上海古籍出版社，1997），頁 26。

王安石。此外，宋代王禹偁（字元之，北宋濟州鉅野（今山東省鉅野縣）人，954～1001 年）也有〈芍藥詩三首并序〉詠揚州僧舍千本植數。追想古來風流，棄生七古〈揚州紀遊〔註 106〕〉云：

> 揚州風景名古今，我渡大江隨處尋。
> 二十四橋無可問，虹橋煙月尚沉沉。
> 剪風橫渡大江水，又渡瓜洲四十里。
> 側看文峰寶塔灣，兼行淮浦伊婁市。
> 乘舟直向廣陵城，勝概淮東居上程。
> 蘼蕪城北隋隄草，冷落城中玉觀瓊。
> 隋煬已渺雷塘路，史公尚見梅花墓。
> 小金山傍瘦西湖，湖心寺對湖邊渡。
> 蜀岡蜀井邵伯阡，風流尚在歐蘇先。
> 三分明月二分柳，第一平山第五泉。
> 我行已過竹西遠，我來無復珠簾捲。
> 青樓早絕揚州夢，迷樓不見隋家苑。
> 淮南江北接邗溝，城東一水入眞州。
> 夫差阿嬭豪華歇，祇有楊花逐水流。
> 離宮別館居何許，邗江亦失芙蓉渚。
> 螢火已非古昔光，雞聲漫說陳隋語〔註 107〕。

詩引用唐代詩人杜牧（字牧之，唐京兆萬年（今陝西西安市）人。生於唐德宗貞元十九年（803 年），卒於唐宣宗大中六年（852 年）。是晚唐著名的詩人，號爲「小杜」（以別於杜甫）。）〈寄揚州韓綽判官〉云：「二十四橋明月夜，玉人何處教吹簫。」詩句，懷想古來風流人物。至於虹橋（紅橋）煙月，清初王士禛〈紅橋游記〉云：

> 出鎮淮門，循小秦淮折而北，陂岸起伏多態，竹木蓊鬱，清流映帶。
> 人家多因水爲園亭樹石，溪塘幽窈而明瑟，頗盡四時之美。挐小艇，
> 循河西北行，林木盡處，有橋宛然，如垂虹下飲於澗，又如麗人靚
> 妝袨服，流照明鏡中，所謂紅橋也。
> 遊人登平山堂，率至法海寺，舍舟而陸徑，必出紅橋下。橋四面皆

〔註 106〕此詩又見連橫《臺灣詩薈》第 10 號，1924 年 11 月。
〔註 107〕作者註：「二十五夕。」

人家荷塘，六七月間，菡萏作花，香聞數里，青簾白舫、絡繹如織，
良謂勝遊矣。予數往來北郭，必過紅橋，顧而樂之。

登橋四望，忽復徘徊感嘆。當哀樂之交乘於中，往往不能自喻其故。

王、謝冶城之語，景晏牛山之悲，今之視昔，亦有怨耶！〔註 108〕

棄生詩中瓜洲古渡，在江蘇邗江縣南大運河入長江處，與鎮江市隔江斜對，
向為長江南北水運交通要衝。瓜洲，本為江中沙洲，沙漸長，狀如瓜字，故
名。〔註 109〕平山堂為歐陽修於慶曆八年（1048 年）知揚州時所置。法淨寺、
法海寺皆此地名剎。詩又引杜牧詩中的揚州勝景風物，著名者如杜牧〈隋堤
柳〉云：「夾岸垂楊三百里，袛應圖畫最相宜。自嫌流落西歸疾，不見東風
二月時。」隋堤是隋煬帝所開運河，河寬四十步，全長三百餘里。張松輝云：
「兩岸為堤，堤上多植楊柳，後人稱之為『隋堤』。大中五年（851 年）秋，
杜牧從湖州調往長安。本詩即杜牧赴京途中經過運河時所作。」〔註 110〕杜
牧〈揚州三首〉云：

煬帝雷塘土，迷藏有舊樓。誰家唱〈水調〉，明月滿揚州。駿馬宜閑
出，千金好暗投。喧闃醉少年，半脫紫茸裘。（其一）秋風放螢苑，
春草鬥雞臺。金絡擎鵰去，鸞環拾翠來。蜀船紅錦重，越橐水沉堆。
處處皆華表，淮王奈卻迴。（其二）街垂千步柳，霞映兩重城。天碧
臺閣麗，風涼歌管清。纖腰間長袖，玉珮雜繁纓。柂軸誠為壯，豪
華不可名。自是荒淫罪，何妨作帝京。（其三）〔註 111〕

大和七年（833 年）四月，三十一歲的杜牧到淮南節度使牛僧孺幕下任職，這
組詩即杜牧當時居揚州所作。其一「雷塘」是隋煬帝葬身之地。〈水調〉是歌
曲名，煬帝所作。放螢苑是園林名，又叫隋苑，在揚州城北。棄生「蜀岡蜀
井邵伯阡」，指東晉宰輔謝安出鎮廣陵之步丘，築壘曰新城，又築埭於城北，
後人追思之，名為召伯埭。〔註 112〕棄生詩「隋隄」以下則用隋煬帝典故，吟
詠景點多見於杜牧詩，懷古來帝王豪奢一時，不禁嘆繁華易歇。其〈揚州故
宮行〉（詩序：宮在城內迤北，時為軍府，東華、西華兩門有兵鵠立。）末云：

〔註 108〕王熙元、郭預衡主纂，《譯註評析古文觀止續編》（台北：百川書局，1994 年
　　　3 月 20 日初版），頁 1189。

〔註 109〕白居易著，陶敏、魯茜注譯，《新譯白居易詩文選》，頁 379。

〔註 110〕杜牧著，張松輝注譯，《新譯杜牧詩文集》（台北：三民書局，2002），頁 212。

〔註 111〕《新譯杜牧詩文集》，頁 162〜164。

〔註 112〕《晉書·列傳第四十九》，卷 79，頁 2076。

「古來帝王威力俱有限，一朝宸跡何足傷。所傷爇火到雷塘，竹西歌吹永愴涼。」即此意。「史公尚見梅花墓」指明末清初，清順治二年（1645年），史可法守揚州禦清，城陷，死，覓屍不可得。翌年，家人舉袍笏召魂，葬於揚州郭外梅花嶺。〔註113〕

　　清代揚州為一大都市，尤其清中葉之後，此地因鹽商富裕，人文薈萃。乾隆二十八年（1689年），盧見曾（雅雨山人）兩任鹽運使，誠如學者龔鵬程所說：「（盧見曾）提倡風雅，使鹽商大起園林，邀學者文人優遊吟詠於其間，揚州遂成為江南文化中心。他主持『虹橋修禊』，『日與詩人相酬酢，一時文宴勝於江南。』」其聘請的學者如惠棟等人。揚州學派重博學，著名學者如汪中，其學既博贍，又善屬文。揚州的藝術發達，李斗的《揚州畫舫錄》可見一斑。棄生遊此，見揚州妓美於蘇州、上海等地，歌管可聽，妝亦不至流於妖冶。其〈揚州故宮行〉首云：「揚州自古稱繁華，況復蕪城帝子家。瓜洲已見隋隄柳，城頭更望廣陵花。廣陵花，今零落。處處花飛不見人，但見離宮在城郭。離宮尚威儀，可憐異昔時〔註114〕。」

　　龔鵬程論清代文人狹邪風流，以袁枚等文人的憐花意識論才子文人的心態與詩學，認為憐花品花護花意識，其實就是好色。棄生詩情調近此，只是此地時移事異，加上棄生晚懷蕭瑟，其〈遊華歸後偶得四首〉其四云：「華夏清遊劇半年，老懷負卻好江天。秦淮河上西湖裏，不喚笙歌載酒船〔註115〕。」不過清遊賞景而已。〔註116〕

三、鎮江、南京

　　鎮江市古為潤州，其城又名鐵甕。唐杜牧七律〈潤州二首〉其一末四句云：「大抵南朝皆曠達，可憐東晉最風流。月明更想桓伊在，一笛閒吹〈出塞〉愁。」其二云：「謝朓詩中佳麗地，夫差傳裡水犀軍。城高鐵甕橫強弩（原注：潤州城孫權築，號為鐵甕。），柳暗朱樓多夢雲。畫角愛飄江北去，釣歌長向月中聞。揚州塵土試迴首，不惜千金借與君。」〔註117〕詩歷數三國六朝風流

〔註113〕《明史》，卷274，史可法傳。
〔註114〕編者按：「昔時」，省文獻會全集本「昔」誤作「早」，今據原稿甲本改正。
〔註115〕編者按：此首又見卷一〈蘇州車驛登眺〉之後，題名「負卻」，作者註：「此首附末。」
〔註116〕《八州遊記》，頁23。龔鵬程著，《中國文人階層史論》（宜蘭：佛光人文社會學院，2002年），頁250、415。
〔註117〕《新譯杜牧詩文集》，頁165～166。

人物。孫權築鐵甕城於潤州。東晉都建康，以京口（江蘇丹徒）為北府，歷陽（安徽和縣）為西府，姑孰（安徽當塗）為南府。〔註118〕京口即在鎮江，東晉僑置南徐州。此地人多勁悍，因此桓溫恆云：「京口酒可飲，兵可用。」語見《晉書・郗超傳》。民國十九年（1930 年），鎮江已是中國人口在二十萬到四十萬的七個大都市之一。〔註119〕棄生五絕〈初到鎮江二首〔註120〕〉云：

　　青山擁人面，楊柳連江口。山自六朝時，我來六朝後。（其一）

　　金碧壓江南，雄秀壓江右。借問京口兵，何如京口酒。（其二）

寫景敘事之餘，引用典故以詠此地尚武之風。五絕〈出入鎮江城二首〔註121〕〉云：

　　華街秋色滿，不見滿州營。出入西南郭，迴環鐵甕城。（其一）

　　晚來遊夾山，朝來遊北固。今節值雙十，提燈滿街路。（其二）

正值雙十節國慶日，提燈滿街路，華麗繁榮，但尚武之風不及前代。「不見滿州營」則清朝已覆滅矣。誠如學者鄭毓瑜所說：「正始以降的名士風流其實也是在原本左遷的地域、弱勢的政局中銘刻下永恆的城市風景。」引《世說新語・容止篇》庾亮遙拜陶侃，《世說新語・雅量篇》謝安面見桓溫等故事，顯示名士參與政治事件的深刻度。〔註122〕這也成了棄生來遊南京等地吟詠的詩材。

（一）南京城

　　南京又名金陵，東吳曾定都在此，名建業，晉曰建康。南朝宋、齊、梁、陳，五代南唐及明代初年均曾都此。民國初年及北伐統一後，亦以此為首都。詩詠南京名勝者，如七絕〈金陵雜詩十首〔註123〕〉云：

　　虎踞龍蟠古帝閭，湖山雖歇尚蒼蒼。

　　微茫無數前朝跡，疊嶂長江繞建康〔註124〕。（其一）

〔註118〕司馬光著，《資治通鑑》（台北：世界書局，1976），卷 102，胡三省注，頁 3213。

〔註119〕張玉法著，《中華民國史稿》（台北：聯經出版社，1998），頁 141。

〔註120〕此詩又見連橫《臺灣詩薈》第 15 號，1925 年 3 月 15 日。

〔註121〕此組詩又見連橫《臺灣詩薈》第 15 號，1925 年 3 月 15 日。

〔註122〕鄭毓瑜著，〈東晉「建康」論述——名士與都城的相互定義〉，李豐楙、劉苑如主編，《空間、地域與文化——中國文化空間的書寫與闡釋》（台北：中央研究院中國文哲研究所，2004 年 12 月二刷），頁 199～236。

〔註123〕此組詩又見連橫《臺灣詩薈》第 17 號，1925 年 5 月 15 日。

〔註124〕編者按：「建康」，省文獻會全集本「建」誤作「健」，今據原稿甲本改正。

下關浦口水悠悠，闠市東南占上流。

獅子山頭白門路，明旗〔註125〕不似閱江樓。（其二）

殘泉猶有五龍澄，四角皇城賸兩棱。

遊遍帝鄉如馹傳〔註126〕，明宮過後過明陵。（其三）

一路青青叫畫眉，朝陽門外柳如絲。

馬蹄踏過〔註127〕鐘山〔註128〕背，何處昭明飲馬池。（其四）

朱雀橋空古色稀，燕飛不見舊烏衣。

秦淮桃葉流如故，畫舫青溪日暮歸。（其五）

廢苑荒臺感不禁，青溪流水到而今。

祇餘一曲殘楊柳，無復當年九曲深。（其六）

無數遙峰對近鬟，樓頭青壓水面關〔註129〕。

南唐風景今安在，一簇清涼寺裏山。（其七）

寓公好事有袁郎，士女風流映小倉。

今日隨園鴻爪盡，茫茫二十四雲房。（其八）

孤冷偏能耐久留，一層半畝在山頭。

隨園不及龔高士，殘照秋風掃葉樓。（其九）

東吳閎後又南朝，淮色山光兩寂寥。

故國周遭都渺渺〔註130〕，石頭城去大江遙〔註131〕。（其十）

其一詠南京形勢「龍蟠虎踞」，因古代長江還在清涼山（石頭山）的西麓下流
過，秦淮河則在山的南側入江，春秋楚金陵邑臨江控淮，形勢險要。後大江
去此已遠，故其十詩中歎故國遺跡渺渺，城去大江已遙。〔註132〕

〔註125〕編者按：「明旗」，《臺灣詩薈》作「兵旗」。
〔註126〕編者按：「馹傳」，省文獻會全集本誤作「馹侍」，今據原稿甲本及《臺灣詩薈》
　　　　改正。
〔註127〕編者按：「過」，省文獻會全集本誤作「遇」，今據原稿甲本改正。
〔註128〕編者按：「鍾山」，省文獻會全集本誤作「鐘山」，今據原稿甲本及《臺灣詩薈》
　　　　改正。
〔註129〕編者按：「水面關」，《臺灣詩薈》作「水西關」。
〔註130〕編者按：「渺渺」，《臺灣詩薈》作「已渺」。
〔註131〕作者註：「二月二十夜。」
〔註132〕南京城形勢，引自王育民著，《中國歷史地理概論》下冊（北京：人民教育出
　　　　版社，1990年6月第一刷），頁528。

其二詠下關、浦口，咸豐八年（1858年）開放爲通商口岸後，闤市繁盛。「上流」指其位置，亦指其繁華，乃雙關語。獅子山上，明太祖曾置閱江樓，樓極雄偉，其文學侍臣宋濂〈閱江樓記〉歌功頌德，言長江天塹，當時則南北一家，視爲安流，無所事乎戰爭矣。〔註133〕棄生遊時已無遺址，惟有兵營。〔註134〕「不似」二字言昔盛今衰。

其三詠明皇城。皇城內有外五龍橋，宮城內有內五龍橋，故宮午朝門與橋猶在。復憑弔明孝陵，遍遊匆匆，猶如駟傳。

其四詠明應天府城東之朝陽門。〔註135〕柳絲青青畫眉叫，鍾山定林寺後山北高峰上，有梁昭明太子書臺，因急欲訪之，乃設句詢問。

其五本劉禹錫〈烏衣巷〉詩意，歎昔日王謝風流都盡。惟餘秦淮、桃葉，青溪畫舫，酒榭笙歌猶未止歇。

其六對廢苑荒臺，感慨無盡。青溪爲孫權當年所鑿之東渠，發源鍾山入於淮。晉都僧施嘗泛舟於此，於溪上一曲，作詩一首，所謂青溪中曲，復何窮盡。「九曲」言溪曲長，亦言「曲長」，乃雙關語。惜當時祇餘一曲殘柳。

其七詠清涼山中清涼寺，爲南唐避暑宮寺，後主嘗留宿寺中。〔註136〕風景青青，遙峰如鬢樓臨水，而故朝安在？

其八詠小倉山麓的隨園，爲袁枚別業。時鴻爪都盡，二十四雲房茫茫難尋。其九詠明末崑山高士龔賢，號半畝，又號野遺，晚號柴丈人。工詩畫，流寓金陵。後人即其半畝園寓址，建掃葉樓以致景仰。〔註137〕隨園昔盛後頹，反不及龔賢之孤冷僧像，猶存樓中供人瞻仰。其十詠古感懷，滄桑之情似劉禹錫〈金陵懷古〉「山圍故國周遭在」一詩。

（二）桃葉山

詩詠南朝興亡，託興於江南桃葉情歌以敍者，如〈龍潭路望隔江桃葉山〉云：

> 隔江有名山，山偏曾駐馬。飲馬可渡江，天塹不能阻。湯湯限南北，
> 長江終古瀉。一朝王氣終，隋師盈陳野。美人傳艷聲，至竟亡陳社。
> 江上晉王岡，曾此受降者。異代送青山，一井貽黃瓦。抱膝張麗華，

〔註133〕謝冰瑩等著，《新譯古文觀止》（台北：三民書局，1988），頁719。
〔註134〕《八州遊記》，頁35。
〔註135〕王育民著，《中國歷史地理概論》下冊，頁536～537。
〔註136〕宋馬光祖修、周應合纂，《景定建康志》（北京，中華書局，1990年5月第1刷），頁1680、1594、2076。
〔註137〕《八州遊記》，頁50。

細腰同一把。桃葉歌聲哀,玉樹歌聲哀。迎接過江來,桃根亦難捨。

一望仙城中,誰將金粉寫。山水尚依依,無愁有淚灑。

〈桃葉歌〉乃晉王獻之送愛妾桃葉而歌之。南朝陳時江南盛歌云:「桃葉復桃葉,渡江不用楫。但渡無所苦,我自迎接汝。」後隋晉王楊廣伐陳,即置將桃葉山下。詩敘此事,「天塹不能阻」點明地利不如人和。美人艷歌,傳唱而禍國;君王抱美女,卻忘了胸懷家國。詩於敘事中,穿插零落景緻,結穴於「桃葉」二句,歌聲或冶或哀,不外男女之情。〈桃葉歌〉其二云:「桃葉復桃葉,桃葉連桃根。」〔註138〕情來復去,當日誰寫六朝金粉?惟見山水依依,悵然淚灑。

〈玉樹後庭花〉,乃〈吳聲歌曲〉名,陳後主所作(553～604年),名叔寶,字元秀,是陳朝極其昏庸荒淫的亡國君主。太建十四年(582年)即帝位,禎明三年(589年),隋軍攻入建康(今南京),俘獲陳後主,押送長安,陳朝滅亡。隋仁壽四年(604年),陳後主死於洛陽,時年五十二歲。《陳書》卷六有〈後主本紀〉。《隋書·五行志上》提到,禎明(陳後主年號之一,587～589年)初,後主作新歌,詞甚哀怨,令後宮美人學習,又言陳後主「又於清樂中造〈黃鸝留〉及〈玉樹後庭花〉、〈金釵兩臂垂〉等曲,與幸臣等製其歌詞,綺豔相高,極於輕薄,男女唱和,其音甚哀」。〈玉樹後庭花〉、〈臨春樂〉等,大致都是讚美張貴妃、孔貴嬪的容色。陳叔寶所作〈玉樹後庭花〉完整的就只留下「麗宇芳林對高閣,新妝豔質本傾城。映戶凝嬌乍不進,出帷含態笑相迎。妖姬臉似花含露,玉樹流光照後庭。」這一首了。唐杜牧〈泊秦淮〉:「煙籠寒水月籠沙,夜泊秦淮近酒家。商女不知亡國恨,隔江猶唱〈後庭花〉。」他所說的〈後庭花〉,指的就是這首詩。〔註139〕棄生有感於中國國勢陵夷,不禁有「玉樹歌聲哀」之感嘆。

四、新鄭、鄭州

棄生搭火車由武漢至鄭州。過新鄭至鄭州前先過許昌。其〈過臨潁縣望繁昌鎮至許州〉感嘆臨潁縣「馬融講書處〔註140〕,荊榛不可捫。」儒教衰微如此。火車行過新鄭,關於新鄭的史地沿革,棄生云:

新鄭在周世為妘姓鄶國,即《詩經》之檜風,祝融之後,《左傳》僖三十三年,尚有鄶城,為今密縣東北,周幽王之世,鄭桓公知其將

〔註138〕郭茂倩編,《樂府詩集》(台北:里仁,1981年3月24日版),頁664。
〔註139〕溫洪隆、溫強注譯,《新譯樂府詩選》(台北:三民書局,2010),頁253～255。
〔註140〕編者按:「講書處」,省文獻會全集本「講」誤作「溝」,今據原稿甲本改正。

亂，寄孥與賄於虢、鄶。鄭武公從平王東遷，遂滅虢、鄶而有之，是爲新鄭。《國語》新謂前莘後河，右洛左濟，主芣騩而食溱洧也，《水經注》前莘作前華，溱洧作潧洧，華謂華山，或華國，莘謂莘國，溱潧二字則互通，溱入於洧，而逕新鄭縣故城中，《春秋傳》襄元年，所謂晉入其郛，敗其徒兵于洧上。《孟子》所謂子產乘輿濟人溱洧者也。溱洧並稱，實在城中濟洧水，子產決無不修杠梁之事，孟子特借以之言耳。武公不獨滅鄶仲之鄶國，又滅虢叔之虢國、管叔之管國，以立鄭國，是曰新鄭。其故鄭國在關中，爲今華州，初沒於犬戎，後入於秦國矣。鄭桓公死幽王之難，遺民南奔於漢中，謂之南鄭，蜀有其地，初爲楚兼，終爲秦略焉。鄭所滅之虢爲虢叔東虢，厥後晉所滅之虢，乃虢仲西虢，春秋尚有北虢，漢新鄭縣爲鄭都，今縣治在其南，則洧水不入城中矣，然鄭之故蹟，當在此左右，子產墓是也，西南陘山，綿亘至襄鄧，爲楚之北塞，韓之南塞。韓之南塞，即僖四年齊伐楚次于陘者，西大魏山，一名具茨山，北接密縣，即僖六年之新密，南至禹州，即兩《漢書》之陽翟縣，《山海經》謂大隗山多鐵多堊，《北史》元象年，東魏侯景敗西魏于大騩山，即《鄭語》所主之芣騩，唐四傑盧照鄰居此山，下車行處不見山，望見遠山渺渺。〔註141〕

《左傳・僖公四年》齊伐楚次于陘者，應指楚之北塞，在今湖北省廣水市之北，舊注以爲在今河南省郾城縣南，不正確。〔註142〕大隗之山多鐵多堊，見《山海經・中山經》。禹州今爲河南省禹州市，在許昌西北，漢置陽翟縣，明代爲禹州，相傳禹子啓在此建夏朝，故名。洪〈過新鄭縣〉云：

自古有熊國，祝融火正墟。前莘而後河，右洛左濟渠。芣騩食溱洧，檜列風詩餘。子產治鄭邦，封洫聚井廬。爲何在今日，四野寡鳩居。一望無青草，蕪穢不可除。菁華莘何處？西南陘山虛。徒兵戰洧上，當時巷出車。所貴古鄭蹟，東里墓及閭。〔註143〕

河南新鄭市古爲祝融之墟，新鄭是黃帝故里，昔黃帝都於有熊，即此地。〔註144〕

〔註141〕《八州遊記》，頁136～139。
〔註142〕左丘明著，郁賢皓等注譯，《新譯左傳讀本》（台北：三民書局，2006年），頁295。《八州遊記》，頁136。
〔註143〕《八州詩草》，頁47。
〔註144〕《八州遊記》，頁136。

漢代曾在此建軒轅故里祠,歷代迭修。新鄭市西南的始祖山,原名叫具茨山,是中嶽嵩山的餘脈,如今黃帝文化遺跡遍布山野。唐初四傑中的盧照鄰即隱居於此。〔註 145〕周世爲妘姓鄶國。周幽王之世,鄭桓公知其將亂,因史伯之言,寄孥與賄於虢、鄶。鄭武公從平王東遷,遂滅虢、鄶而有之,是爲新鄭。其地前莘後河,右洛左濟,主芣騩而食溱洧也。〔註 146〕戰國時,韓哀侯滅鄭,韓自平陽又徙都之。秦并天下,其地爲潁川郡。漢以爲新鄭縣,屬河南郡。〔註 147〕「祝融」以下,言此地古來疆國之遷變。《詩經》之檜風,即鄶國之詩,乃周平王東遷,鄭武公滅虢、鄶以前之作,因云:「檜列風詩餘」。「子產」二句,典出《左傳・襄公三十年》云:「子產使都鄙有章,上下有服。田有封洫,廬井有伍。」〔註 148〕然棄生見「四野冷落,一路蕭條,亦無茂林高樹。所謂入其疆,土地荒蕪者。」〔註 149〕懷疑新鄭繁盛之地,或不在火車所經之處,因有「菁華萃何處?」之問。陘山在縣西三十里,有子產墓及子產廟。〔註 150〕洧水出河南登封縣東陽城山,東流經密縣會溱水,流經新鄭故城。《左傳・襄公元年》晉帥諸侯之師伐鄭,敗其徒兵於洧上。〔註 151〕鄭夾處晉、楚兩強爭霸之間,處境危艱。《論語・憲問》及朱熹註語稱許子產知人善任,外交事務倚重裨諶、子大叔、公孫揮等人爲辭命,末由己潤色之,因詳審精密,鮮有敗事。〔註 152〕詩末懷子產,思其故閭及墓廟。棄生云:

> 子產東里,宜在新鄭,今在鄭州,猶庾亮南樓在武昌府,蓋後世慕其人而爭其蹟焉耳。然子產惠民敬上,內輯七穆,外和二強,奠鄭國於磐安,庾亮一執政,而盧憍憤事,殘破晉國,去王衍不遠,豈可望子產趾踵哉?

子產名公孫僑,爲司馬子國之子,鄭穆公之孫。子產在童子時就識見不凡。《左

〔註 145〕〈河南鄭州遊〉,(聯合晚報:中華民國 103 年 2 月 12 日星期三),A10 版。《舊唐書・盧照鄰傳》。

〔註 146〕劉向編,《國語・鄭語》(台北:里仁書局,1980 年 1 月 15 日版),頁 507。《八州遊記》,頁 136。

〔註 147〕宋樂史撰,《宋本太平寰宇記》(北京:中華書局,2000 年 1 月第一刷),卷 9,〈河南道・新鄭縣〉,頁 52。

〔註 148〕楊伯駿著,《春秋左傳會注》,頁 1181。

〔註 149〕《八州遊記》,頁 135。

〔註 150〕《八州遊記》,頁 52。

〔註 151〕楊伯駿著,《春秋左傳會注》,頁 917。

〔註 152〕朱熹、趙順孫等注疏,《四書纂疏》(台北:學海出版社,1980 年 9 月初版),頁 293。

傳・襄公八年》鄭國入侵蔡國，終招致楚國伐鄭。子產雖是童子，卻認為：「小國無文德而有武功，禍莫大焉。」他日後為政，寬猛兼濟，事大國以禮而不苟徇其欲，使鄭國內外安定，諸侯敬畏。〔註153〕自魯襄公三十年執政，至魯昭公二十年病死，執政二十餘年。政績之大者，魯昭公元年，識破楚公子圍包藏禍心，想藉娶親帶兵入鄭都，一舉滅鄭。鄭夾在晉、楚兩大強國之間，尤其是魯昭公四年，楚靈王登上霸主寶座，立即打吳國，殺慶封、滅賴國、遷許國。子產鄙其「汰而愎諫，不過十年。」卻一面加緊內政革新，制定丘賦，以富民強兵。又內和鄭國七穆，七穆指春秋時代鄭大夫子展、子西、子產、伯有、子大叔、子石、伯石，皆穆公後裔，因名曰七穆。見《左傳・襄公二十六年》叔向曰：「鄭七穆，罕氏其後亡者也。」傳文注疏。〔註154〕子產為政，慎之以禮，後又於魯昭公六年鑄刑書。魯襄公三十年作封洫。魯襄公三十一年「不毀鄉校」，使議執政之善否。子產卒，孔子聞之，出涕曰：「古之遺愛也。」

　　棄生云：「鄭在春秋初最強，力足抗王師而敗五國之軍。邑名、地名，見於《春秋》三傳者，百十有八。」〔註155〕他核考鄭國四面封疆領地。由《左傳・隱公元年》鄭伯克段於鄢史事，記「至於廩延」，「遂寘姜氏于城潁」，知鄭東北境自中牟踰黃河，至今之延津，東南過臨潁。〔註156〕《左傳・昭公元年》「楚公子圍使公子黑肱，伯州犁城犫、櫟、郟。」犫本鄭地，後屬楚，在今河南省魯山市東南五十里。因推斷鄭西南境，自禹州踰大騩，至今之魯山。又《左傳・襄公二年》、《左傳・襄公十年》有「城虎牢以偪鄭」、「戍鄭虎牢」，虎牢在今河南省滎陽市西北氾水縣，為鄭國西北的險要之地，推斷鄭地西北過氾水。鄭在春秋初最強，鄭武公、莊公為周平王（西元前770～西元前744年在位）卿士。周桓公所謂：「我周之東遷，晉、鄭焉依。」《左傳・隱公四年》宋、衛、陳、蔡和魯公子翬伐鄭，僅敗鄭徒兵，取其禾而還，可見鄭國武力之強。棄生言鄭國：

> 後又侵許，地兼四國，提封千里，何後世不能與楚一戰而折入於韓哉？蓋取多用宏，人不習武，猶今之高勾麗矣。

〔註153〕《八州遊記》，頁100。楊伯駿注譯，《春秋左傳會注》，頁1544。
〔註154〕郁賢皓等注譯，《新譯左傳讀本》，頁933、1213、1339。
〔註155〕《八州遊記》，頁139。
〔註156〕郁賢皓等注譯，《新譯左傳讀本》（台北：三民書局，2006年），頁7、891、1295、31。

取多用弘等語，見《左傳・昭公七年》子產論伯有死而爲鬼，謂其三世執政柄，其用物也弘矣，其取精也多矣。〈宿鄭州〉云：

> ……下車管城地，古都想鄭韓。黃塵莽莽中，西風吹面寒。且入城裏遊，零落無可觀。惠人遺愛祠，祠下長榛菅。惟有老塔鴉，拍拍啼空闈。

夜宿鄭州，棄生言「路皆崎嶇，無一磚石，風起土飛。」荒落之極，反甚於臺灣。夫子廟、子產祠，亦任其蕪沒而不之恤，故云：「零落無可觀」。子產祠下，亦長榛菅。「遍鄭州城，處處烏鴉聲，如臺灣深山老鴉。」〔註157〕以「拍拍啼空闈」形其荒涼。

五、洛陽

　　洛陽自西元前七百七十年東周起，歷東漢、曹魏、西晉、北魏、隋、唐、後梁、後唐等王朝在此建都，歷時近千年，因有「九朝古都」之稱。北宋以後，洛陽不再是政經中心，城郭頹廢，大不如前。〔註158〕〈自西轉東重過洛陽〉云：

> 來時夜宿洛城西，欲聽津橋杜宇啼。
>
> 今日重過瀍澗水，鞏東千里望金堤。

金堤爲東漢明帝時，王景發卒修治者。起自滎陽，東至千乘海口，千有餘里。〔註159〕天津橋，隋大業（605～618年）初建。據《元和郡縣圖志》卷五，此橋以大纜維舟，皆以鐵鎖鉤連之，南北夾路對起四樓，其樓爲日月表勝之象。貞觀十四年更令石工累方石爲腳。白居易〈天津橋〉云：「津橋東北斗亭西，到此令人詩思迷。」〔註160〕宋建隆二年（961年）重修。橋橫亙洛水，爲都城之勝。〔註161〕棄生乘車重過洛陽，猶思此名勝。停留期間所遊名勝如下：

（一）龍門山、香山

　　洛陽龍門石窟亦稱伊闕石窟，在今河南市二十五里的伊水入口處兩岸。

〔註157〕《八州遊記》，頁137～138。

〔註158〕王育民著，《中國歷史地理概論》下冊，頁500～512。

〔註159〕楊守敬、熊會貞疏，《水經注疏》（江蘇：江蘇古籍出版，1999年8月第二刷），卷5，〈穀水〉，頁1379～1382。

〔註160〕白居易著，陶敏、魯茜注譯，《新譯白居易詩文選》（台北：三民書局，2009），頁349。

〔註161〕清和珅等奉敕撰，《欽定大清一統志》，卷163，〈河南府・洛陽縣〉，頁297。

西岸叫龍門山，東岸叫香山。〔註 162〕龍門石窟乃北魏宣武帝景明初年，於洛南伊闕山營造。從景明元年（500 年）至正光四年（523 年），爲了開鑿這三個石窟，耗費了許多的人力和物力。〔註 163〕

　　孝明帝即位，太后胡氏於熙平元年（516 年）建永寧寺，營建過度。〔註 164〕翌年，皇太后幸伊闕石窟室。其佞佛而淫亂肆情，卒亡北魏天下。試觀孝明帝神龜二年（519 年），洛陽的羽林、虎賁聚集至千餘人，焚燬征西將軍張彝第宅，只因張彝的第二子張仲瑀曾上封事請重定銓敘法，排抑由代來京的武人。朝廷懼其亂而不問，故賀六渾歎爲北魏將亡之徵。〔註 165〕〈遊伊闕西登龍門山〉云：

> 秋氣鬱以幽，山川淨無埃。本作嵩山邁，翻緣伊闕來。伊水流瀰瀰，龍門青崔嵬。石磴可登陟，洞屋無蒿萊。石勝泉尤勝，瀑泉布石臺。石壁千尺高，萬佛攢一崖。翠華臨幸處，寶座翠微隈（高宗御座留山上）。攀躋路修阻，一望青雲堆。斑駁北魏碑，字字生古苔。唐時蕭穎士，一閱曾徘徊。莫問靈巖寺，胡后跡已埋。山下八節灘，至今水潺潺。

棄生謂嵩高之於龍門，猶泰岱之於歷山也。〔註 166〕故北魏太昌二年（533 年），孝武帝車駕幸伊闕寺，曰嵩高石窟寺。〔註 167〕伊水瀰瀰，龍門青蒼而聳。石磴、洞屋、瀑泉之勝，與千尺高壁與攢崖萬佛相得而增輝。宜乎清高宗曾駐此。攀躋之苦與眺覽之樂相形，而斑駁之魏碑上，苔生苔滅。唐代文人蕭穎士，嘗與李華、陸據同遊此山，三人共讀路側古碑。穎士一閱，即能誦之，可見其才格之高。〔註 168〕文人風雅，殊勝靈巖寺（在龍門山）舊跡。張彝第

〔註 162〕王仲犖著，《魏晉南北朝史》（台北：漢京文化出版社，1992 年 9 月 1 日台版一刷），頁 993。

〔註 163〕北齊魏收撰，《魏書》（台北：鼎文書局，1975 年 9 月初版），卷 114，〈釋老志〉，頁 3043。

〔註 164〕楊衒之著，劉九洲注譯，《新譯洛陽伽藍記》（台北：三民書局，1994 年 3 月版），頁 22。

〔註 165〕北齊魏收撰，《魏書》（台北：鼎文書局，1975 年 9 月初版），卷 9，〈肅宗本紀〉，頁 225、339，卷 64〈張彝傳〉，頁 1432。唐李百藥撰，《北齊書》（台北：鼎文書局，1980 年 3 月 3 版），卷 1，〈神武本紀〉，頁 20。

〔註 166〕《八州遊記》，頁 149。

〔註 167〕北齊魏收撰，《魏書》（台北：鼎文書局，1975 年 9 月初版），卷 11，〈廢出三帝紀〉，頁 286。

〔註 168〕劉昫等撰，《舊唐書》（台北：鼎文書局，1979 年 12 月初版），卷 190 下〈文苑傳〉，頁 5048。

遭羽林軍焚毀事，棄生以為如民國之兵變。〔註169〕龍門，山名，在洛陽南，和香山隔伊水東西相對，形如闕門，故又名伊闕。八節石灘，在龍門南伊水中。會昌四年（844 年），白居易因此灘令船筏破傷無數而與僧悲智經營開鑿以盡除去其險，其〈開龍門八節石灘詩二首並序〉詩序云：「東都龍門潭之南有八節灘、九峭石，船筏過此，例反破傷。舟人檝師，推挽束縛，大寒之月，躶跣水中，飢凍有聲，聞於終夜。予嘗有願，力及則救之。會昌四年，有悲智僧道遇，適同發心，經營開鑿，貧者出力，仁者施財。」云云。其二詩云：「七十三翁旦暮身，誓開險路作通津。夜舟過此無傾覆，朝脛從今免苦辛。十里叱灘變河漢，八寒陰獄化陽春。我身雖歿心長在，闇施慈悲與後人。」〔註170〕棄生來遊，俯視山下八節灘之流水湝湝，功德何其悠長！〈遊伊闕渡伊水東登香山眺見嵩山〉云！

> 熊耳山可望，伊水流不窮。破山出天闕，遠與河洛通。峭壁夾水立，
> 開鑿磨層穹。自是神禹力，不關巨靈工。長虹渡伊水，徑上香山中。
> 重重寺樓迴，想見香山翁。宸遊跡已陳，九老畫屏風。蜿蜒連山起，
> 嵩峰倚正東。脈自嵩高絡，鬱作龍門崇。遠勢青天聳，迴見龍耳松。

熊耳山在洛水北，伊水中穿龍門、香山間，遠與河、洛相通。「破山」句本杜甫〈遊龍門奉先寺〉和〈龍門〉二詩「天闕象緯逼」、「龍門橫野斷」詩語。〔註171〕「破」、「出」二字響亮。「峭壁」二句寫伊闕之峭以襯湍水。《尚書・禹貢》云：「伊洛瀍澗，既入於河。」〔註172〕詩因詠禹功。棄生閒步過如虹長橋，陟香山，因詠唐詩人白居易。唐文宗大和三年（829 年），白居易以太子賓客，分司東都洛陽。晚年隱於此，時往來香山寺，自號香山居士。〔註173〕又與胡杲、吉皎、鄭據等八人，於其履道坊合尚齒之會，作九老圖。〔註174〕香山本

〔註169〕《八州遊記》，頁 151。

〔註170〕白居易著，〈開龍門八節石灘詩二首並序〉，《白居易集》（台北：漢京文化，1984 年 3 月 20 日初版），頁 845。白居易著，陶敏、魯茜注譯，《新譯白居易詩文選》（台北：三民書局，2009），頁 394～400。

〔註171〕杜甫著，楊倫編輯《杜詩鏡銓》（台北：華正書局，1986 年 8 月版），頁 1、10。

〔註172〕未列作者，《尚書・禹貢》（重刊宋版十三經注疏本，台北：藝文印書館，1989 年）。

〔註173〕劉昫等撰，《舊唐書》白居易本傳。顧學頡，《白居易年譜簡編》。附於白居易撰，《白居易集》書末。

〔註174〕《白居易集》，頁 850。〈胡、吉、鄭、劉、盧、張等六賢，皆多年壽，予亦次焉。偶於弊居，合成尚齒之會。七老相顧，既醉甚歡。靜而思之，此會稀有；因成七言六韻以紀之，傳好事者〉，頁 1521，〈九老圖詩并序〉。

有高宗御碑亭及九老堂屏。〔註 175〕嵩山蜿蜒自東，鬱結龍門之崇險。「遠勢」句如畫龍入青雲，意已幽遠。末句以眼前高松相襯，如點睛之筆，餘味雋永。

（二）北邙山

北邙山在洛陽市北，又名芒山。伊尹、蘇秦、孔融等，皆有冢在此。〔註 176〕橫亙、洛、偃師、孟津四縣，二百餘里。〈北顧北邙山〉云：

> 北面障黃河，東西直如矢。方廣比長城，連橫二百里。周王田北山，
> 有林應有雉。于今何濯濯，墳墓滿山趾。草色半有無，翁仲多傾圮。
> 東漢魏晉陵，有存亦有毀。黃河從西來，陰風東北起。一望白雲多，
> 山平日色紫。

詩首敘其形勢。「自氾水以來，河南郡縣所以無河害者，東有成皋爲保障，西有北邙爲保障也。」故以長城爲喻。《左傳・昭公二十二年》：「夏四月，王田北山。」北山即北邙山。〔註 177〕昔日之林雉苑囿，今已童山濯濯，滿山墳墓。棄生「在洛陽車驛站高處，望見北面山上司馬懿陵，石翁仲竟尚有存者。」欲復望漢魏諸陵，遠不可見矣。〔註 178〕「黃河」二句，景幽曠而略感悲涼，是融情入景的佳句。結寫白雲麗日景緻。

六、開封

戰國的魏，五代的後梁、後晉、後漢、後周，以及北宋、金，先後建都在開封，向有「七朝都會」之稱。〔註 179〕今開封夷山上有北宋所建鐵塔，俗稱鐵塔寺，又稱琉璃塔。〔註 180〕棄生〈登開封琉璃塔（即古鐵塔）二首〉云：

> 黃河千里接嶧陵，東望中原北塔登。
> 俯見斜陽飛鳥背，不知身在十三層。（其一）
> 一望茫茫白氣敷，萬家煙戶稱祥符。
> 艮山花石今何往？燈火樊樓亦已無。（其二）

〔註 175〕《八州遊記》，頁 150。
〔註 176〕樂史撰，《宋本太平寰宇記》（北京：中華書局，2000 年 1 月江蘇第一刷），頁 30，卷 3，〈河南府〉。
〔註 177〕楊伯峻著，《春秋左傳會注》（高雄：復文書局，1986 年 8 月初版），頁 1345。
〔註 178〕《八州遊記》，頁 156。
〔註 179〕王育民著，《中國歷史地理概論》下冊，頁 514。
〔註 180〕孟元老撰，鄧之誠注，《東京夢華錄》，頁 108。

由塔頂西望，黃河千里，崤函險要。東望中原則沃野平壤。俯見鳥背斜陽，始覺塔高。塔乃仁宗時修造。茫茫白氣中，想像北宋萬家煙戶。如今徽宗艮嶽花石何在？當年「夜深燈火上樊樓」之風光早已消散。〔註181〕

七、徐州

棄生遊徐州老黃河橋、黃樓、景蘇堂、快哉亭、燕子樓等處，形容此城：

> 下西城出南門，將訪三古蹟，見南門繁盛冠全城，自南門內街市，一直連南門外街市，約數里，南門外且有一橫街作丁字形，街敷大石，久且窪坳，江北徐州之繁盛，出余意外，徐州南街之繁盛，尤出余望外，百貨之肆，以莊名、以公名、以坊名、以棧名者，靡不龐然廣大，居積百貨，四門皆然，而此尤夥頤；然東門多雜有洋樓式，或爲後來興起，此則屋宇皆四垂，方平方斜古式，全街皆古風，自是二百多年前厚殖積累而來，非受近今火車之賜者。余上午出南門，而肩摩轂擊，下午入南門，而輻輳鞅掣，其盛況洵堪悚目，而最卓犖不群者，在乎不以商場名，而商場亞於上海、漢口，乃絕無外人插足其間，純然中國之市場，宜乎張勳據此州，幾已成一敵國也。〔註182〕

今徐州市，古爲殷大夫老彭之國，春秋屬宋，爲彭城邑。戰國屬楚，秦置彭城縣。漢元年（西元前206年），項羽自立爲西楚霸王，都此。五年（西元前202年）屬漢，爲楚國，三國魏始移徐州來治，晉亦曰徐州彭城國。清屬江蘇省徐州府，領州一縣七。歷來爲兵家必爭之地，今爲京滬、隴海鐵路交通要衝，民國三十四年（1945年）設市。〔註183〕民國六年（1917年）擁戴宣統，通告復辟的武將張勳，當年即據此爲大本營。棄生〈登徐城黃樓眺望眾山感作〉云：

> ……憑欄望呂梁，恍有泗水聲。北聽桓山鳥，西南放鶴亭。鶴去人跡空，山色鬱嶒嶸。巒嶂四迴合，缺處亭榭明。遙遙思古人，感感懷古情。高隱今不作，功業復誰成？黃樓障黃流，禍水今不生。獨愁淮泗間，戎馬來戰爭。

〔註181〕劉子翬〈汴京紀事二十首〉其十八。王明蓀編撰，《大城小調——東京夢華錄》（台北：時報文化，1981年元月1日典藏版初版），頁72、125。

〔註182〕《八州遊記》，頁180。

〔註183〕清和珅等撰，《欽定大清一統志》，卷68，〈江蘇省·徐州府〉，頁391～392。牛汝辰編，《中國地名由來詞典》，頁108。

此登黃樓，因憶東坡〈放鶴亭記〉：「彭城之山，岡嶺四合，隱然如大環，而獨缺其西十二，而山人之亭適當其缺。」故名之曰：「放鶴亭」。乃爲雲龍山人張天驥作放鶴招鶴之歌，末云：「歸來歸來兮，西山不可以久留。」〔註184〕巒障迴合，「缺處亭榭明」。遙目所眺所思，感感有懷古情。高隱不作，賢守安在？禍水雖不生，而兵燹猶未已，不禁愁懷。〈徐州城內東南登景蘇堂復繞快哉亭二首〉其二云：

> 一路名山與目迎，西從洛汴到彭城。

> 誰知雪月陽春地，處處貔貅駐老兵（本爲唐陽春亭地今駐兵）。

此快哉亭爲宋張邦直即唐薛能陽春亭舊址所重建，由東坡名之者也。雪月風流之地，爲貔貅駐佔，斯文掃地矣。

（一）燕子樓

徐州西門有燕子樓，清光緒年間修置，非故址。〔註185〕燕子樓原爲唐關盼盼爲張建封守志之蹟，棄生〈徐城西訪燕子樓二首〉云：

> 葳蕤鎖落已千秋，當日無人燕燕愁。

> 被冷香消霜月夜，我來無夢亦登樓（東坡有夢盼盼詞）。（其一）

> 白楊紅粉久成灰（本白詩意），我向城西訪古回。

> 太息岳陽鴻雁盡（本關盼盼詩意），樓頭燕子不歸來。（其二）

白居易嘗遊、泗，與張封建之宴而睹盼盼風態，憶舊詠之，作〈燕子樓三首并序〉其一、其三云：

> 滿窗明月滿簾霜，被冷燈殘拂臥床。

> 燕子樓中霜月夜，秋來只爲一人長。（其一）

> 今秋有客洛陽迴，曾到尚書墓上來。

> 見說白楊堪作柱，爭教紅粉不成灰。〔註186〕（其三）

棄生詩其一本樂天「被冷」、「霜月」詩意。「鎖落」音同「索落」，形索寞寥落之景。蘇軾嘗夜宿燕子樓，夢盼盼，因作〈永遇樂〉一詞，故詩末言之。〔註187〕其二亦本樂天詩意。關盼盼和樂天詩，有〈燕子樓三首〉其三云：

〔註184〕《蘇軾全集》，頁357。
〔註185〕《八州遊記》，頁177、179。
〔註186〕白居易著，《白居易集》（台北：漢京文化，1984），卷15，頁312。
〔註187〕蘇軾著，龍榆生校箋，《東坡樂府箋》（台北：華正書局，1990年），頁104。

適看鴻雁岳陽迴，又睹玄禽逼社來。

瑤瑟玉簫無意緒，任從蛛網任從灰。〔註188〕

棄生本其意，太息鴻雁南迴北歸，卻不見當年舊燕，空寂中頗有蒼涼感。

（二）登雲龍山眺戲馬臺並訪古亭院

戲馬臺在徐州城南門外，爲項羽所築。〔註189〕東晉安帝義熙十二年（416年），劉裕次於彭城，遣將北伐後秦，立第舍於項羽戲馬臺，作閣橋渡池。重九日，劉裕引賓佐登此臺，會將佐百僚，賦詩以觀志。〔註190〕棄生〈登雲龍山眺戲馬臺並訪古亭院〉云：

> 名山有雲龍，古臺誰戲馬？我來重九後，秋氣何飄灑。秋風颯颯生，
> 秋色蕭蕭下。石巖層層高，磴道不易假（有兵駐守）。登磴望山頭，
> 隱然開廣廈。有亭倚山阿，放鶴名獨雅。懷古多慨慷，項王氣亦寡。
> 後來劉德輿，北征舉杯斝。未踰大峴關，已震鉅鹿瓦。中原事故多，
> 風雲如轉輠。兵氛及靈山，營壘遍諸夏。循山訪寺庵，落葉盈幾把。
> 南望楚時臺，重岡橫曠野。

雲龍山在戲馬臺北，去城南門三里餘。常有雲氣蜿蜒如龍，故名。唐景福二年（893年），朱全忠子友裕擊時溥於此，俗名稱石佛山。〔註191〕登此名山而眺戲馬臺，當日霸王，如今何在？惟覺秋色飄灑，「颯颯」、「蕭蕭」摹寫秋景之蕭條。棄生歎名山爲兵占，且設步兵科於山上營中，實在殺風景，可惡！〔註192〕益發顯出放鶴亭之高雅。因懷宋武帝劉裕未即大位前，曾於重九率僚屬登戲馬臺，舉杯賦詩，志在北伐。義熙五年（409年），南燕慕容超大掠淮北，劉裕抗表北討，入大峴關，破超軍。翌年屠廣固，獲超，送至建康，斬於市。〔註193〕詩所謂「未踰大峴關」，軍聲已足令鉅鹿軍瓦解，劉裕彷彿項羽當年。因念中原事故頻傳，戰雲轉輠不斷。悵念靈山爲兵所佔，華夏何處沒有營壘？循山訪古寺，寺惟落葉盈庭。值此搖落季節，望戲馬臺而慨深。

〔註188〕清聖祖御製，《全唐詩》（台北：明倫出版社，1971年5月初版），卷802，頁9023。

〔註189〕宋樂史撰，《太平寰守記》（《景印文淵閣四庫全書》〈史書·地理類〉第469冊，1983年10月初版），卷15，〈河南道十五·徐州〉，頁128。

〔註190〕《太平寰宇記》，頁128。

〔註191〕清和珅等撰，《欽定大清一統志》，卷68，〈江蘇省·徐州府〉，頁395。

〔註192〕《八州遊記》，頁180～181。

〔註193〕梁沈約撰，《宋書·武帝本紀》（台北：鼎文書局，1975年6月初版），頁36、17。

（三）范增冢

棄生言范增冢在徐州城南門外三里，冢無碑，惟一小山，山前一亭。亭內懸乙卯奉新張勳集溫飛卿詩句作對聯云：「世上英雄本無主，今日飄零過此墳。」幕中人筆也。考《史記》范增怒辭項王歸，過彭城，疽發背死，故彭城有冢，然今廬州府巢縣亦有范增墓，在東門外，則以范增本居鄛人，裴駰引《皇覽》謂冢在廬江居巢郭東，居巢庭中，有亞父井，郭東有亞父祠，吏民皆祭祀，由是巢之有墓，故里也，彭城之有墓，卒處也，或二處之人爭存古蹟，或先葬彭城，後遷巢縣，未可知也。墳在城東北而南向，西出與雲龍山對峙。〔註194〕范增為安徽居巢人，年七十，素居家，好奇計。項羽尊為亞父，項梁納其計而立懷王。鴻門宴上，增數目項王，舉所佩玉玦以示之者三，示意項王殺劉邦。王不忍。增又召項莊舞劍，志在殺劉邦。誰知項伯以劍翼護。樊噲入立，瞋目項王而辭氣奪人。劉邦藉如廁而遁，張良留謝，巧獻玉斗。增怒而拔劍撞破之，恨此計不成，劉邦從此如龍歸大海矣。後陳平設間，項王疑增有二心。增怒而退歸，未至彭城，疽發背而死。〔註195〕《水經注》謂其故鄉居巢縣有亞父冢、亞父井，吏民視事皆祭亞父於居巢廳上，後更造祠於郭東。〔註196〕〈城南步范增墓〉云：

> 纍然一古邱，無碑亦無碣。怒辭楚王歸，疽到彭城裂。想撞玉斗時，
> 奇氣碎金玦。目向項莊嗔，嘔比萇弘血。漢地楚歌多，斯墳竟不滅。
> 一亭臥小山，長繞故都轍。居巢亦有墳，郭東亦有垺。有祠享春秋，
> 魂兮故鄉悅。

詩敘范增怒辭項王，想其於鴻門宴上撞破玉斗，何其怒又何其不甘！其人有奇計，富於奇氣。一瞋一嘔，增既卒，項王帝業亦無望矣。「漢地」句，言後人懷思不絕。其故鄉居巢百姓之崇祀，亞父有靈，魂必悅其家鄉。

八、北京

北京為遼、金、元、明、清五朝故都，棄生〈夜入北京書感〉云：「夙昔夢京華，金華羅胸次。今來入京師，夜行真夢寐。……倘復下紅塵，黃竹聲酸鼻。惟有蓬萊山，人人皆可至。上界足宮府，太清發深閟。我本方外人，領略江湖味。偶來窺舊京，草野同一致。」昔日希求科名高中，嘗夢帝鄉。

〔註194〕《八州遊記》，頁180。
〔註195〕《史記會注考證》，卷7，〈項羽本紀〉。卷56，〈陳丞相世家〉。
〔註196〕民國楊守敬、熊會貞疏，《水經注號》，卷25，〈泗水〉，頁2146。

如今夜入京師，前塵回首似夢。牽涉神話，渲染其樂，無非要對比人間有黃竹之哀曲，令人酸鼻。人人可繫仙籍，惟天界官府本足，何如逍遙方外？領略江湖況味，方知舊京何如草野。其〈景山弔古〉云：

> 京師無崇邱，積土難峻陗。禁中惟景山，可以舒遐眺。前此千百年，
> 深鎖入紬窔。元時靈圃間，時有珍禽耀。明季流寇侵，烽火京師照。
> 思陵登望中，被髮昆吾叫。至今五峰亭，後來誰憑弔？皇皇九室殿，
> 有清供御肖。集祥興慶閣，登臨環眾妙。前俯紫禁城，右顧西海嶠。
> 樓臺交綺紛，湖樹蒼茫搖。南望神武門，已無衣冠召。濠水澂冬冰，
> 頹陽有殘曜。我來見銅駝，幸無崑火燎。

洪炎秋〈遊景山筆記〉言景山爲大內鎮山，〔註197〕登此可舒遐眺。前此千百年，則深鎖入於窔奧之大內。元時爲靈圃。明末思宗因流寇陷京，自縊於此。「珍禽耀」對比「烽火照」，形容帝子被髮哀叫，如今誰來憑弔？有清宮室樓臺綺紛，登臨此處可一覽無遺。惟神武門已無衣冠縉紳執笏而朝見天子。濠水澂冰，頹陽殘曜，隱然有銅駝之悲，幸無崑火燎延之災禍。

九、杭州

杭州，唐天寶中曾一度改名餘杭郡。杭州在浙江旁，浙江即錢塘江。長慶二年（822 年）七月，白居易赴杭州刺史任的途中，作五言古詩〈長慶二年七月自中書舍人出守杭州，路次藍溪作〉云：「餘杭乃名郡，郡郭臨江汜；已想海門山，潮聲來入耳。昔了貞元初，羈旅曾遊此，甚覺太守尊，亦諳魚酒美。因生江海興，每羨滄浪水。」此詩如學者陶敏、魯茜云：「說明自中書舍人出守杭州的緣由，追敘少年時對餘杭山水和太守的傾慕之情，抒發了踏上行程的興奮心情。」〔註198〕也記述當地名勝佳餚。

北宋的杭州，如歐陽修〈有美堂記〉云：「若乃四方之所聚，百貨之所交，物盛人眾，爲一都會，而又能兼有山水之美，以資富貴之娛者，惟金陵、錢塘。」：

> 今其民幸富完安樂。又其俗習工巧，邑屋華麗，蓋十萬餘家。環以湖山，左右映帶，而閩商海賈，風帆浪舶，出入於江濤浩渺、煙雲杳靄之間，可謂盛矣。〔註199〕

〔註197〕《八州遊記》，頁 244。
〔註198〕白居易著，陶敏、魯茜注譯，《新譯白居易詩文選》，頁 281。
〔註199〕黃鈞等注譯，《新譯古文辭類纂》，頁 3178。

可見北宋杭州之繁榮。現今杭州市，古時爲南宋都城所在，洪〈西湖雜詠六首〉其三、其四云：

> 層層樓閣半空張，萬疊山光蘸水光。
>
> 爲是葛仙仙跡在，誰尋秋壑半閒堂？（其三）
>
> 湖上依然似畫圖，冬青樹冷六陵蕪。
>
> 孤臣長占棲霞嶺，宋代湖山半畝無。（其四）

杭州寶石山有大佛寺，西南葛嶺，晉葛洪古蹟也。高有千數百尺，棄生云：「峻處轎不可行，亦南北高峰之亞，而嶺上勝景過之。」有喜雨亭、頑石亭、覽亭，「各亭皆有邱壑可觀。」又有樓閣稱抱朴廬，本葛洪抱朴子之號，南宋奸相賈似道半閒堂亦在此處。是處有石坊，署「古葛嶺院」，臨崖一坊，篆「葛嶺朝暾」，又有葛公廟、煉丹井。絕頂有煉丹臺，可仰望龕赭二山，「鎖鑰江海，杳杳間遠峙江口，昔時二山在水中，今已在陸地，東南則蕭山連亙不斷，近視西湖之舟，如落葉。」葛公廟據芥川龍之介描繪，屋檐的瓦脊反翹著，猶如一隻正要展翅飛翔的小鳥。〔註200〕

　　西湖葛嶺上有晉葛洪遺跡，如抱朴廬。有南宋奸相賈似道置半閒堂，亦是處也。當似道結構時，架山飛樓，鑿地透洞，據嶺增臺，其麗較之數十倍。棄生所見，則荒落之餘，後人所修矣。「爲是葛仙仙跡在，誰尋秋壑半閒堂？」「孤臣長占棲霞嶺，宋代湖山半畝無。」棲霞嶺的岳王廟及葛仙仙跡，長映西湖風月，鎮住士子和遊山「地仙」們虔誠信仰的目光，而翻雲覆雨的奸相、寡恩的朝廷則零落殆盡，如過眼煙雲。

　　西湖棲霞嶺亦稱桃花嶺，有水曰桃花溪，洞曰棲霞洞、香山洞。西北古劍關，有牛將軍皋，嶺南麓即岳王墳、廟。〔註201〕〈登棲霞嶺歷嶺上洞下訪岳墳岳廟〉云：

> ……山北古劍關，時有雲霞送。山麓岳王墳，雲霞罩梁棟。廟內精
>
> 忠柏，諸葛爲伯仲。河山今已非，湖山如入夢。廟外冬青樹，應有
>
> 黍離痛。

描寫梁棟罩雲霞，廟貌輝煌。擬武穆精忠如國之棟樑。廟柏森森，宛如諸葛祠堂，武穆濟世救時之心亦似之。宋代河山已非，湖山如夢。睹宋陵冬青，不禁有興亡滄桑之痛。

〔註200〕芥川龍之介著，陳生保、張青平譯，《中國遊記》（北京：北京十月文藝出版社，2005年），頁31～61。

〔註201〕《八州遊記》，頁297、290。

　　岳墳岳廟之外，又有唐代錢塘名妓蘇小小的墓。民國十一年（1922年），日本作家芥川龍之介來遊，認爲無可觀，頗爲荒漠，他引清代常熟詩人孫子瀟的詩：「段家橋外易斜曛，芳草凄迷綠似裙。弔罷岳王來弔汝，勝他多少達官墳。」反襯此處根本沒有什麼似裙的草色。〔註202〕

　　古都之繁華易逝，當日之熇熇只落得後日之涼涼，反不如隱士之遺跡，猶供人瞻仰，如〈金陵雜詩十首〉其九所云：「孤冷偏能耐久留。」〈遊西湖公園訪故行宮出園至林處士亭墓轉向平湖斷橋過寶石山塔〉云：「時世一滄桑，河山誰管領？無限上林花，殘落荒煙冷。不及處士亭，長留放鶴境。墓梅三百株，長伴林和靖。」〔註203〕在開封憑弔帝王遺跡，歎猶不及唐代李、杜等文人，到處爭爲名勝。所謂天上何如人間，帝京何如草野。遊蘇州時，愛其園林小橋人家。遊南京時，如〈登三台洞〉、〈杭郡登吳山巔憑弔宋大內放歌〉諸詩所詠。於興亡滄桑中體悟了當下行樂的重要！閒放之情態可掬。紹興雖不及杭州來的繁華，反較傖荒。然風俗淳厚近古，山水優美，更引人留連。

第五節　敬天愛人，偃武修文

　　棄生此行，正值中國軍閥混戰割據，舊文化已衰頹，五四運動以來提倡的民主、科學尚未生根；民國革了清朝的命，卻得忍受西方列強的欺凌。「敬天愛人，偃武修文。」棄生批判軍閥亂政，民不聊生；因此推崇儒家仁義教化，仰讚文人遺跡。對於三代聖君也多有吟詠懷想。例如遊南京時，慨歎六朝金粉，既已零落，因云：

> 故惟江上青山，亘古長新，而遠客來遊，則惟醉心城市，未有能叩寂求音，泛舟大江上，與波濤上下，停橈躡屐，上翠巔，訪今古迹，是可惜焉。〔註204〕

陸機〈文賦〉云：「課虛無以爲有，叩寂寞而求音。」此一虛靈寂寞，上下求索的道心，徵諸歷史，親身體驗，正是司馬遷所謂「究天人之際」、「通古今之變」。棄生〈漢口五里外古德諸寺〉云：「漢上繁華地，東皋無市喧。非緣尋古寺，我亦愛荒村。」所愛者如孟子所謂「求其放心」，欲訪古論今，尋幽

〔註202〕芥川龍之介著，陳生保、張青平譯，《中國遊記》，頁31～61。
〔註203〕《八州詩草》，頁90、92。
〔註204〕《八州遊記》，頁37～38。

訪勝，驗證徵信，周覽天地，可見其深造自得的學識造詣。其憂生憂世，想像由此界飛昇彼界，又有屈原〈離騷〉「忽反顧以遊目兮，將往觀乎四方。」的情懷。

棄生極崇仰孔、孟。〈拜謁夫子墓〉云：「何如習禮墓門居。」〈拜謁夫子廟〉云：「大同道可化夷華。」〈鄒縣望亞聖孟林感作二十四韻〉云：「當時戰國初，縱橫日驅騁。計利而忘義，政苛刑亦猛。維公標王道，仁義日彪柄。」強調孔孟仁義之說，復禮克己，方是文質彬彬的君子。棄生訪濟南城東閔子祠及閔子墓，引蘇轍〈齊州閔子祠堂記〉所記，原先「墳而不廟」，熙寧八年（1075 年）始建閔子祠堂。其地今屬濟南市歷城區。《論語・先進》載孔門弟子中以「德行」著稱者有顏淵、閔子騫、冉伯牛、仲弓四人。閔子騫名損，以孝聞名，終生未仕。其辭謝爲費宰而未嘗仕季氏，《論語・雍也》：「季氏使閔子騫爲費宰，閔子騫曰：『善爲我辭焉。如有復我者，則吾必在汶上矣。』」欲逃出魯國，到齊國去，對出處去就之分際，高潔自守。棄生〈兗州城下驛詠〉云：

> 海岱青徐野，蒼茫杜甫臺。大風河泗過，雄望魯齊開。汶上人何往，
> 瑕邱我亦來。曠觀東郡路，水陸北燕回。

「汶上人何往」，懷想古昔典型。〔註 205〕遊北京圜丘等地，其〈瞻圜丘方澤及日月壇感作二十韻〉云：「冬至典禮修，齋宮鳴鐘鼓。方澤在北郊，夏至祀后土。……日月祀春秋，今乃爲兵廐。射血及投龜，楚靈踵商武，慢神將虐民，天人所不與。我觀袁氏初，禮憲無一舉。是知奸猾胸，素無學問貯。豈眞馬上徒，惟知事軍旅。俎豆化干戈，此意難爲語。大位將闇干，神靈默不許。甘泉有泰畤，汾陰有鐘虡。」批評民國初年袁世凱稱帝，惟恃武力而不知修德安民。引用甘泉泰畤，紫壇八觚。以日、月、星、北極爲中，北極爲天之中央，眾星拱之，乃君王的象徵。爲人君者竟慢神而不修禮樂，終將慢民而失民心。學者余英時概括對「禮樂」的認識。引《說文・示部》：「禮，履也，所以事神致福也。」又引《史記・封禪書》簡括《周禮・春官・大司樂》的文字云：「冬日至，祀天於南郊，迎長日之至；夏日至，祭地祇。皆用樂舞，而神乃可得而禮也。」禮以「事神」，樂以「禮神」，「禮樂」的主要功能在溝通「天」與「人」，因而具有宗教性格。余英

〔註205〕蘇轍著，朱剛注譯，《新譯蘇轍文選》（台北：三民書局，2008），頁 124～128。《八州遊記》，頁 211。《八州詩草》，頁 63。

時論周公「制禮作樂」，在於以「德行」說「禮」，而「禮」的終極源頭在「天」。孔子又以「仁」是「禮」之本，「禮」是「仁」的載體，在實踐中交互作用，交互制約。

棄生引楚靈王典故，諷刺楚靈王卜曰：「余尚得天下。」不吉，投龜詬天而呼曰：「是區區者而不余畀，余必自取之。」事見《左傳‧昭公十三年》。以及《左傳‧昭公七年》無宇諫楚靈王：「昔武王數紂之罪以告諸侯曰：『紂為天下逋逃主萃淵藪，故夫致死焉。』君王始求諸侯而則紂，無乃不可乎？」又暗用《左傳‧昭公四年》，楚靈王欲會諸侯為盟主，徵晉同意事。晉平公欲勿許，但司馬侯以為「不可」，提出「先王務修德音」、「不聞其務險與馬。」以及《左傳‧昭公十二年》引孔子語：「仲尼曰：『古也有志：克己復禮，仁也。』信善哉！楚靈公若能如是，豈其辱於乾谿。」棄生引典以諷刺袁世凱，不知敬天愛人，修身安民，惟知逞武肆暴，妄自稱帝，終受辱而亡。

關於「天人合一」的哲思，學者余英時論述卓犖。他借用德國哲學家雅斯培「軸心突破」（人類對宇宙，人生體認的思維躍進）觀念，認為孔子尋找「禮之本」，不外向天地而內向人心，最後歸宿於「仁」。尤其論《國語‧楚語下》「絕地天通」觀念，認為「軸心突破」「也許可以較合理地理解為巫師（包含「群巫之長」的王）透過儀式壟斷與天交通的終結。」並引《孟子》養浩然正氣，以及《莊子》「心齋」的觀念。又引《管子‧內業》論氣化宇宙論，以心容納氣，乃精純之氣（「精」），與智慧或認識（「知」）的源生地，強調「延壽」非鬼神之力，而是出於個人修養的「精氣之極」，即要摧毀巫神作為人神間中介角色的一項主要功能。要而言之，他認為楚地文化中以及齊地受稷下學官影響的巫的傳統，在儒家孟子，以及發揮墨家思想的惠施，另一家道家莊子等先秦諸子新的「天人合一」思想中，強調以精神修煉建立理想的政治、社會秩序，也就是孔子「修己以安百姓」的觀點。以「心」「道」合一的構想取代人、神溝通的信仰。人「得道之精」於心，謂之「德」，此本自《管子‧心術》，而「修德」重在個人內化，從「修身」做起。徵諸荀子強調「修身」乃「治氣養心之術」。余英時認為「治氣」是自古以來巫所習用的技能，「養心」則是先秦諸子為「求道」而發展出來的新方法。「心」的功能在理性思維，認識「天」自然的法則秩序。而「道心」即是「天」，是價值根源。而「道心」源自「人心」，「心」與「道」合一是新「天人合一」，乃是內在超越，即超越世界的「道」和現實世界的「人倫日用」，是「不即

不離」的關係。〔註206〕

　　爲人君者若慢神而不修禮樂，終將慢民而失民心，因此古代聖君遺跡值得遺詠，如濟南歷山又名千佛山，爲濟南三大名勝之一，傳說舜曾在此躬耕。〈歷山登眺入千佛寺謁舜祠〉云：

> 千層陟雲扃，百疊鋪輦路。翠華今不來，華表尚如故。上有讓帝居，
> 永有神靈護。山半望黃河，濛濛起黃霧。齊煙九點間，黃流千里騖。
> 左顧扁鵲山，右顧華不注。龍洞燕子峰，嵯峨歷城附。佛殿燈幾重，
> 帝子香一炷。山中訪舜泉，舜井今已洇。餘泉佛洞間，清澂過十步。
> 山篠吹山風，嶺上雲流素〔註207〕。

此山有清高宗臨幸輦路。翠華不來後今人來。舜乃禪讓之聖君，舜祠如有神護。「齊煙九點」坊爲山上名勝。登山可望扁鵲、華不注、龍洞、燕子峰等山，〔註208〕但見黃流千里奔騖。馨香一炷拜帝子，並訪舜泉、舜井。佛洞間有餘泉清澈，「山篠」句以山風拂枝篠，白雲流素，增添山之氤氳景致。此處有隋代碑刻，葉昌熾云：

> 龍門佛象一千餘龕，而隋刻寥寥無幾。（開皇裴悲明、大業李子贄、
> 梁口仁僅三刻。）幾輔秦晉之郊，亦無蓮臺百億，涌現於層崖峭壁
> 間。惟歷山之千佛山，益都之雲門、玉函兩山，巖洞纍纍，皆隋刻
> 也。其次則沂州琅邪書院，亦多隋人造象碑，蓋開皇、大業之間，
> 惟齊魯濱海，此風爲盛行耳。〔註209〕

歷山之千佛山碑刻使人遊此更發思古幽情。棄生遊山東泰山，詠古代帝王封禪事。東嶽泰山海拔一千五百四十八米，位齊、魯之間。春秋戰國時，周天子就對泰山舉行祭祀禮。秦始皇在公元前兩百四十四年，前往泰山進行封禪。封禪，據《白虎通》云：「封者，增高也。下禪梁甫之山，基廣厚也⋯⋯天以高爲尊，地以厚爲德。故增泰山之高以報天，附梁甫之基以報地。」誠如學者韓養民所說，戰國後期以陰陽五行與神仙怪異結合的齊地文化。尤其是鄒衍「五德終始說」，因秦始皇採用而行封禪禮。〔註210〕登泰山築壇祭天曰「封」，

〔註206〕余英時著，《論天人之際：中國古代思想起源試探》（台北：聯經出版社，2014
　　　　年1月），頁91～109，137～188，200～250。
〔註207〕作者註：「十四年。」
〔註208〕《八州遊記》，頁208～209。
〔註209〕葉昌熾撰，《語石・語石異同評》，頁20。
〔註210〕韓養民著，《秦漢文化史》（台北：里仁書局，1986），導論，頁8，頁98、179。

在泰山下梁父山築壇祭地曰「禪」。秦皇漢武所重的封禪，是本自齊地齊人的宗教系統，又特別崇禮泰山，梁父的地方神。漢武帝崇信神仙，聽信方士之言。東巡海上，封禪泰山，向蓬萊找仙藥；西求西王母仙境，求大宛馬，欲駕天馬成仙，又修甘泉宮，置三神島，承露盤等。此外，秦始皇在舊都雍（今陝西鳳翔）郊祀四時之禮。西漢自成帝後，定於國都長安行郊祀禮以事天通神，加強皇權「承天治民」的合理統治。棄生〈登泰山四首〉其四云：

> 我夢登崑崙，高舉窮天維。息駕扶桑頂，晞髮弱木枝。忽忽到泰山，
> 遂向天門窺。三宮倏在望，萬象皆已卑。河山成瑣碎，辰宿亦下垂。
> 俯視神靈都，森森列雲旂。天潢自空瀉，萬丈翻蛟螭。嘗聞古帝巡，
> 負海舞馮夷。七十有二代，封禪我所疑。惟茲洞府深，永與天神宜。
> 盤旋漢武路，嶙峋始皇碑。滄海推日出，正對玉帝祠。我從黑海來，
> 塵世足〔註211〕顰眉。扶搖日月觀，避世求〔註212〕安期。道逢積丘
> 君，告我勿下馳。寒吾北斗臺，濯足〔註213〕玉女池。遙指丈人峰，
> 可與人世辭。揮斥出八荒，天雞曉鳴時〔註214〕。

崑崙，山名，在新疆、西藏之間的高山。《山海經》、《淮南子》、《神異經》、《穆天子傳》等書都記載崑崙山的神話傳說。又《初學記·卷五》引《河圖括地象》曰：「崑崙山爲天柱，氣上通天，崑崙者，地之中也。」詩一開始運用夢境和神話，細繹詩意，實爲文學誇飾手法，彰揚如《莊子》所謂「獨與天地精神相往來」，某種神祕體驗以及夢境預示。棄生〈遊泰山四首〉其二云：「絕頂濛濛間，青旻連青壁。真人御風行，去天不盈尺。俯視山半雲，雷聲出山腋。朝登日觀峰，滄海扶桑色〔註215〕。」傳承自此。另外，《楚辭·遠游》由「憂世」而「憂生」而追求「度世」，超越此世。游觀天地追求安身立命的熱烈態度。「遠遊以求道」，追尋生命價值和意義。而莊子認爲孔子遊於道術，仍是「遊方之內」，其主張「與造物者爲人，而遊乎天地之氣。」飛越超舉之凌虛狀態，見〈逍遙遊〉。

《莊子》中「真人」的形象，帶有「巫」的色彩。今商代卜辭中求雨之祭常用樂舞。《墨子·非樂上》云：「是故子墨子曰：『爲樂非也。何以知其然

〔註211〕編者按：「足」，省文獻會全集本誤作「是」，今據原稿甲本改正。
〔註212〕編者按：「求」，省文獻會全集本誤作「彷」，今據原稿甲本改正。
〔註213〕編者按：「濯足」，省文獻會全集本「足」誤作「是」，今據原稿甲本改正。
〔註214〕作者註：「十七日。」
〔註215〕作者註：「既望夕作。」

也？』曰：『先王之書《湯之官刑》有之，曰：其恆舞于宮，是謂巫風。』」陳夢家（1911～1966 年）引此文，斷定「巫之所事乃舞號以降神求雨。」〔註216〕棄生詩「嘗聞古帝巡，負海舞馮夷。」本巫之形象誇飾封禪之舉。又虛設一「智慧老者」仙人之流來開示，彷彿進入神秘洞天，遠離塵世劫難，「揮斥出八荒，天雞曉鳴時。」想像神遊，與李白遊泰山所作詩風相近。

　　李白〈遊泰山六首〉其五云：「終當遇安期，於此煉玉液。」其一云：「四月上泰山，石平御道開。六龍過萬壑，澗谷隨縈迴。馬跡遶碧峰，於今滿青苔。飛流灑絕巘，水急松聲哀。」其四云：「攀崖上日觀，伏檻窺東溟。海色動遠山，天雞已先鳴。」云云。棄生詩先寫夢境，本〈離騷〉「折若木以拂日兮」詩意。「萬象」數句，意象雄奇。「嘗聞」數句，看似質疑帝王封禪事，其實以此作誇飾語。「滄海」句，以「推」字狀波浪翻湧，可媲美太白「海色」一句。安期、天雞等意象承襲前人，虛設仙人語，一吐悲情。哀而不傷，敦厚有自家風格。

　　此外，他吟詠古長城，沉思古人設禦防備事，如遊山東齊長城時，〈過長城嶺〉云：

　　　　齊人築長城，南向備楚國。平陰至琅邪，河海千里極。我過城已夷，

　　　　楚氛亦已熄。日色已沈西，嶺頭雲墨墨。

此在山東界首車站望長城。〔註217〕春秋齊宣王時期（西元前 319～301 年），楚人伐齊，常取道齊國東南部的莒。齊宣王因舊築新，齊長城西起平陰，東至琅玡入海，以為禦楚之防。〔註218〕「河海千里極」的城牆已夷滅，楚氛亦熄滅矣。隱然有偃武修文之意。此意又見於吟詠古今戰場與戰事，如〈北望裕溪口〔註219〕〉：

　　　　東吳赤壁後，濡須亦惡戰。力爭到淮南，始可固江甸。水陸攻〔註220〕

　　　　合肥，此口成急漩。遠江煙靄中，一望青如澱。下有濡須水，上有

　　　　濡須山。巢湖出何處，還入實湖間。隔水對兩軍，夾水立兩塢。春

〔註216〕陳夢家著，《殷墟卜辭綜述》（北京：科學出版社，1956），頁 599～603。
〔註217〕《八州遊記》，頁 202。
〔註218〕王育民著，《中國歷史地理概論》下冊，頁 416。
〔註219〕作者註：「即古濡須口。」此詩又見連橫《臺灣詩薈》第 20 號，1925 年 8 月 15 日。
〔註220〕編者按：「攻」，省文獻會全集本誤作「改」，今據原稿甲本、《臺灣詩薈》改正。

水〔註221〕方生時，曹公去宜早。獅子孫仲謀，川江〔註222〕爲深溝。

濡須爭戰後，更到皖水頭〔註223〕。

裕溪口即三國時濡須口。建安十七年（212 年），曹操南征孫權，軍向濡須進發，孫權築塢禦之，即今濡須塢。建安十八年（213 年） 正月，曹操與孫權相拒月餘，曹操望權軍，嘆其齊肅，乃退。此詩引陳壽《三國志・吳主傳》裴松之所引，曹操嘆：「生子當如孫仲謀」，以及孫權牋與曹操：「春水方生，公宜速退。」建安二十二年（217 年），操軍居巢，權在濡須口築城拒守。居巢即今巢湖，上通焦湖，濡須正扼其衝。諸葛亮所謂：「曹操四越巢湖不成也。」〔註224〕詩寫兩方交戰，映照當時軍閥混戰，不禁慨歎。

偃武修文之意，可從他著意吟詠文人遺跡看出。遊山東石門山、徂徠山時，〈吳村望石門山〉云：

北挹徂徠色，南迴泗水秋。李仙曾送別，杜老獨相求。峽峙吳村路，

峰搖魯郡樓。幽潭尋古寺，不見元丹邱。

李白〈魯郡東石門送杜二甫〉云：「秋波落泗水，海色有徂徠。」〔註225〕又有〈尋高鳳石門山中元丹丘〉詩。棄生詩首尾詩意本此。杜甫〈題張氏隱居二首〉其一云：「春山無伴獨相求。」〔註226〕此處有峽峙峰立，思古人之交遊及高隱。

對於儒雅的忠臣，如東晉郗鑒（字道徽，高平金鄉人）於永嘉之亂時，率宗族鄉曲千餘家俱避難於魯之嶧山。〈路東喜見嶧山〉云：「石室摒胡寇，至今說郗公。若堂或若房，崢嶸神鬼工。」懷想郗鑒避戰亂以保家，又能濟助宗族的義舉。遊上海市西南，江蘇省松江縣時，〈松郡即事〉云：

渺渺松江一水平，驅車來到五茸城。

蓴鱸浦上懷張翰，唳鶴雲間歎士衡。

長谷有波三泖出，垂虹如玉百橋橫。

澱山近在澱湖上，且喚扁舟處處行。

〔註221〕編者按：「春水」，省文獻會全集本誤作「青水」，今據原稿甲本、《臺灣詩薈》改正。

〔註222〕編者按：「川江」，《臺灣詩薈》作「以川」。

〔註223〕作者註：「三月十六夜。」

〔註224〕江竹虛撰，《曹植年譜》（台北：臺灣商務印書館，2013 年），頁 110、222、167、193。

〔註225〕李白著，瞿蛻園注，《李白集校注》，頁 1000。

〔註226〕杜甫著，楊倫箋，《杜詩鏡銓》，頁 3。

此處古爲吳王夫差五茸城。頷聯用晉代張翰（字季鷹，吳郡人）因見秋風
起，乃思吳中菰菜、蓴羹、鱸魚膾，曰：「人生貴得適志，何能羈宦數千里
以要名爵乎！」遂命駕而歸。以及江東二俊的陸機（字士衡，吳郡人）、陸
機弟陸雲（字士龍）入洛，機被成都王穎誅殺前，嘆曰：「華亭鶴唳，豈可
復聞乎！」〔註227〕《元和郡縣圖志》卷二五「蘇州華亭縣」：「華亭谷，在
縣西三十五里。……陸機云：『華亭鶴唳』，是此地也。」末四句扁舟漫遊，
但見垂虹如玉百橋橫，意態清狂。遊此地又作〈自干山〔註228〕訪古迴舟登
細林山〉云：「載盼佘山東，眉公迹已漫。何況顧野王，亭林能無散。」眉
公指明代的文人陳繼儒（字仲醇，號眉公，自號道人，眉道人，今上海市
松江縣人，1558～1639年），工書畫，隱居不仕，先後隱於松江城西北的小
崑山、東佘山，見《明史‧隱逸傳》。顧野王（字希馮，吳郡吳人，生於南
朝梁武帝天監十八年，歿於南朝陳宣帝太建十三年，519～581年）江蘇松
江華亭東南三十五里有湖，湖南有亭林鎭，顧野王曾居此，因以爲名。清
初學者顧炎武（字亭林）之先祖，因以爲字。顧野王於天文地理，無所不
通，少以篤學至性知名，屬精力行，人所莫及。後世稱爲文字訓詁學家，
著有《玉篇》等書。〔註229〕

第六節　園林苑囿，巧奪天工

關於園林，學者李乾朗云：「建築、水池、假山、花木是組成園林的四
大元素。」〔註230〕彭一剛在《中國古典園林分析》分辨「園」與「院」的
區分：

> 簡言之，即賦予景觀價值。而「庭」或「院」間或也點綴一點花木、
> 山石，但究竟還不足以構成獨立的景觀。由此觀之，凡園都必有景
> 可觀，而無景觀意義的空間院落，即使規模再大，也不能考慮是
> 「園」。在明確了「園」的本質特徵之後，就容易掌握實際情況。歷
> 史上用來表達園的詞彙是相當多的，即使撇開「庭院」和「苑、囿」

〔註227〕房玄齡等撰，《晉書》（北京：中華書局，1997年），卷67，頁1797。卷92，
　　　　頁2384。卷54，頁1480。
〔註228〕編者按：「干山」，省文獻會全集本誤作「平山」，今據原稿甲本改正。
〔註229〕房玄齡等撰，《晉書》，卷67，頁1797。卷92，頁2384。卷54，頁1480。
〔註230〕李乾朗著，《古蹟入門》（台北：遠流出版公司，1999），頁98。

不談，單就「園」而言，就有園、園林、園庭、園亭、園囿、園池、
林泉、山池、別業、山莊、草堂……等十餘種。〔註231〕

園林景觀的特色在巧於因借。計成（江蘇吳江縣人，1582～？）在明崇禎七
年（1634年），五十二歲時，所著造園專著《園冶》中，其第一卷「興造論」
提出「園林巧於因借，精在體宜。」學者樓慶西闡述：「所謂借就是借景。園
林雖分內外，但取景沒有遠近限制。頤和園西面玉泉山上的玉峰塔，雖離萬
壽山有近四里之遠，但它卻成了頤和園最好的借景，彷彿玉峰塔也成了園內
的一處景點了。」〔註232〕棄生〈路上看西山〉云：

> 北塞何雄鷙，西山何娟好。冬行天氣清，雲眉淨如掃。疊嶂互高低，
> 日色泛寒早。積雪在高峰，含暉見皓皓。遙指翠微山，已過香山道。
> 雪中露塔尖，玉泉碧雲抱。左上薊門關〔註233〕，右下松林堡。西山
> 太行首，群峰若羽葆。

西山景色清朗，如嬋娟雲眉淨如掃。遠處玉泉山上的玉峰塔宛然在目，寫作視
界觀點暗合園林巧於因借的特色。洪〈李氏半園記〉更發揮此一觀點來寫園林：

> （余）絕漢水，泛漢陽月湖；因盛君蓼菴，識李君仲青，驅車繞漢
> 口一週。越日，出漢市，飲於李君家園，則有半俗、半僧、半而應
> 奉、半生熟魏。先時，園菊方盡開，餘花則開謝大半，問其名，曰
> 「半園」。問其旨，李君作而曰：「余處半清、半濁之世，遭逢半治、
> 半亂之時，薦更半君、半民之國。家世則半晦、半顯，家庭則半讀、
> 半耕；家居為半村、半郭，兄弟則半宦、半商。余乃半儒、半史，
> 半介、半通；而是園宜半寒、半暖之天，距半市、半野之地，多半
> 春、半秋之花，爰以半名，願有記」！余曰：「是則半之時義大矣哉！
> 習鑿齒稱半人，員榮期名半千，王大年署半隱，王安石號半山，此
> 古之樂居半者也。明末有龔半畝，清初有惠半農，近時有孫半櫻，
> 此今之願為半者也。君之園，半今乎、半古乎！牟尼半座，《論語》
> 半部，煙霞半塢，君之思過半矣。王大年避賓客而置半亭，王安石
> 抗古人爭半墩，薩仲明避京塵而營半野；君之園無所避而置、無所
> 爭而營，其為半也益闊。

〔註231〕彭一剛著，王錦堂改編，《中國古典園林分析》（台中：東海大學建築研究中
心，1989），頁13。
〔註232〕樓慶西著，《中國古建築二十講》，頁194。
〔註233〕編者按：「門關」，省文獻會全集本二字誤倒，今據原稿甲本改正。

園林造景要「無所避而置、無所爭而營。」必須巧於因借。此園宜半寒、半暖之天，距半市、半野之地，多半春、半秋之花，正是調和兩端而取其精要。在空間借景可兼含半市、半野之景；歲月推移，半春、半秋之花相代謝。

　　蘇州古城之勝，鍾於園林。棄生先遊「留園」，園爲清代盛旭人所購，爲吳中名園之最，「廣至四十畝，迴廊曲宇，轉折不盡；水榭樹石，位置雅觀。」園林中的太湖石，又爲園景之奇觀。〈蘇州城內訪古六首〉其五云：

　　　　倪迂遺蹟北城隈，巷近潘家路幾迴。

　　　　獅子林中太湖石，玲瓏無數玉峰顏。

其五詠獅子林，在蘇城東北隅潘儒巷。元至正二年（1342 年），天如禪師的門人惟則請倪瓚、徐幼文等共商疊成，以居其師，由倪瓚爲之繪圖。石或跂或蹲，狀如狻猊者不一，「獅子林」之名由此而來。石自太湖運來，〔註 234〕皺、瘦、透、漏之秀，宛如上海豫園之太湖名石「玉玲瓏」，眞所謂「玲瓏無數玉峰顏」。其中假山如迷宮，曲徑通幽，緩步其中如經亂迷而終抵平地，有如忽逢桃花源的感覺。〔註 235〕作家劉大任評其意趣在疊石而創造名山奇峰的假象，重在岩石本身形狀、紋理和色澤的協調搭配。〔註 236〕

　　侯迺慧研究北宋汴京由徽宗所建的園林艮岳，引僧祖秀〈陽華宮記〉、宋人張淏〈艮岳記〉、明代李濂《汴京遺蹟志》等，可知石與石之間，以土壤補連接，山骨暴露、峰稜如削。磴道盤行縈曲，捫石而上。石上攀繞樹木、藤蔓、竹叢。掇山以石，運來江南的太湖石，築山象餘杭之鳳凰山，號曰萬歲山，既成，更名曰艮岳。〔註 237〕宋徽宗的艮嶽，依張淏〈艮岳記〉看來，應是模仿名山大壑、深山幽岩爲特徵，可謂大而粗獷。〔註 238〕〈遊開封城登宋故宮殿詠〉云：「紫筠（宋宮館）繞禁樹，艮岳矗山嶇。迄今雖就湮，尚浸潘楊湖。」遙想北宋靖康之難：

　　　　當時女眞入寇，所輦去者爲宮苑及天文台之重器，艮嶽與花石綱之

〔註 234〕魏嘉瓚編著，《蘇州歷代園林錄》（台北：文史哲出版社，1994 年 12 月初版），頁 105。

〔註 235〕李宗爲編著，《城市裡的山水情懷‧遊訪蘇州園林》（香港：萬里書店，2005 年 2 月），頁 90。

〔註 236〕李延壽撰，《南史》（北京：中華書局，1997 年），卷 69，頁 1688。

〔註 237〕侯迺慧著，《宋代園林及其生活文化》，頁 181～206。

〔註 238〕李宗爲編著，《城市裡的山水情懷‧遊訪蘇州園林》（香港：萬里書店，2005 年 2 月），頁 89。

美品，不知凡幾，此物（龍座）劫灰之棄餘耳，尤物之失所，帝子
之蒙塵，俱可哀也哉！〔註239〕

棄生爲文感慨，情致似歐陽修〈菱谿石記〉。菱谿位在滁州，石爲太湖石。歐
在貶滁州第二年，即慶曆六年（1046 年），作七言古詩〈菱谿大石〉云：「皆
云女媧初鍛煉，融結一氣凝清純。仰視蒼蒼補其缺，染此紺碧瑩且溫。或疑
古者燧人氏，鑽以出火爲炮燔；苟非神聖親手迹，不爾孔竅誰雕剜。」描寫
此石嶙峋，紺碧晶瑩，多孔竅，似沙磨水激而成者。將造化之力比擬古聖參
贊之功，思入神話幽境。其〈菱谿石記〉則慨歎：

夫物之奇者，棄沒於幽遠則可惜，置之耳目，則愛者不免取之而去。
嗟夫！劉金者，雖不足道，然亦可謂雄勇之士，其生平志意，豈不
偉哉？及其後世，荒堙零落，至於子孫泯沒而無聞，況欲長有此石
乎？用此可爲富貴者之戒。而好奇之士，聞此石者，可以一賞而足，
何必取而去也哉？〔註240〕

劉金爲出力獲此石者，然「可爲富貴者之戒」，觀北宋艮岳之荒堙零落，重增
其歎！學者侯迺慧稱園林的五大要素爲山石、水、花木、建築、布局。而西
湖本爲一天然的大型公園，這些要素已富贍而富美。西湖怪石玲瓏，自然原
形有皺、瘦、透、漏、醜等美感。人造的花港，著名的冷泉、飛來峰，以及
當年賈似道等人園林的人工疊石。花木如蘇公隄柳，建築如佛寺園林化，又
有水閣臺榭便於休憩觀覽。隨著四時景物移異與煙雲變換，春遊尤盛，夏則
有十里香荷與煙柳覆堤，秋景如平湖秋月、三潭印月，多可賞雪。自宋代以
後，遊賞風格流於都城奢靡喧囂。〔註241〕〈遊靈隱山寺觀飛來峰探峰洞步各
亭澗入寺後登北高峰次韜光菴觀江海及湖二十韻〉云：

環湖皆好山，最是靈隱秀。後矗北高峰，前結飛來竇。繞寺山水幽，
巉峴山門右。山泉落琤琮，樹根蟠透漏。聞道雲雨興，常有雷霆鬥。
澗聲搖天風，瀑流出石溜。洞中一線天，天半百層岫。咫尺分乾坤，
曲折現昏晝。行到冷泉亭，遍看雲峰皺。入寺挹慧光，金身十丈彀。
五百護尊者，重重如列宿。禪房雲氣多，經樓山嵐湊。爰登寺後山，
高峰凌霄宙。古樹若飛龍，眾石皆臥獸。徘徊四山低，南峰可俯就。

〔註239〕《八州遊記》，頁 163。
〔註240〕黃鈞等注譯，《新譯古文辭類纂》，頁 3199。
〔註241〕侯迺慧著，《宋代園林及其生活文化》，頁 87～142。

復到觀海亭，江海入袍袖。此行遍江南，湖山盡停留。此境良未逢，

高奇兼秀透。山連上天竺，嶺眞古靈鷲。澹蕩寺門前，湖光浮綺繡

〔註242〕。

白居易〈憶江南詞三首〉其二云：「江南憶，最憶是杭州：山寺月中尋桂子，

郡亭枕上看潮頭。何日更重遊？」山寺，指靈隱、天竺等寺，在靈隱山。白

居易〈東城桂〉自注：「舊說杭州天竺寺每歲秋中有月桂子墜。」又〈留題天

竺靈隱兩寺〉自注：「天竺嘗有月中桂子落。」宋之問〈靈隱寺〉：「桂子月中

落，天香雲外飄。」《南部新書》庚卷：「杭州靈隱山多桂，寺僧云：『此月中

種也。』至今中秋望夜，往往子墜，寺僧亦嘗拾得。」〔註243〕白居易回憶片

段的美景，棄生詩則寓目直抒，以疊韻詞「巉嶨」、「琤琮」、「透漏」形容山

水。雲雨興起如龍鬥雷霆。「澗聲」二字巧用「搖」、「出」二動詞。「洞中」

四句對偶。入寺挹注慧光，喻尊者如列宿。又遊寺後山，喻樹如飛龍，以形

夭矯；喻石如尺獸，以形崢嶸。「南峰可俯就」、「江海入袍袖」二句妙用夸飾

法。高峰「凌」霄宙之手法亦同。以夸飾、對偶鋪寫山的高奇，以譬喻寫石

之秀透，筆法佳妙。對於石臺危崖的描寫如〈入廬山十五首〉其三云：

斗絕文殊臺，乃在天池右。石筍盧空懸，危崖獨峰秀。山風吹欲飛，

鬼工誰爲守？我作凌虛行，可觀不可就。俯瞰石門巔，陰沈如井甃。

下有瑞光巖，神燈露列宿。……

詩言文殊臺斗絕而懸空，獨峰危而秀。棄生謂此孤危石岸，直聳百尺，下臨

無底絕壑，凌空欲飛，倚之眩目悸心，如山欲崩。「可觀不可就」之戒懼。俯

看高聳之石門，反如井底。映襯此臺之高危。棄生謂臺下昏夜時或見赤火點

點發谷中，可比隆慮山饿谷神燈，東坡謂之聖燈巖，世謂之瑞光巖，禱之輒

視，人呼佛燈云云。〔註244〕然蘇軾〈廬山五詠〉中〈聖燈巖〉一詩所詠，地

在密州，而不在此。〔註245〕棄生未細察而致誤。

中國園林或是各種建築中，常見亭台樓閣，往往供人眺望。棄生知悉此

設計特色，詩作展現的視界觀點因地轉變，寫景因而具有層次。誠如學者樓

慶西所言，東嶽廟稱岱廟，入口爲遙參亭，由石牌坊、南山門、正殿、配殿

〔註242〕作者註：「十月十三夜。」

〔註243〕《新譯白居易詩文選》，頁372。

〔註244〕《八州遊記》，頁68、69。

〔註245〕蘇軾著，清王文誥、馮應榴輯注，《蘇軾詩集》（台北：學海出版社，1985年

9月再版），頁621。

和後山門組成。在此抬頭遠眺，可見岱頂歷歷在目，有如遙參泰山之神。出遙參亭，在後山門與岱廟大院間有石造的「岱廟坊」。建於清康熙十一年（1672年）。再入岱廟大院，院中主殿稱天貺殿，建於宋眞宗大中祥符二年（1009年），是祭祀東嶽泰山之神的地方，歷代有七十二座御碑亭，亭內石碑刻載著清朝乾隆皇帝的多首登岱詩。〔註246〕〈循泰安城遊岱廟〉云：

> ……重重古宮殿，百神不敢驕。唐槐與漢柏，東西配殿遙。中望峻極宮，巍然赤城標。外有天書觀，恐有神靈朝。秦碑最璀璨，離館已零凋。尚想出巡時，霓旗從星軺。九天此閶闔，群靈綴庶僚。我出遙參亭，舉首天門寥。〔註247〕

歷代帝王登岱，皆以此廟爲駐蹕之所，故廟制備帝王之儀。〔註248〕廟外有秦碑，聳立千年的唐槐漢柏。然帝王車駕不再。霓旗星軺，鹵簿盛飾，如今惟見離宮零落，天門寂寥。寫作觀點從高處又回到遙參亭，先作細部描寫，最後再仰觀俯瞰，全局觀照。焦點放在一亭全覽的位置，發揮亭台樓閣的設置特色。

第七節　行宮黍離，閒愁懷憂

宮殿行館是古代帝王居處遊寢處，也是群臣朝覲，奏事論政處。國政的運籌，權力的盤結在此。宮殿的興廢，映現了一代一姓的興衰。棄生遊古代宮殿，情懷或閒放或憂時。如〈杭郡登吳山巓憑弔宋大內放歌〉云：

> 湖東柳浪不聞鶯，行行直入杭州城。城中江水阻湖水，吳山長作越山橫。吳山下有第一泉，吳山上有第一山。吳山舊入宋大內，亭臺苑囿今何空。山頭有石蛟龍舉，山中無樹鳳凰處。禁籞曾傳鳳凰名，校場曾集龍虎旅（宋內校場在此）。自從北兵渡淮過，錢塘潮汐竟無波，九重雲物紅兜劫，一角湖山白雁歌。越中斷送宋河山，吳山猶映銷金窩。我到宋汴京，曾尋宋宮殿。艮嶽青城雖不存，龍階龘坐依稀見。汴梁千載護朝門，潘楊兩湖仿畿甸。如何此地數百年，吳山莾莾寒煙遍。杭州況是錦繡鄉，杭都運比汴都長。當日愛看天水碧，祇今惟見夕陽黃。此山雖不峻，襟帶美

〔註246〕樓慶西著，《中國古建築二十講》，頁82～86。
〔註247〕房玄齡等撰，《晉書・郤詵傳》（北京：中華書局，1997年），卷67，頁1797。
〔註248〕《八州遊記》，頁213、214。

江山。錢江城南去，明湖城外環。不須強弩射潮水，大江入海不
復還，江不還，湖不瀉，我在山頭望山下。雲中大笑海陵王，空
畫吳峰來立馬。

南宋都城臨安府（今杭州），城內宮城建於鳳凰山麓，始建於紹興二十八年（1158
年）。〔註249〕詩由「西湖十景」中的「柳浪聞鶯」敘起，由吳山下的第一泉及
山上的第一山引出宋代之大內。此因宋代之外城包括吳山在內。因山頭有石
形似蛟龍，引出大內所在的鳳凰山麓。「吳山」、「第一」以及「龍」、「鳳凰」
等詞重複出現，強調宮城與吳山曾密不可分。元廢宋宮為佛寺，西僧皆戴紅
兜帽也。故「紅兜」代指宋代故宮。〔註250〕南宋雖亡，杭州依舊繁榮於東南
一隅，為中國著名的「銷金窩」。然而棄生感歎宮室零落，不像汴京故宮猶有
舊跡可尋。「吳山莽莽寒煙遍」，昔日卻有宮室之巍峨，令人慨歎。南宋國祚
雖長於北宋，如今卻難尋帝跡，當日之麗景如碧水長逝，如今惟見夕陽。末
讚吳山之秀美，與潮水之壯美。用強弩射潮之典故，誇水濤之洶湧。末句之
意，棄生云：

昔完顏亮欲立馬吳山第一峰，而調六十萬大軍下江南，卒不得逞而
死。余以一介書生，裹六月糧，行萬里路，復徘徊吳山巔，可以傲
秦皇漢武矣。〔註251〕

其開放之豪情躍然紙上。然而在憑弔北京前清故宮時，昔日遭列強侵侮的記
憶湧上心頭，遂萌生憂時之感。其〈遊大內宮殿感賦長歌〉云：

君不見，漢唐西都都關中，東都再建都洛陽。離宮別館三百里，至
今廢圃無宮牆。又不見，五季趙宋都汴梁，宣和艮嶽花石綱。紫筠
宮館摧為薪，金兵未入先已荒。萬戶千門無處認，我過大梁弔靖康。
洛中尚難問隋苑，秦中奚自問阿房。燕京四朝七百載，何幸滄桑今
未改。皇城依舊列百墉，西苑依然負三海。闐闍九門門九重，重重
天闕開天宮。鳳閣龍樓環左右，螭頭鷗吻繞西東。金水河邊臥五虹，
午門望見綵霞紅。步入太和至保和，朝清宮殿尤崇崇。東廷文華西
武英，先朝治政兼治經。今列書畫與彝器，仁廟純廟留文明。我來
不禁感慨生，三百年中幾太平。雖未爐灰曾蹂躪，三見兵燹震京城

〔註249〕王育民著，《中國歷史地理概論》下冊，頁552。
〔註250〕瞿佑著，《歸田詩話》（收於《百部叢書》中。台北：藝文印書館，1966年出
版），頁7。
〔註251〕《八州遊記》，頁296。

（咸豐庚申、光緒庚子、民國辛亥）。娥臺遜讓誠美事，公路覬覦非人情。可憐望帝蜀杜宇，乃有貳臣相鷖靈。嗚呼！共和告成亂方始，巍巍禁苑宮雲裏。群兒撞破好家居，眾脣吹上御階戺。漢闕五噫度梁鴻，金狄一看傷薊子。

詩首以映襯筆法，敘述一路旅遊所見，古代帝國宮室之荒落，慶幸清故宮尚存。「皇城」數句，細述清宮之崇偉：天門九重，長橋似虹；文治上崇尚經典，帝王又雅好書畫彝器。故宮自然爲有清一代文物珍品的匯萃處。「燕京四朝七百載」以下，描寫宮城從金代中都以中軸線設置宮殿，以南門爲天門，爲正門；南郊圜丘祭天，北郊方丘祭地，建人工湖泊瓊島。元世祖至元元年（1264年），改建新城中都，依傳統都城形式，城市呈方形，城內九條直街，九條橫街，街道之寬爲車軌的九倍。水利專家郭守敬引昌平一帶水源流入城內的海子，又在城內開通惠河與南來的運河相連。明、清兩代又踵事增華。清代太和殿是中國留存的古建築中，開間最多，進深最大、屋頂最高的一座大殿。詩以層遞手法，寫朝清宮殿的崇偉。紫禁城的規劃與建築布局運用五行學說，午門即南門，也是朱雀門。〔註252〕

因歎咸豐十年（1860年）英法聯軍，光緒二十六年（1900年），八國聯軍及民國辛亥革命兵燹之蹂躪。「公路」乃袁術字，暗指袁世凱。國父中山先生爲求推翻滿清，促成共和，乃將大總統之位讓給袁。袁氏爲清之貳臣，民國之罪人。袁氏死後。軍閥割據亂政，政壇紛擾，猶如「群兒撞破好家居，眾脣吹上御階戺。」末自比梁鴻，賦五噫而傷宮闕，不堪銅駝荊棘之悲。其〈西苑行〉云：

玉泉山水昆明湖，瀉入宮牆浮蓬壺。蒼茫縹渺成銀闕，南北中央開紫都。當時海宇承平日，九重六馭深宮出。此間水木極清華，常見翠葓來駐蹕。瓊島微陰靉靆煙，太液池生玉井蓮。五龍亭北春如海，萬佛樓前水蘸天（俗謂北海）。下過圍城眼界拓，中有平臺紫光閣。芭蕉園改豐澤園，重重宮館清時作。憮懷今日住共和（居仁堂等爲總統府），回首當年畫襃鄠（圍城以下，俗謂中海，今總統府。）薰風南扇到瀛臺，自昔龍興避暑來。曲澗流杯亭尚在，含和退曬樓重開（亭及樓多康熙御題）。無限玲瓏水精域，多爲宵旰勤事齋（瀛臺

〔註252〕樓慶西著，《中國古建築二十講》（香港：香港中和出版公司，2014年4月），頁 26～72。

以下俗謂南海）。一自金輪流禍水，西清皇臺摘瓜�。皇孫閣下龍幽
囚，堯母門中燕啄矢。潢池倏忽召戎兵，倉皇西幸空苑城。亂兆蒼
鵝洛下起，胡群白馬壽州行。可憐新蓋儀鸞殿（德宗幽瀛臺，太后
居此殿聽政。），竟爲柏林駐兵弁（庚子七月，德國將瓦爾德西帥聯
軍居此。）。痛絕金鼈玉蝀橋，傳來白雪花門箭。祇今瀛海再滄桑，
漢苑依然留未央。蜚廉桂觀仍相望，承露金人休斷腸（苑中有承露
盤）。

清宮城周六里，其中西苑周五里，俗呼三海，由景山西望，則湖水茫茫，樹
色蒼蒼，樓閣交綺，爲雲山拳石。據洪炎秋〈遊頤和園筆記〉云，昆明湖古
稱西湖，源出西山，在玉泉潴爲高水、裂帛二小湖，引入皇城，繞映石橋，
直如蓬壺銀闕。棄生云：

> 故國朝自康熙時，即恒聽政西苑，乾隆繼之。侍從之臣，皆趨蹌是
> 間。北爲瓊華島，元稱萬歲山，今稱萬壽山，有假山石洞玲瓏，即
> 汴京之艮嶽。

詩從此園北海寫到東部的宮廷區，偏重寫景，「瓊島微陰靉靆煙」即「瓊島
春陰」，乃京師之八景。萬壽山坐北朝南，面臨昆明湖，爲主要的景區。昆
明湖東西兩長堤，將湖分隔成三個湖面，其中有三個小島，象徵東海中蓬萊、
方丈、瀛洲三座仙島。長堤又仿照杭州西湖蘇隄上的六橋，建了六座形如拱
月的石橋。又與「太液池中玉井蓮」渲染五龍亭及萬佛樓的煙水春色。北海
在三海中最壯麗，「過金鼈玉蝀橋東行，有雉堞崇墉在崇基上，有兵門焉，
俗呼團城。」此瓊島中有一路也。此區園景氣勢宏偉開闊，相較後山後湖，
則幽靜深邃，二者景觀形成對比，又互有聯繫。〔註 253〕棄生以「五龍亭北
春如海，萬佛樓前水蘸天（俗謂北海）。」對照「曲澗流杯亭尚在」、「無限
玲瓏水精域」。

　　此島北一路有石臺如柱，立銅人，曰承露盤。中海時爲總統府，對面迤
東，爲總統府庶務處。相隔一路，府南爲瀛臺，康熙時爲避暑宮，聽政於此，
戊戌政變後，德宗幽囚於瀛臺，慈禧重聽政於儀鸞殿。庚子秋，德將瓦德西
挾妓傅彩雲居此。傅彩雲即名妓賽金花，洪鈞之妾也。隨洪鈞之西洋，艷名
噪一時，棄生作白彩雲，恐誤。洪鈞字文卿，江蘇吳縣人。同治七年（1868

〔註 253〕樓慶西著，《中國古建築二十講》（香港：香港中和出版公司，2014 年 4 月），
　　　　頁 164～169。

年）一甲一名進士，授修撰。出使俄、德、奧、比四國大臣。〔註254〕

同治十二年（1873 年），穆宗以恭親王諸臣力諫，停修圓明園工程，然以重修三海爲交換條件。〔註255〕光緒年間續修，以博慈禧之歡心。「一自金輪流禍水」以下，慨歎慈禧稱制干政，其禍延蔓王孫，如「黃臺瓜辭」所懼者。帝子幽囚，禍起堯母，擬之如飛燕妒啄，故帝祚不絕如縷。一朝之忿，妄啓兵釁，落得倉皇西狩。「亂兆蒼鵝洛下起」二句用晉永嘉之亂前，洛下蒼鵝之兆，指八國聯軍之禍。〔註256〕積漸成禍，京師竟被兵燹。金鑾殿上駐雄兵，百年珍寶劫掠一空。再經辛亥兵事，及軍閥破壞搶奪，宮室惟餘蜚廉桂觀、承露金人，當年求仙的帝子何在？

棄生在詠清室故宮時，追懷有清昔日之強盛，不禁傷悼清末及民初國勢之陵夷。如〈南苑故宮行〉（詩序：壬戌冬出京，在豐臺路望之，櫪兒往遊，謂離宮六七處已廢，一處尚完，爲兵工廠，光緒中開放其地予民，今駐軍。）云：

> ……憶自德宗即開放，四十里圍充耕餉。闒左爭承上苑田，木蘭不列名王帳。遠近芻蕘雉兔來，靈臺靈沼仍無恙。誰知一旦起塵氛，大盜柄國日紛紛。黑劫紅羊震畿甸，青絲白馬滿榆枌。此時西園歸七貴，此間南苑駐三軍。天下爲公總空說，焚攘更甚氏胡羯。……

南苑即南海子，在北京外城永定門外二十里，元時爲飛放泊，明代復增廣其地，清代爲帝王講武及秋獮木蘭圍獵處。〔註257〕詩中「黑劫」句指太平軍洪、楊之亂。「青絲」句用侯景亂梁典故，指袁世凱等人。批評孫中山「天下爲公」之理想落空，歎民初軍閥爲禍之烈更甚於外夷之侵侮。對國勢之陵夷，其〈遊雍和宮雜詠四首〉其二云：

> 蒙古王公此殿趨，本朝威力遍遐區。祇今藩院無人理，寺裏金瓶得在無（清理藩院以金奔巴瓶置此，掣籤定蒙教主）。

〔註254〕柴萼著，《庚辛紀事》（《義和團文獻彙編第一冊》，台北：鼎文書局，1973 年 9 月初版），頁 318。《八州遊記》，頁 238、244、250、270～273。《清史稿校註》，卷 453。

〔註255〕國史館編，《清史稿校註・穆宗本紀》，卷 22，頁 897。吳相湘著，《晚清宮廷實紀》（台北：正中書局，1993 年 12 月），頁 204～206。

〔註256〕楊守敬、熊會貞注，《水經注疏》，卷 35，〈穀水注〉，頁 1375。

〔註257〕黃彭年等撰，《畿輔通志》第一冊（台北：華文出版社，1968 年 12 月初版），頁 525～526。

北京雍和宮原為雍親王府，建於康熙三十三年（1694 年），位於東城區雍和宮大街。清世宗稱帝前居於此，登基後稱雍和宮，乾隆九年（1744 年）改建成寺院，成為北京最大的藏傳佛教皇家寺院。〔註258〕

　　清高宗乾隆五十七年（1792 年），頒製金奔巴瓶二只，一送前藏大昭寺，於藏教凡轉世之呼畢勒罕，眾所舉數人，各書其名置瓶中掣籤以定之。一置雍和宮，凡蒙古轉世之呼畢勒罕，眾所難決時，則書其名置此瓶中掣籤以定之。由理藩院製籤，其堂官分同掣籤。高宗此舉，在削弱哲佛在外蒙之政治勢力，為撫綏屬國之關鍵。民初外蒙經歷自治、撤治、再獨立，依違於中、俄兩國之間。民國十年（1921 年），外蒙第二次獨立，由國際共產黨「蒙古人民革命黨」控制。〔註259〕回想清初蒙古王公步趨朝貢，清之國力遍及遐區。如今「寺裏金瓶得在無？」對國勢之凌夷，感慨無限。

　　對於兵燹之憂心，其〈揚州故宮行〉（詩序：宮在城內迤北，時為軍府，東華、西華兩門有兵鵠立）云：「古來帝王威力俱有限，一朝宸跡何足傷。所傷燹火到雷塘，竹西歌吹永愴涼。」其〈武昌故宮行〉（詩序：宮在城中墩子湖畔，黃瓦燦燦映日，時為鑄幣廠）云：

……聞道六龍臨江日，江上艫舳皆龍驤。

水軍組練鋪江浦，翠華駐處旌旗揚。

侍從洲邊賦鸚鵡，禁旅山巔騰鳳凰（武昌山名見岑參詩）。

誰道南巡未百載，粵西巨寇興洪楊。

崇墉一朝忽三陷，此宮可否焚柏梁。

胡公當日起江漢，中興武士來洸洸。

黃鶴樓與晴川閣，古蹟俱新況建章。

人民方幸免青犢，世途迤又換紅羊。

大別山頭鳴砲火，漢陽門外落欃槍。

駭浪驚濤盈七澤，淒風苦風遍三湘。

我來雖見修闤闠，空處猶復留瘡痍。

將自城南向湖南，忽逢宮瓦夕陽黃。

此中竟有金銀氣，仰望渾無日月光。

〔註258〕蕭東發等撰稿，《北京之最》（台北：冊府出版社，1996 年初版），頁 83。

〔註259〕黃金河著，《哲布尊巴與外蒙古》（臺北：嘉新水泥公司文化基金會出版，1968 年 12 月初版），頁 14～43、26、78～79、100～101。《八州遊記》，頁 266。

渚宮不是舊祇宮，可憐八駿馳八方。

漢皋夏口成三鎮，一瓢群兒爭奪攘。

日暮瞻烏止誰屋，老翁愁痛倚宮牆。

詩敘乾隆南巡駐蹕之氣象。由江上艫舳、水軍組練；鹵簿旌旗、侍從獻頌等來鋪寫。妙綰地名鸚鵡洲、鳳凰山，以襯清帝之巡幸。「誰道」以下，敘太平軍於咸豐三年（1853 年）至六年（1856 年），四年間曾三陷武昌，清室終賴胡林翼等大將克復之。〔註260〕「人民」句對偶，青犢用侯景亂梁典故，以喻戰爭。紅羊之劫暗指辛亥革命和軍閥作亂。一地之戰火，驚駭淒苦了多少百姓！棄生見兵燹之瘡痍，逢故宮之黃瓦。歎此金銀氣匯之地，竟淪為武夫割據之地。「仰視渾無日月光」，分裂之害猶逾於舊日之帝制。因歎八駿馳向八方，帝子已亡，車駕誰馭？中國如多頭馬車，又如家無大人，群兒鬩牆爭攘。末哀故朝，意象脫胎自杜甫〈哀王孫〉一詩。全詩哀感頑豔，近於「梅村體」。

棄生遊北京清華園，其學校即端郡王宅。又過沙河，河出昌平州西北山，又到沙河店，此處永樂年間置行宮，稱鞏華臺。越沙河數里，有大小二湯，山聳田野中，東湧溫泉，西湧熱泉。又遊天壽山明十三陵。「永樂長陵最崔嵬，嘉靖永陵，萬曆定陵最侈靡，而遭兵燹。崇禎思陵，本田貴妃墓，故簡略。」〔註261〕又遊圓明園舊址，圓明園始建於康熙朝，完成於乾隆時期。乾隆把蘇州、杭州一帶的名園勝景近似模型，小規模建置於此。園中有福海與海中三島組成的象徵仙山瓊閣的「蓬島瑤台」。此「萬園之園」毀於咸豐十年（1860年）的英法聯軍。光緒十四年（1888 年），清朝重新修復了清漪園的重要部分，主要集中在萬壽山前山區的建築，改名頤和園。〔註262〕棄生〈自清華園〉云：

路出清華園，快覽京畿塹。民風既樸淳，郗屋復豐贍。以此固神區，
庶幾免昏墊。左去圓明園，乃遭兵火焰。禁林蔓草間，一望寒烟斂。
蜿蜒河水橫，冰光浮灩灩。河橋過未終，旋至沙河店。維昔鞏華臺，
謁陵禮可念。明代翠華臨，行宮有崇坫。時世今又遷，嵐光入車幰。
一路繞西山，相背先相面。遠近重重峰，東西看不厭。關路及居庸，
插天倚長劍。

〔註260〕湖北省社會科學院歷史研究所編，《湖北簡史》（湖北：湖北教育出版社出版，1994 年 2 月第一刷），頁 295～300。
〔註261〕《八州遊記》，頁 254～256。
〔註262〕樓慶西著，《中國古建築二十講》，頁 173～174。

棄生有詩〈圓明園失寶嘆〉痛心清末國勢陵夷，列強侵略的兵火，深創中國人的民族自尊心。文物的擁有權象徵國家權力和管轄，難怪民國八十九年（2000 年），佳士得公司不顧中共文物局反對，繼續拍賣英法聯軍在圓明園掠奪的國寶，引發中共的氣憤和遺憾。〔註263〕詩寫寒冬蕭瑟之景，遙想明清鼎革之際，清朝初年清帝對明陵謁禮，即使出於政治算計，也遠勝西方列強的掠奪。末寫西山秀麗又兼崇偉，「關路及居庸，插天倚長劍。」誇飾要塞拱衛京師之重要。

第八節　交通變遷，城市興衰

　　描寫交通變遷，城市興衰者如下。福州為福建省省會，棄生曾四次來此參加舉人鄉試，皆落第而歸。第一次在光緒十五年己丑（1889 年），第二次在光緒十七年辛卯（1891 年），第三次在光緒十九年癸巳（1893 年），第四次在光緒二十年甲午（1894 年）。二十八年後第五次遊此，棄生年五十七，回首年少之遊，頗多感懷。

一、海上航線變化，福州相對衰落

　　清末中國自鴉片戰爭戰敗後，與英國簽訂《南京條約》，確定廣州、廈門、福州、寧波、上海為對外開放城市，即五口通商。清道光二十四年（1844 年）福州正式開埠之前，已是東南沿海重要城市。

　　當時福州城市規模在東南五口中位居第二，僅次於廣州，比上海大兩倍。但之後上海的海上貿易劇增，福州相對衰落。十九世紀六十年代後，福州茶葉出口額居中國各口岸第一。尤其是清咸豐五年（1855 年）以後，太平軍占領江南一帶，切斷華南通往上海的陸路運輸，外商遂赴武夷採購茶葉，取道閩江，從福州出口。清同治五年（1866 年），清朝最重要的軍艦生產和當時遠東最大的造船廠——福州船政局始設於福州，成為中國現代工業的重要發祥地。但其衰落卻未見止歇，迨棄生遊此的前兩年，即民國十年（1921 年），人口已由全盛期的五十多萬人下降到三十二萬人。〔註264〕棄生因此歎云：

〔註263〕〈圓明園古物，蘇富比今如期拍賣〉，（聯合報：2000 年 5 月 2 日星期二），A10，話題。

〔註264〕何一民主編，《近代中國衰落城市研究》（成都：巴蜀書店，2007 年），頁 297〜301。

台灣形勢，台北對福州，台南對廈門，而台中正對泉州。泉州自東北以迄西南，起惠安縣之崇武、獺窟、蚶江、深滬，舟楫如林，清時最頻往來於鹿港，各地民物，前此皆以台灣爲尾閭，今則破釜沉舟，景象蕭條矣。〔註265〕

此因台灣在日治時期，日人刻意禁止台灣與大陸貿易。一方面與海上航線變化，福州相對衰落有關。福州古有冶城，建於閩越王無諸統治時期。漢一統天下，劉邦在高祖五年（西元前 202 年）恢復了無諸的閩越王王位，統治閩中故地。漢武帝元封元年（西元前 110 年），閩越王丑配合漢軍，誅殺了統治東甌故地，自立爲王的餘善，事後自動獻出國土，立國九十二年的閩越國從此不復存在。明代詩人陳亮（長樂人，有《儲玉齋集》）〈冶城懷古〉云：

東西屹立兩浮屠，十里臺江似帶紆。

八郡河山閩故國，雙門樓閣宋行都。

自從風俗歸文化，幾見封疆入版圖？

惟有粵國城上月，年年流影照西湖。〔註266〕

臺江即南臺江，流入福州城內。棄生言福州外臨大海，內流大江，鈐鎖高山長嶺，形勝實居東洋第一。城中有西湖，東有溫泉，中有三山，乃省會福州最雄麗處。南臺，《明史》謂古釣臺山也，亦稱釣龍臺，爲漢閩越王無諸古蹟。此行尋訪南臺，他「歷訪南臺人，無知者，昔時石上鐫有『越王餘善釣白龍處』八大字，遍訪之亦不存。」過鼓山，即見左右二洪流注入馬尾江，一爲陶江，即瀨江；一爲洪江，即洪塘江。氏云：

火艇在馬尾起步，猶見萬室鱗次，四水環流，而昔之舟檣林立、貨賄山積者，今已零落矣。三十年前，自城中鼓樓下街，肩摩轂擊，出南門至南臺，茶亭酒館市店相續，固不知其爲城外也。……馬尾江兩岸皆山，而鼓山特著。鼓山在東北岸，其對岸羅星山上，即船政廠，少年應試，火舟阻風，曾寓於船廠下酒樓，飽覽山水之勝，鼓山與旗山，又夾洪塘江對峙，旗山在洪塘四都，街市亦盛，峰傾斜如旗，有第一峰、勾漏洞、仙人石各巖壑之盛；鼓山在洪塘江東，倚江面海，最著爲屴崱峰，高據山顛，俗稱大頂，次有喝水巖、靈

〔註265〕《八州遊記》，頁 324。

〔註266〕明袁表、馬熒選輯，《閩中十子詩》（福建：福建人民出版社，2005 年 1 月），頁 123。

雲洞、獅子峰、乘雲嶺、小頂峰、浴鳳池諸勝。山中寺院，偉大過
於江浙大寺，山亦不減太湖穹窿山，余少年曾由陸路往遊，山高十
四里，周四十里，登山有石磴，有湧泉寺，今美國在臨海山麓設學
校，乘舟從北度山橋，即有轎可催，山頂石形如鼓，石壁鑴「天風
海濤」大字，朱子蹟也。〔註267〕

美國在臨海山麓設學校，因當時列強在福州的勢力，以美國爲最。他〈過鼓
山下憶昔遊〉云：

海上千青岫，維此獨岧嶤。山上多白雲，山下多迴潮。天風海濤處，
山海何鬱遼。山際屴崱峰，杳靄摩青霄。憶昔來遊時，禪宮倚沉寥。
重巒複嶂間，靈源鑿洞遙。喝水過東澗，林樹長蕭蕭。今度此山下，
石虹挂山腰。遊蹤在天半，晃蕩赤霞標〔註268〕。

詩從遠景到近景，描繪鼓山的海景與勝境。鼓山在福州會城東南三十里，終年
雲氣瀠鬱，印證日治時期台灣文人魏清德（新竹人，後遷居台北艋舺，1886～
1964年）於民國四年（1915年）九月十四日到民國五年（1916年）一月七日
〈鼓山遊記〉、〈旅閩雜感〉所見，歷攀香爐、卓錫、白雲、屴崱諸峰，遍觀靈
源洞、湧泉寺、喝水巖、水雲亭、忘歸石諸勝，弔閩王陳跡，憩水鏡亭、指國
師岩。〔註269〕湧泉寺以名勝風景著稱，屴崱峰最著名，高據山巔，俗稱大鼎。
明代詩人林鴻（字子羽，福清人）〈屴崱朝曦〉首云：「天地有神氣，屴崱東南
青。高標窮碧落，連峰走滄溟。深探地無際，遠見日初出。」〔註270〕云云。

棄生感嘆昔日遊蹤縹緲，林樹蕭蕭，湧泉寺在天半，晃蕩赤霞標，宛如
《法華經》中的化城。而「鼓山離福州省城，約有三十里，山上到山下，以
湧泉寺爲止，約有十里高，都是石級的寬敞大道。」虛雲和尚（俗姓蕭，世
居湖南湘鄉，1840～1959年）曾於民國十七年（1928年）回鼓山講經，其爲
薙染初地，因當時閩主席楊幼京等人請求，於民國十八年（1929年）至民國
二十三年（1934年）間住持鼓山湧泉寺。〔註271〕

〔註267〕《八州遊記》，頁321～322。
〔註268〕作者註：「廿三夕。」
〔註269〕黃美娥編，《魏清德全集・叁・文卷》（台南市：台灣文學館，2013年12月
　　　　初版），頁323、358。
〔註270〕《閩中十子詩》，頁5、16。
〔註271〕岑學呂編，《虛雲和尚年譜》（台北：天華出版公司，1980年11月四版），頁
　　　　78～86。

二、運河衰廢，遊運河水櫃——山東微山湖

民國以後運河衰廢，明清時代，許多因運河航運而興起的城市因而式微。例如安徽的米市蕪湖。

運河航運，明代後屢有修護。明永樂九年（1411 年），成祖派工部尚書宋禮重開會通河。宋禮采納汶上老人白英的建議，在今山東東平縣東三十公里之戴村及寧陽縣北時五公里處築壩，遏汶水使西，使此水整個西南流至汶上的南旺口，出南旺湖。以南旺為水脊，設閘使水南北分流。其間沿河並在南旺、安山、馬場、昭陽設水櫃，以資供水量，永樂十三年（1415 年）竣工。由於徐州到濟寧的漕河河段受到黃河下遊支離破碎直接的危害，明神宗萬曆二十一年（1593 年）到三十二年（1604 年）間，又在漕河東側開鑿一條新運河，利用昭陽湖來防洪災。〔註272〕〈過運河橋至韓莊望微山湖〉云：

> 一路望運河，及此始橫跨。逾橋至韓莊，豐村多茅舍。河上片片帆，
> 相連如鳧駕。白雲斷續間，北風吹南下。遠見微山湖，積水過滻灞。
> 前此護運嚴，沿河整不暇。自從鐵路通，河水任四瀉。時世一變遷，
> 有如易冬夏。豈知水利條，萬古不容罷。左龜右兔間，波光猶四射。
> 臨城望遠山，洳源有分汊。

棄生乘津浦路火車，十一月十四日過運河上鐵橋，至韓莊。自此而北，風土漸佳。「河上」片帆相連早行。船帆、白雲、北風，令人想見微山湖。滻水為關中八川之一，合灞水入渭。「前此」數句，《八州遊記》云：

> 當國朝以運河為性命之時，視此為至巧之用。今則火車通行，不免
> 淡漠視之，然而水道之修，亦曷可已乎哉！

「有如」句，言昔日之熇熇，乃今日之涼涼。「豈知」二句發為警語。微山湖在今山東滕州市，嶧城區及江蘇徐州市、沛縣之間，左龜右兔，上有微子墳，故名。〔註273〕洳河有二源：費縣（今山東費縣）之東洳，嶧縣（今山東嶧城區）抱犢山之西洳。明神宗萬曆年間開洳河以濟漕運，西洳南流邳州至洳口鎮入洳口連汪諸湖，東會沂水，從周湖、柳湖接邳州東直河，東南達江蘇宿遷黃墩湖、駱馬湖，從董、黃二溝入黃河。〔註274〕棄生由車窗東望，想見其流。

〔註272〕王育民著，《中國歷史地理概論》上冊（北京：人民教育出版社，1993 年 12 月第二刷），頁 29。黃仁宇著，張皓、張升譯，《明代的漕運》（台北：聯經出版社，2013 年 2 月），頁 35。

〔註273〕《八州遊記》，頁 182。

〔註274〕萬斯同撰，《明史・河渠志五》，頁 2122。

第九節　佳朋佳景，樂不思歸

　　棄生八州此行所拜訪或結識的友人如上海的倪承燦、王植，在山東濟南辦「民報」的盛北溟，都屬文人。還有遊湖北新結識李仲青、江拙宜等人。西湖廣化寺寺僧珍灝陪遊西湖、會稽。可參考程師玉凰的敘述。〔註275〕

　　離台遊大陸前，留宿顏雲年陌園。基隆顏家是日治時期台灣五大家族之一。民國七年（1918 年），顏雲年組織「臺北炭礦株式會社」，開始挖掘基隆三貂嶺經平溪鄉石底、到文山郡十八重溪，近千坪山區的石底煤礦。民國九年（1920 年），改名「臺陽礦業株式會社」，展開獨霸台灣煤礦界的時代。〔註276〕洪〈雞籠山遇雨留宿顏君雲年陌園〔註277〕〉云：

> 風雨四山來，山外開曙色。潮聲吼如雷，海上猶深黑。雨止風怒號，
> 風鳴雨淅淅。開門望曙光，巨燈懸竿側。電氣逼人青，林煙散天碧。
> 我為候船來，望之心怵惕。賴有賢主人，珍重慰羈客〔註278〕。遠客
> 夜不眠，毫光明滿室。宗愨萬里風，宗炳五嶽屐。去去指顧間，雖
> 老心未息。投筆潮雞啼，海山忽〔註279〕四白〔註280〕。

意境有《詩經・鄭風》「風雨如晦，雞鳴不已。」《老子》「飄風不終朝」之意。欲作大陸八州萬里之遊，出發前夕，賴友朋珍重慰別，欲效法古人宗愨、宗炳，以壯旅遊豪情。

　　棄生遊武漢時，適逢重九，棄生與友人登高玩賞，宴飲賦詩，〈重九日盛君蓼庵邀過李君仲青家園賞菊飲酒暨雅僧名士共渡漢江遊諸名勝乘月回漢口則江拙宜諸君相候杏花大酒樓是皆漢上始題襟者訂明日偕遊武昌〉云：

> 航海漫遊將兩月，虛度中秋一佳節。
> 今朝佳節逢重陽，更得佳朋共怡悅。
> 盛君邀我登琴臺，李君家園菊花開。

〔註275〕程玉凰著，《洪棄生的旅遊文學——《八州遊記》研究》（台北：文津出版社，2011 年），頁 119～120。

〔註276〕黃清連著，《黑金與黃金：基隆河上中游地區礦業的發展與聚落的變遷》（台北縣：台北縣立文化中心，1995 年 5 月初版），頁 78。

〔註277〕此詩又載顏雲年《陌園吟集・鴻雪唱酬詩》，題作「雞籠候船，宿陌園，旅夜將盡，風雨不息，開門遙矚，曙景滿目，賦似主人顏君雲年，並邴張純甫，聊留泥爪之跡云爾。」

〔註278〕編者按：「羈客」，顏雲年《陌園吟集・鴻雪唱酬詩》作「羈寂」。

〔註279〕編者按：「忽」，省文獻會全集本誤作「聰」，今據原稿甲本改正。

〔註280〕作者註：「壬戌（1922）七月二十曉初。」

　　將欲登高先賞菊，佳朋佳景一齊來。

　　筵中酒好鱖魚肥，此間樂可不思歸。

　　桃花水滿鱖魚至，今因菊花魚亦膩。

　　蟹黃又稱秋風時〔註281〕，酒綠兼濃主人意〔註282〕。

　　出門相共游漢江，槳雙雙與客雙雙。

　　雅僧偕行大別路，詩友共上月湖艖。

　　殘荷猶滿東湖面，臺前臺右江如練。

　　歸元寺〔註283〕北廣善庵，梅子山南漢陽縣。

　　登高一日名勝多，同行七人遨遊遍。

　　歸來梅酒〔註284〕杏花樓，主人又添江王鄒〔註285〕。

　　神交千里共明月，明朝又約武昌遊〔註286〕。

漢上題襟，樂在新知；登高先賞菊，一時佳朋佳景。高山流水，琴臺不遠，眼前又添知音。細寫筵中酒好鱖魚肥，樂可不思歸。

　　民國十一年（1922年）十一月四日早十點三十分，洪棄生擬赴十一點京漢車路，略與其友聊天，至車站已閉窗不發車票矣。盛蓼菴、任梅華、袁定郊三人，為擇其旁旅館駐候。不久，吳文宰偕鄒古予來。及夜，又添江拙宜來送登十一點車，車擁擠不可堪，非盛、江、任三人助攜行李，力排車位，則不能登、無可坐，令棄生感動。〔註287〕其〈謝漢上送行諸君（盛君蓼庵江君拙宜任君梅華吳老文宰鄒君古予王君定郊）〉云：

　　朝從洞庭來，暮向嵩山去。歡合萍水緣，惆悵風塵馭。首途出漢皋，

　　難如登灩澦（車絕擁擠）。勞勞諸君情，感感我心慮。欲別未能別，

　　飛車斷猶豫。今日萬里行，何時重相覷。

詩敘來程與去途。萍水相逢，今又僕僕風塵；好友歡送，倍增惆悵。車絕擁擠，喻如登灩澦堆，人潮洶湧如水，固是妙筆。勞勞送客，客心感感。欲別未別之際，濡沫情深。飛車斷去猶豫不捨之情。猶念萬里行旅，何時得再相聚？語語簡直而情味深長。

〔註281〕作者註：「筵中鱖大如盤，蟹大如碗，黃多如蟳，不獨臺灣不及，吳中亦不及。」

〔註282〕作者註：「天津各色酒皆所藏良醞。」

〔註283〕作者註：「此為楚中第一大寺。」

〔註284〕作者註：「粵青梅酒亦佳。」

〔註285〕作者註：「王定郊、鄒碧痕。」

〔註286〕作者註：「壬戌（1922）九月九夜飲回作。」

〔註287〕《八州遊記》，頁127。

　　古代文人雅集吟詠，風雅傳世者如王羲之蘭亭修禊。王羲之等人蘭亭修
禊事在東晉永和九年（353 年），農曆三月三日上巳，春天來到在水邊洗濯，
去邪消災的節令風俗，此時已成了親族友朋聚會、宴飲賦詩爲主的遊藝賞春。
王羲之〈蘭亭集序〉抒發古往今來，死生無常之感。俯仰之間，一時之樂與
千載之名爲後代文人雅集的興味所在。仰觀宇宙，遊目騁懷；欣於所遇，快
然自足。文人雅集，散懷寄暢，由浩大的宇宙觀照個人短暫的生命，不禁有
「所之既倦，情隨事遷。」的無常。斯景斯情，唯有當下享受，及時行樂，
尋求與自然、與人際的精神契合。王羲之〈蘭亭詩〉云：

> 代謝鱗次，忽焉以周。欣此暮春，和氣載柔。詠彼舞雩，異世同流。
> 迺攜齊契，散懷一丘。

> 三春啓群品，寄暢在所因。仰望碧天際，俯磐綠水濱。寥朗無厓觀，
> 寓目理自陳。大矣造化功，萬殊莫不均。群籟雖參差，適我無非新。

〔註 288〕

第一首敏銳感受人事無常，美好春光易逝。心志上期古人，詠孔子與弟子風
乎舞雩，心境與宇宙天地合一的快樂；撫今追昔，王羲之等人修禊所召喚者，
如衣若芬所言，乃「萬象欣榮，祈求安康福壽的祝福。」然而此天人合一的
永恆之樂，卻蘊含「死生亦大矣，豈不痛哉！」的憂生悲感。「寓目理自陳」、
「適我無非新」，如衣若芬所言，「散懷一丘」重在散曠以去除個人愁懷。「寄
暢在所因」則指遂達通徹世事人情。眾人暮春於蘭亭宴飲賦詩，極視聽之娛，
文人雅集和遊賞山水以暢敘幽情，適我心、和眾情，分享友朋宴飲之歡和山
水之樂，實爲儒家相觀而善，以文會友的藝文悠遊。又有道家目擊道存，得
意忘言，以和諧開朗的心境，俯察品物之盛，領會自然妙境的趣味。至於歷
代題詠蘭亭修禊圖，如王立道（1501～1547 年）、黃洪憲（1541～1600 年）
等，言「勝賞自超山水外，遺蹤猶指圖畫中。」「觴咏已無歡，墨妙虛有託。」
誠如衣若芬所說：「隱隱然對於變易中的恆常寄予期望。」「是繪畫留存了蘭
亭修禊的高風遺緒，使人在山水之外獲得心靈的愉悅。」筆墨文章雖未必能
完全暢詠盛會以傳諸久遠，卻「也將心繫外物的願望指向無所待而齊壽夭的
暢達。」
　　棄生與西湖僧寺僧人騎驢同遊蘭亭，〈蘭亭〉云：

〔註 288〕衣若芬著，《遊目騁懷：文學與美術的互文與再生》，頁 69～128。

峻嶺崇山綠四圍，蘭亭蘭渚有芳菲。

鵝池曲水流觴後，蹀躞騎驢看月歸〔註289〕。

嚮慕古人風流而造訪，同遊僧人亦有同調。〈由鏡湖入蘭溪至蘭渚遊蘭亭登蘭亭山十八韻〉云：

浙東山水窟，無若蘭亭路。沿洄鏡湖波，泝入蘭溪渡。會稽水四平，蘭溪獨迅急。想見溪山高，上溪難用楫。溪水蘭花翻，舟至妻宮村。騎驢攜辨才，看山過桃園〔註290〕。……一石一水間，雲煙皆秀媚。出登蘭亭山，明月滿山灣。月對蘭亭挂，人趁蘭溪還〔註291〕。

寫心勝賞，猶如圖畫。「仰望碧天際，俯磐綠水濱。」水翻蘭花，月明蘭亭，「在山水之外獲得心靈的愉悅。」

此行不但遍遊山水，也相識文字知音，相約一騁遊興，如〈瑞安李茂才叔誠相遇孤山寺酷愛余詩文集邀遊鴈宕願為東道主余以遠遊歷半載方自會稽還未得如願賦此為後遊之券〉云：

浙江夙稱山水窟，異境乃在溫州灣。溫州有客邀我遊鴈宕，我魂已挂三十六峰間。身雖未到神先往，敢笑康樂山緣慳。或云靈峰七十七，中有天闕青雲關。我今足跡半天下，名山亦半識其顏。其實勝處多未至，雖上會稽未上天台山。即今偃蹇西湖裏，湖上山靈仍未一一相往還。況乃龍湫從天下，豈易龍鼻〔註292〕披雲觀。霞客一再尋鴈湖，峰頭蔗草亦波瀾。靈運遊蹤所未發，永嘉閎奧誠難攀。我聞尚有武夷九曲勝，安得曲曲都向眉梢攢。放翁纔到六曲止，晦庵地主空盤桓。君為鴈宕作主人，主賓應盡名山歡，再把余詩展向鴈宕看〔註293〕。

棄生云：「其實勝處多未至，雖上會稽未上天台山。」天台山在浙江東部，城東北、西南走向，西南皆仙霞嶺，東北遙接舟山群島。雁宕山，簡稱雁山，今作雁蕩山。宕同蕩，為積水長草的窪地。山頂有蕩，據傳秋雁歸時多宿此，故名。雁蕩山在浙江溫州地區，蟠跨甌江南北，平陽縣以西的為南雁蕩山。中雁蕩山在樂清市西部，北雁蕩山在樂清市東北，主峰海拔一千零五十二米，

〔註289〕作者註：「十九夜。」

〔註290〕作者註：「地名。」

〔註291〕作者註：「十九夜。」

〔註292〕作者註：「泉名，即雁宕峰。」

〔註293〕作者註：「丁卯（1927）十月十四夜得。」

古稱「東甌三雁」。北雁蕩山面積最大，風景最佳，有一百零二峰、十四嶂、六十四岩、四十六洞、十八瀑、十谷等。勝景多集中在東南部，靈峰、靈岩、大龍湫爲雁蕩風景三絕。在樂清市東北，通往雁蕩山路上，有謝公嶺，相傳東晉詩人謝靈運任永嘉太守時曾到這裡遊玩。〔註294〕謝靈運遊蹤，除了任溫州永嘉太守境內山水，還包括今浙江嵊州縣及新昌地的剡溪。《元和郡縣志》卷二六江南道越州剡縣：「剡溪，出縣西南，北流入上虞縣界爲上虞江。」在今浙江嵊州南，即曹娥江上游諸水，古通稱剡溪。謝靈運曾在剡中住宿，登天姥山。其〈登臨海嶠初發疆中作與從弟惠連見羊何共和之〉詩云：「暝投剡中宿，明登天姥岑。高高入雲霓，還期那可尋。」

徐霞客兩度遊天台、雁宕，第一次在萬曆四十一年（1631 年），第二、三次集中在萬曆四十二年（1632 年），主要遊北雁蕩山。曾遊大龍湫，坐「看不足亭」觀景。又見雁湖積水成蕪，青青彌望。又攀藤歷棧，至龍鼻頂等處。

棄生欲踵前賢之壯遊，又提及武夷山之秀麗奇峰。武夷山（又作武彝山）因爲神人武彝君所居而得名。武彝名著於漢代，相傳武彝君於八月十五日上山，置幔亭，化虹橋，大會鄉人宴飲。武夷山（又作武彝山），「在今武夷山地南十五公里，爲海拔六百米左右的一片低山，方圓六十公里，有三十六峰布列在武彝溪兩岸。溪水清碧，灣環九曲，兩岸峰岩位移形換。乘竹筏遊武彝溪，可兼山水之勝。」山第一曲大王峰南一溪，即武彝溪，東向而入大溪。武彝溪明代又稱九曲溪、清溪，發源於三保山，經星村入武彝山，盤折九曲，約七點五公里，到武彝宮前匯入崇溪。崇溪即崇陽溪。〔註295〕

朱熹在淳熙十年（1183 年）退隱故里，在武夷山九曲中第五曲築精舍。其〈武夷精舍雜詠〉並序的詩序云：

> 武夷之溪東流凡九曲，而第五曲爲最深。蓋其山自北而南者至此而盡，聳全石爲一峰，拔地千尺。上小平處微戴土，生林木，極蒼翠可玩。而四隤稍下，則反削而入，如方屋帽者，舊經所謂大隱屏也。屏下兩麓坡坨旁引，還復相抱。抱中地平廣數畝，抱外溪水隨山勢從西北來，四屈折始過其南，乃復繞山東北流，亦四屈折而出。溪流兩旁丹崖翠壁林立環擁，神剜鬼刻，不可名狀。舟行上下者，方左右顧瞻錯愕之不暇，而忽得平岡長阜，蒼藤茂木按衍迤靡，膠葛

〔註294〕徐弘祖著，朱惠榮校注，《徐霞客遊記校注》，頁 8～12，99～107。
〔註295〕《清史稿·地理志》。《讀史方輿紀要·福建》。

蒙翳，使人心目曠然以舒，窈然以深，若不可極者，即精舍之所在也……。〔註296〕

陸游（字務觀，號放翁，越州山陰（今浙江紹興）人，1125～1210年）遊武夷山，在淳熙五年（1178年），被任命爲提舉福建路常平茶事之時。徐霞客在明萬曆四十四年（1616年）曾經遊歷此地。徐霞客曾經遊歷武彝九曲中第五曲的朱熹書院，正在大隱屏下，回程遊「御茶園」，此在武彝山第四曲溪南，爲元代官府督製貢茶處，大德六年（1302年）創建，明嘉靖三十六年（1557年）罷廢。此地以產茶著稱，烏龍茶亦產於此，宋蔡君謨評論此茶味超過北苑龍團，今盛產岩茶，尤以「大紅袍」最名貴。徐霞客又遊武彝君及徐仙遺蛻。〔註297〕

天台山、雁蕩山、武夷山等未曾遊而心嚮往之，尚友古人，欲效法謝靈運、徐宏祖壯遊，訪查朱熹、陸游舊跡，可見遊興高邁，賴有同好山水之友盛情邀約。

第十節　江海航行，齊諧楚騷

棄生江海航行，所經之處爲古代齊諧楚騷之地，詩也深染此風。如遊金山，此山北眺瓜洲，南望鎮江。高三十餘公尺，最高處爲妙高峰。本在江中，後因南岸漲沙漸與山連。民國初年，陸路已可逕上金山。其名勝有金山寺，清聖祖康熙改名爲江天寺。寺後有妙高臺，法海洞附近有中泠泉，爲陸羽所評之天下第一泉。又蘇軾「爲（鎮江）金山寺所寫《楞伽經》，無一懈筆，每字必帶筆一二圈，爲東坡一生傑作，北宋槧，藏之金山寺。」〔註298〕清末學者魏源（字默深，邵陽（今屬河南）人，1794～1857年）〈金山〉云：「江心有地似樓臺，收得煙雲四面開。底事承平無水戰，濤聲猶懼海濤來。」詠道光二十二年（1842年）八月，英國軍艦開進南京，清政府同英國簽訂了喪權辱國的《中英南京條約》，結束了鴉片戰爭。〔註299〕寫此詩時金山尚在長江水中，到清末因江沙淤積而與南岸相連。洪〈金山變陸感詠〉云：

〔註296〕朱熹撰，郭齊箋注，《朱熹詩詞編年箋注》（成都：巴蜀書社，200年4月第一版），頁786～787。
〔註297〕徐弘祖著，朱惠榮校注，《徐霞客遊記校注》，頁24～30。
〔註298〕岑學呂編，《虛雲和尚年譜》（台北：天華出版公司，1980年11月四版），78～86。
〔註299〕王英志注譯，《新譯清詩三百首》（台北：三民書局，2010），頁42。

－182－

　　金山如湘君，中流危插腳。大地將變遷，一朝忽起陸。嗟我東南天，
六鰲不繫足。黑風吹蓬萊，洶濤沒大麓。此失魚龍性，彼陷鯨鯢族。
浮沈俱已非，顛倒何其速。而此立江干，猶可仰寥廓。失水邇塵寰，
冬窮先夏潦。我從熱海來，喜識山面目。靈山倘有靈，我欲訴胸曲。
一溺至于今，何以脫諸桔。聞說山當時，亦遭赤眉毒。如來無完膚，
與我同慘戚。今已換金身，無異西天樂。寶塔凌天風，袈裟飄簌簌。
妙法豈云晞，琳宮未寂寞。千磴摩旻穹，一洞入地軸。江流山欲飛，
影響聚一簇。思作彌天談，惜乎山僧俗。東望三臺山，此猶一粒粟。
試罷中冷泉，落霞滿山隩。〔註300〕

首句用《楚辭‧九歌‧湘君》：「君不行兮夷猶，蹇誰留兮中洲。」言其如江中
砥柱，中流插腳。五、六句歎台灣割日，猶如陸沈。「繫足」遙應「插腳」，映
襯成趣。「黑風」句形象的描寫陸沈之深。「此失魚龍性」二句之意象互喻，悲
台灣人如失水之魚龍，又如鯨鯢之香餌，誇飾陷溺之深，是深一層寫法。「浮沈
俱已非」，陸沈之苦，已非人間。何況又顛倒倏忽，倒懸之苦不知多深，用翻疊
筆法。「失水」二句以時空遞嬗變化之理，暗喻滄桑之苦。「我從熱海來」四句
一揚一宕。「一溺」句言深溺桔桔，至今未解，由痛生悲，憫金山寺曾燬於太平
天國兵燹。「如來」二句，妙以擬人筆法，描寫神像之燬，導虛入實，映襯出人
間之慘戚。「今已」二句言佛像之金碧輝煌，「寶塔」二句描寫其莊嚴，「袈裟飄
簌簌」聲情動人。「妙法」句言佛道不孤，妙以「千磴」二句夸飾景緻，作上天
入地之玄想。「江流山欲飛」言浪濤大作時，山欲飛動，「浮玉」之名由此得，
江樹江天亦簇聚如影響。時空自然的推移之力深刻如此，詩人彌天高論惜無高
僧解會。只因「金山寺近閭閈，寺僧逐俗不可耐。」〔註301〕三臺山，原稿又作
海東山，隱指海上仙山。則金山如滄海一粟，滄桑又何足計較。但試飲中冷泉。
「落霞滿山隩」末句猶如詩人半生憂患，忽得此明麗晚景，倍覺可愛。

　　遊湖南洞庭湖，古為楚地，詩多用《楚辭‧九歌》典故，以切合地望。〈自
岳陽樓下登巴江舟入洞庭湖遶視君山沿艑山回見巴邱岸美磯無數至呂仙塔下
登岸〉云：

〔註300〕台北縣鎮江旅台同鄉會編，《思我故鄉——鎮江》第二集（台北縣：鎮江旅台
　　　　同鄉會，1986年10月初版），頁26～27。盧見曾撰，《金山志》（沈雲龍編《中
　　　　國名山勝蹟志叢刊》中。台北：文海，1983年9月出版），頁75～90。《八州
　　　　詩草》，頁8。
〔註301〕《八州遊記》，頁34。

　　　泛舟出巴江，欲入洞庭湖。江中風浪靜，紅隄綠玉鋪。湖上風波闊，
　　　有山成方壺。云是軒轅臺，黃帝所游徂。縹緲十二峰，波心不可摹。
　　　湘君降北渚，風雨常與俱。誰云登熊湘，乃在編山崓。溯湃天無際，
　　　雲夢隨吸呼。震動岳陽城，天岳開畫圖。三湘合三江，急櫂浪花麤。
　　　迴至編山下，沉沉似小孤。灎湖入深山，外落即平蕪。呂仙騎鶴去，
　　　一亭在城隅。舟傍巴陵岸，石磯秀菰蒲。遙望黃陵廟，秋風啼鷓鴣
　　　（黃帝登熊湘，即湘君山，《史記正義》作編山，非。）。

岳陽樓因范仲淹〈岳陽樓記〉一文而顯名。樓東北為城陵磯，為洞庭湖與長
江匯合處。岳陽樓可望金鶚山、雞籠山、白鶴山。左近有呂仙塔，又有呂仙
亭。君山又稱洞庭山，為洞庭湖北的小島，山有軒轅臺，娥皇、女英二妃墓
等名勝。〔註302〕泛舟出巴江而入洞庭，江中風浪平靜，紅隄草碧。擬君山
如方壺，以其上有軒轅臺。相傳黃帝南至於江，登熊湘。後人以為地在編山，
〔註303〕故立臺以誌。君山上有十二峰，相傳湘君嘗游此，故曰君山。〔註304〕
棄生化用屈原《楚辭‧九歌》中〈湘君〉「朝騁鶩兮江皋，夕弭節兮北渚。」
之詩意，使風雨盡疑為神女之情。〈湘君〉「采薜荔兮水中」二句寫景言事，
如朱熹云宛轉興喻「合昏而情異」，〔註305〕奇思奇情。棄生舉〈湘君〉、〈湘
夫人〉為例云：

　　　〈湘夫人〉篇云：「帝子降兮北渚，目渺渺兮愁予。嫋嫋兮秋風，洞
　　　庭波兮木葉下。」又云：「沅有芷兮澧有蘭，思公子兮未敢言。」〈少
　　　司命〉篇中云：「秋蘭兮青青，綠葉兮紫莖。滿堂兮美人，忽獨與予
　　　兮目成。入不言兮出不辭，乘回風兮載雲旗。悲莫悲兮生別離，樂
　　　莫樂兮新相知。」是皆悱惻芬芳，足供後人漱香無盡，熟讀此種，
　　　不啻置身蘭芷叢中。〔註306〕

以《楚辭‧九歌》〈湘君〉、〈湘夫人〉為配偶神，本自王夫之、陳本禮等人。
〈湘君〉開首云：「君不行兮夷猶，蹇誰留兮中洲？美要眇兮宜修，沛吾乘兮

〔註302〕《八州遊記》，頁 117、119。中國地圖出版社編，《新世紀中國地圖冊》（北
　　　　京：中國地圖出版社，2001 年 1 月第 1 版），頁 87。
〔註303〕司馬遷著，日本瀧川龜太郎考證，《史記會注考證》，卷 1，〈五帝本紀〉，頁
　　　　25，張守節《史記正義》注。
〔註304〕樂史撰，《宋本太平寰宇記》（北京：中華書局，2000 年 1 月江蘇第一刷），
　　　　卷 113，〈江南西道十一‧岳州‧巴陵縣〉，頁 190。
〔註305〕朱熹集注，《楚辭集注》，頁 34。
〔註306〕《寄鶴齋詩話》，頁 5。

桂舟。令沅湘兮無波，使江水兮安流。望夫君兮未來，吹參差兮誰思？駕飛
龍兮北征，邅吾道兮洞庭。」此女巫祭男神。要眇指容貌姣美貌，宜修指善
於修飾，以見巫之姣。又言舟之美與祭祀之誠。〈湘夫人〉開首云：「帝子降
兮北渚，目眇眇兮愁予。嫋嫋兮秋風，洞庭波兮木葉下。登白薠兮騁望，與
佳期兮夕張；鳥何萃兮蘋中，罾何為兮木上！沅有茝兮醴有蘭，思公子兮未
敢言。荒忽兮遠望，觀流水兮潺湲。麋何食兮水中？蛟何為兮水裔？朝馳吾
馬兮江皋，夕濟兮西澨。聞佳人兮召予，將騰駕兮偕逝。」

依何焯、戴震的析賞，〈湘夫人〉起首，何焯云：「起筆縹渺，神情欲活。」
戴震云：「寫水波，寫木葉，所以寫秋風，皆所以寫神不來，冷韻淒然。」然傳
神點睛，尤在「荒忽」二句，猶如西方但丁《神曲》開頭的情韻，荒莽失路，
悵惘無依。因此，陳本禮云：「一聞字，一將字，全於空中著色。」又說：「憑
空造謊，奇甚。」映照前段望遠極思，用示現修辭顯現超越和空靈的觀照。其
意境如唐代李商隱〈錦瑟〉滄海月明、藍田日暖等意象的縹緲鮮活，以神話寓
託失意孤寂。和《詩經》〈靜女〉「愛而不見，搔首踟躕。」相較，情韻更為淒
婉悠長。而〈少司命〉「悲莫悲兮生別離」二句，棄生評曰：「真乃千古情詩之
祖。」〔註307〕古人以此入畫者，如蕭雲從（字尺木，號默思，又號無悶道人，
安徽蕪湖（一作當塗）人），其版畫《離騷圖》，構圖寫意以朱熹注解為本，繪
《楚辭・九歌》〈湘君〉、〈湘夫人〉為一圖。古人以湘君為舜，夫人是堯女，二
湘為配偶神。學者衣若芬據蕭所繪所言，認為繪圖以男女婉變愛慕而莫得竟者，
寓君子美人的遇合而別有所託。蕭雲從透過圖畫，表達遺民心聲。〔註308〕

棄生本孟浩然〈望洞庭湖贈張丞相〉「氣蒸雲夢澤，波撼岳陽樓。」詩意，
擬此湖如地肺，吞吐調節水量之功不可忽。棄生又讚天岳山開展似畫圖。「三
湘」形容眾水匯聚之溯湃，因云：「急櫂浪花驫」。迴舟艑山，舟亦簸蕩不可
近，山卻美似小孤。滃湖入深山，近呂仙亭，亭在城隅湖口，湖口指洞庭湖和
長江連通之口，在今岳陽城陵磯。棄生嘆仙人已乘鶴杳矣。傍巴岸行，見岸
際處處有大石如磯，石亦多美麗，與岸上小山相點綴，成巴江畫本。〔註309〕
末遙望湘陰縣北四十里之黃陵廟，即舜二妃廟，在湘水流域。所聞惟秋風啼

〔註307〕傅錫壬著，《新譯楚辭讀本》，頁64、69。
〔註308〕張庚著，《國朝畫徵錄》（上海：上海人民美術出版社，1962年《畫史叢書》
　　　　本），頁18～19。衣若芬著，《遊目騁懷：文學與美術的互文與再生》（台北：
　　　　里仁書局，2011年8月），頁26～36。
〔註309〕《八州遊記》，頁118、119、123。

鸕鶿。洪〈泛洞庭湖作〉云：

> 大地一浮萍，君山落洞庭。波中滄海白，天外岳峰青。三汜三湘合，
> 九江（九江在洞庭，本《山海經》。）九派淳。長江憑極目，帝子下
> 揚舲。〔註310〕

洞庭水勢浩渺，泛舟其上，有飄萍之感。頷聯化用王維〈送邢桂州〉「日落江
湖白，潮來天地青」詩意。氣象雄闊似摩詰，筆法較為寫實。頸聯言瀟湘、
資湘、沅湘為三汜，合稱三湘，匯淳於洞庭。九江之名，見《山海經・中山
經》「澧、沅、瀟、湘，在九江之間。」宋人逐以洞庭為九江。清代趙一清以
為即《尚書・禹貢》之九江。末極目長沙。長沙以南之九疑、衡山皆有舜廟，
因想像帝子下揚舲之景。〔註311〕

　　遊山東時，其地古來屬齊文化區，所謂「齊東野語」，《莊子・逍遙遊》
所謂「齊諧」，中多神話傳說。《史記・封禪書》謂始皇東遊海上，禮祠名山
大川及八神。提到秦朝地方中有八神，一曰天主，二曰地主，三曰兵主，四
曰陰主，五曰陽主，六曰月主，七曰日主，八曰四時主。其中五曰陽主，祠
芝罘。七曰日主，祠成山。成山斗入海，最居齊東北隅，以迎日出。古屬東
萊不夜縣。〔註312〕

　　棄生由天津搭海船南下，海路遠望煙臺市。煙台市即芝罘港，明設烽火
台於此，因得此名。前臨黃海，背負硫磺山，和旅順、大連隔海相峙，是渤
海海峽的咽喉。芝罘半島屏障西北，港灣良好，為山東半島腹地的大商港。
芝罘半島東南與煙台山相環抱，形成一大海灣。煙台山附近水深，為港埠所
在。芝罘灣外有崆峒島，孤懸海中，為煙台屏藩。〔註313〕〈舟沿之罘山入煙
臺澳即事〉云：

> 舟去五島洋，遐望八神府。岜崿之罘山，劈海橫藻斧。秦皇射大魚，
> 漢武祀陽主。古蹟今依然，山頭艷陽聚。噴海出虹蜺，映波成錦縷。
> 轉過之罘灣，忽展蓬萊股。突兀見煙臺，蔥籠拓玄圃。海上列千艘，

〔註310〕《八州詩草》，頁40。
〔註311〕民國楊守敬、熊會貞疏，《水經注疏》，卷38，〈湘水〉，頁3124、3138、3152、
　　　　3162。
〔註312〕司馬遷著，瀧川龜太郎注，《史記會注考證》（台北：洪氏出版社，1986年9
　　　　月版），卷28，〈封禪書〉，頁501。
〔註313〕王洸著，《中國海港誌》（台北：中華文化出版事業委員會，1954年6月再版），
　　　　頁63。

　　　　山中藏萬戶。長隄截波濤，左右蛟龍舞。龍門港可登，嶗峒島可數。
　　　　樓閣滿空中，何須蜃氣吐。雄衛比三邊，烽堠仍兩部。遙遙汽車途，
　　　　直向濰縣去。迴舟不夜城，日亭在何處。

舟去鼉磯、沙門、牽牛、大竹、小竹五島，遐望煙臺。舟近海邊，見「懸崖
峭壁，長如巖城。……有峰巒無樹木，層層疊疊，映生日光，紫翠巉巖，問
之，曰之罘山也。」化爲詩語，「劈海橫藻斧」之形象生動。「山頭」之句寫
海日紅波，清腴靈動。「噴海」二句似對偶句。

　　轉過之罘灣向南，「則內四山中裂，內開廣澳，而煙臺市見矣。」言山
如蓬萊斷成數股，言煙臺如蔥蘢玄圃，點染神仙意象，呼應昔日秦皇之豪
舉。「海上」句夸言港埠之繁榮。其「海口廣眺，無以阻風浪，賴南北二大
石隄，長數百丈，厚數丈。……市內樓廈櫛比，港口桅檣林立。」〔註314〕
「長隄」二句，以蛟龍舞映襯截隄之安瀾。「龍門」數句於近處細膩描寫。
煙臺於咸豐八年（1858年）開爲通商港，其形勢拱而南，威海衛拱而北，
成對照勢。故云「烽堠仍兩部」。又見汽車途遙通濰縣。末憶古代之不夜縣，
方問日亭何處。

　　《史記‧秦始皇本紀》盧生對秦始皇說：「眞人者，入水不濡，入火不爇，
陵雲氣，與天地久長。」其形象近於《莊子‧齊物論》所謂的「眞人」。棄生
乘舟過登州見蓬萊山丹崖山，又沿之罘山入煙臺澳，詩吟詠道士神仙之說以
切合地望古蹟。如〈舟沿之罘山入煙臺澳即事〉云：「秦皇射大魚，漢武祀陽
主。古蹟今依然，山頭艷陽聚。」〈至萊州海至登州見蓬萊山丹崖山作〉云：
「自昔始皇來，臨海張帷幄。求仙候十洲，去天盈一握。不遇蓬萊仙，且駐
蓬萊閣。……神人遺石梁，鞭血滿山壑。至今召石嵐，映日紅灼灼。舟行不
敢近，山下洪濤作〔註315〕。」

　　萊州市在山東北部，臨萊州灣。其東北有蓬萊市，漢武帝曾在此望海中
蓬萊山，因築城以蓬萊爲名。〔註316〕該市丹崖山頂之蓬萊閣，可望海、觀日，
春、夏之交偶爾可見「海市蜃樓」奇景。〔註317〕葉昌熾云：

〔註314〕《八州遊記》，頁283～284。
〔註315〕作者註：「十一午下。」
〔註316〕牛汝辰編，《中國地名由來詞典》（北京：中央民族大學，1999年6月第一刷），
　　　　頁180～181。
〔註317〕張武冰主編，《新世紀中國地圖冊》（北京：中國地圖出版社，2001年1月第
　　　　1刷），頁75。

> 齊宣王之游也，曰：「吾欲觀次轉附朝儛。」遵海而南，放於琅邪，
> 即今青齊間海上諸山也。萊州雲峰山，鄭昭道所題青煙寺，白雲堂、
> 朱明臺，以逮駕月栖玄之屬，雖託之寓言，實為題名之濫觴。登峰
> 周覽，飄飄然有凌雲之想。〔註318〕

青齊間海上諸山如雲峰山等，每多古代神話寓言，勞山等地又為道教勝地。
文登市南瀕黃海，為古登州治。〈至萊州海至登州見蓬萊山丹崖山作〉云：

> 跋浪萊州灣，放櫂登州角。赤城雲中開，下有五霞駁。知是蓬萊山，
> 丹崖浮丹渥。自昔始皇來，臨海張帷幄。求仙候十洲，去天盈一握。
> 不遇蓬萊仙，且駐蓬萊閣。閣下魚龍遊，閣外黿鼉躍。東坡求海市，
> 于茲禱海若。頃刻海中央，樓臺連城郭。我見山千層，層層海底落。
> 神人遺石梁，鞭血滿山壑。至今召石嵐，映日紅灼灼。舟行不敢近，
> 山下洪濤作。

詩首敘航程所經，「赤城」二句，言海市蜃樓之起伏變幻。「知是」以下，用始
皇昔日求仙東海之舉。「不過」數句，遠望蓬萊市蓬萊閣，在丹崖山上。前寫丹
崖山浮如丹渥，此寫閣外魚龍黿鼉游躍，本蘇軾〈鰒魚行〉云：「君不聞蓬萊閣
下駝碁島，八月邊風備胡獠。舶船跋浪黿黿震，長鑱鏟處崖谷倒。」〔註319〕詩
意側寫黿磯島，〔註320〕以產鰒著。「頃刻」二句，本東坡〈登州海市并敘〉云：
「蕩搖浮世生萬象，豈有貝闕藏珠宮。心知所見皆幻影，敢以耳目煩神工。
歲寒水冷天地閉，為我起蟄鞭魚龍。重樓翠阜出霜曉，異事驚倒百歲翁。」
詩意。「我見」以下，言蓬萊市東八十五里的召石山，相傳為秦始皇造石橋，
渡海觀日處。有神人召石下，鞭石見血。至今其山石皆赤焉。〔註321〕詩云：「映
日紅灼灼」，彷彿鞭血滿山。惜山下洪濤大作，舟不敢近。

第十一節　道路艱難，歷險生愁

　　旅遊蹇困處在道路艱難，歷險生愁。尤其當時局未靖，道路不寧，人禍

〔註318〕葉昌熾撰，《語石‧語石異同評》，350。
〔註319〕清王文誥、馮應榴輯注，《蘇軾詩集》（台北：學海出版社，1985年9月再版），
　　　　頁1386。
〔註320〕《八州遊記》，頁283。
〔註321〕樂史撰，《太平寰宇記》（《景印文淵閣四庫全書‧史部‧地理類》第469冊。
　　　　台北：商務印書館，1983年10月初版），卷20，〈河南道二十‧登州‧召石
　　　　山〉，頁172。

如惡水，旅行者不知津梁，又無人護衛，每嘆行路艱難。若登山涉水，處處藏險伏危，未必事先能預防，臨事知應變。未親履涉險者不知坎坷增懼，冒險奮進、不懈於途，亦不覺得已突破極限；待柳暗花明，忽逢盛觀美景，回首來路，頓生愉悅和莫名的蒼茫。

一、夜乘京漢線火車，由漢口至鄭州

民國十一年（1922 年）十一月四日早十點三十分，洪棄生夜搭京漢車路，由漢口至鄭州。他坐火車離開湖北，北上河南，遊歷處在北宋屬京西北路，蘇轍所謂：「惟京西於諸路，地大且近，西舉鞏、洛，北兼鄭、滑，南收陳、許、蔡、汝、唐、鄧、申、息、胡、沈（按：宋代鄧州南陽縣、蔡州新息縣、穎州汝陰縣、蔡州汝陽縣），浸淫秦、楚之交，翕引河、汴、縈阻淮、漢，出入數千里，土廣而民淳。」〔註322〕

車發後，棄生捲極閉目，月下朦朧，若無所見。車過小站有諶家磯、灄口、橫店、祁家灣、祝家灣、三汊埠六處。又行經孝感縣，既而過蕭家港站，又到陸家山站，為五日凌晨二點二十五分，地屬雲夢縣。四點十八分，已過一山為楊家寨之站，已過德安府安陸縣之北矣。四點半，車至廣水站，廣水屬應山縣。過此見陸上處處有山，所歷漸漸而高。五點四十五分入隧道，至五點五十一分出隧道，則武勝關矣。六點三十分至雙河，為五日清晨。七點到信陽州。計略七十分共行九十里，因所乘為特別快車。八點十五分至長臺關，十點到確山縣，十點三十分到駐馬店。十一點二十分到遂平縣，十二點到四平縣。下午三點至臨穎縣，三點二十分至許州。五點三十分至新鄭縣，六點四十分至小李莊，則鄭州旅館人已至此車站，招待顧客，偕至鄭州，時已屆五日夜七點多。棄生與其子炎秋，自四日夜植坐火車至此，歷二十一小時之久，行一千三百里，為其長途旅行之最困者。〔註323〕

（一）湖北省孝感縣

民國十年（1921 年）年六月武昌兵變後，鄂督王占元曾密令劉佐龍設伏兵於孝感縣，以機槍擊斃兵變之士兵。〔註324〕棄生〈過孝感縣〉云：

〔註322〕《新譯蘇轍文選》，頁 115～118。
〔註323〕《八州遊記》，頁 127～136。
〔註324〕湖北省社會科學院歷史研究所編，《湖北簡史》（湖北：湖北教育出版社出版，1994 年 2 月第一刷），頁 492～493。

月送車如箭，夜行孝感縣。已過諶家磯，又過灄口渡。迢遞祝家灣，循至三汊步。澴水迎面來，涓流何處顧。此間義陽城，北齊旌旗布。當時疆城間，戰攻不知數。事去境已遷，遺鎮尚如故。今日峰煙生，乃在漢陽樹。我歌行路難，輪車日夜騖。

棄生由漢口搭京漢線鐵路，經諶家磯、灄口、橫店、祁家灣、祝家灣、三汊埠六處。灄水為澴水分流，舊有城在黃陂南、武口上，對岸即夏浦。〔註325〕陳太建五年（573年），郢州刺史李綜克灄口城。〔註326〕《水經注》江水左得湖口，水通大湖，又東合灄口，水上承涓水于安陸縣，而東逕灄陽縣北，東流注于江。〔註327〕又北至孝感縣（今置市），劉宋時置縣，屬江夏郡，縣有澴水，源出應山縣西雞頭山，初流一百步，遶山澴流，因名環水。縣北舊有義陽城，南梁為郡，北齊為重鎮，南北朝兵家必爭之域也。〔註328〕

　　詩敘夜行孝感路，沿途所經小站。因念北齊時義陽城。南朝蕭梁後期，太清末（549年），東魏乘侯景之亂，遣將辛術等南略，長江以北兩淮土地，盡為所佔。西魏也乘此進取劍北之地。北齊伐東魏，與南朝以長江為界。〔註329〕義昌城為邊鎮，戰伐必多。事去境遷，遺鎮如故。惟近年來武昌、孝感間屢傳兵變。軍閥以殺戮當道，不禁歌歎行路艱難，而日夜馳騖的輪車安知？

（二）湖北省雲夢縣

　　湖北省雲夢縣，位於今安陸市東南，古有雲夢城。魏大統十六年（550年）於雲夢古城置雲夢縣，因以為名。〔註330〕《左傳‧宣公四年》「使棄諸夢中。」〈昭公三年〉王以田江南之夢。杜預註：「楚之雲夢，跨江南北。」〈定公四年〉楚子涉睢濟江，入于雲中。杜預註：「入雲夢澤中，所謂江南之夢。」後儒因謂江北為雲，江南為夢，恐不可信。據今日科學考察，古亦無跨江南北之雲夢。雲、夢者，僅不相連之沼澤耳。〔註331〕〈過雲夢縣〉云：

〔註325〕《八州遊記》，頁128。
〔註326〕唐姚思廉撰，《陳書》（台北：鼎文書局，1980年3月初版），卷5，〈宣帝本紀〉，頁23。
〔註327〕楊守敬、熊會貞注，《水經注疏》卷35〈江水注〉，頁2900。
〔註328〕宋樂史撰《太平寰宇記》卷132，〈淮南道十‧安州〉。
〔註329〕王育民著，《中國歷史地理概論》下冊，頁237。
〔註330〕宋樂史撰，《太平寰宇記》，卷132，〈淮南道十‧安州〉，頁286。
〔註331〕杜預著，《春秋經傳集解》（台北：新興書局，1989年8月版），頁155、204、378。楊伯峻著，《春秋左傳會注》（高雄：復文書局，1986年8月初版），頁683。

　　遠歷雲夢海，不見雲夢宮。月明車如水，夜永去如風。北雲與南夢，
　　不在西陵中。楚王有舊躕，留名在漢東。顧盼陸家山，前路入穿窿。
　　楚險行將至，一望楚澤空。

雲夢海指雲夢澤。雲夢宮在西陵縣，〔註332〕不在此地。夜風明月中，車馳如
水，彷彿夢中。楚宮不在此，此地卻曾爲楚子舊躕處。顧盼陸家山，前有武
勝關隧道。行將入險地，楚澤回望成空。

（三）湖北省安陸縣

　　湖北省安陸縣（今安陸市），趙宋時爲理安郡治。《尚書·禹貢》「至於陪
尾」，即陪尾山，又名橫山、橫尾山，即此地也。春秋時爲鄖子國，後楚滅鄖，
封鬥辛爲鄖公，即其地。郡城今在溳水之濱，一名石𥔿故城，雲夢之澤在焉。
〔註333〕《水經·溳水注》溳水又南，至安陸縣故城西，又南逕石巖山北，即
《左傳·定公四年》吳敗楚於柏舉，從之，及於清發，蓋溳水兼清水之目也。
溳水南流，分爲二水，東通灄水。西入於沔，謂之溳口也。〔註334〕〈過德安
府安陸縣〉云：

　　溳水合清水，溳口不可望。南有雲夢澤，地志不可詳。杳杳橫尾山，
　　月色淡蒼蒼。夜車出廣野，有如破大荒。車中人語雜，遂忘夜路長。
　　停車望楚塞，黯然悲故鄉。

棄生乘夜車過安陸縣北，時爲寅夜四點十八分。追想地志所云之溳口、雲夢，
皆非鐵路站所經，無暇考索憑弔。月色蒼淡，杳杳難尋橫尾山。夜車疾馳廣
野，衝破大荒之寂寥。車中又聞人語雜沓，破曉前的夜行路將要結束，不再
長夜未央。車停而望楚塞，忽有此生若寓，黯然悲鄉之感。

（四）湖北省應山縣

　　車行過廣水站，屬應山縣，人家尤稠，過此所見路上處處有山。應山縣
本漢隨縣地，屬南陽郡。隋開皇十八年（598年）置應山縣。縣東北二十五里
有石龍山，縣北六十里有大龜山。〔註335〕〈過應山縣〉云：

　　驅車出楚北，重重歷阻艱。匡坐馳鐵軌，不知道路難。惟覺漸漸高，

〔註332〕 班固著，《漢書·地理志》（台北：鼎文書局，1977年12月再版），〈江夏郡〉，
　　　　頁1567。
〔註333〕 宋樂史撰，《太平寰宇記》，卷132，〈淮南道十·安州〉，頁283。
〔註334〕 民國楊守敬、熊會貞注，《水經注疏》，卷31，頁2645、2648。
〔註335〕 宋樂史撰，《太平寰宇記》，卷132，〈淮南道十·安州·應山縣〉，頁286。

雲磴若聯攀。所行雖濡滯，已過數重山。未識南北朝，戰爭幾往還。

險程五十里，已至武陽關。

車過楚北，重重山阻險艱。匡坐車中，不覺道路難。惟覺「所歷漸漸而高，車不甚速。」〔註336〕「雲磴」、「已過」二句，寫沿途山阻，車濡滯而行，若聯攀雲磴，則山之高峻可想。南北朝時，此爲兵爭要險，車行約五十里，已至武勝關。

（五）河南省信陽縣

河南信陽縣（今置市），春秋時屬楚，即古申國之地也，周宣封舅之國。秦併天下爲郡，此即屬南陽。漢置平氏縣，後爲申州義陽縣鄉之地。晉武帝時改置司州，元帝遷都，淪陷於劉石。宋武帝劉裕以晉義熙中北平關洛，河南底定，復置司州於虎牢。此地北接陳、汝，控帶許、洛，南朝宋齊以來嘗爲邊鎮。桐柏山脈至此，東放平野。環信陽縣西有車雲山，東有隴山、鐘山，又有天目山，最南有石城山，迤南有大隞山，山有漸水河至城外，可達息縣、光州。〔註337〕淮水西自桐柏縣流入，東北經古信陽縣界，去縣三十七里。〔註338〕〈望信陽懷古〉云：

> 眾峰列環玦，中開古名州。桐柏自西峙，淮水向東流。鐘隴（二山）
> 石城山，三面若垂旒。申伯有雄封，番番周南陬。七國及六朝，攻
> 戰無時休。獨惜列國初，強國不知收。淪胥入荊楚，遂作中原憂。
> 爭鄭涉氾歸，何從過楚咻。戮詬盟召陵，我欲齊桓尤。于今形勢在，
> 烈烈四山秋。西風吹急馭，千里過河洲。

環信陽西東南三面皆山，列如環玦。古爲申州，乃申國地。「桐柏」句言其山川形勢。〈大雅·崧高〉云：「申伯番番，既入於謝。」〔註339〕雄封於周南陬，三面山如垂旒。戰國及南北朝時，此地攻戰無時休歇。春秋初，強國如齊不知收入版圖，後淪胥入荊楚，如〈過武勝關隧道〉云：「放兕出柙虎出山」。楚如虎兕，常欲北攖中原，中原諸國每以爲憂。《左傳·襄公二十六年》楚子伐鄭，涉于氾而歸。氾在今河南襄城縣南一里。楚子謂：「不伐鄭，何以求諸侯？」楚咻如此，何從過之？《左傳·僖公四年》齊侯以諸侯之師侵蔡，蔡

〔註336〕《八州遊記》，頁129～130。

〔註337〕《八州遊記》，頁131。

〔註338〕宋樂史撰，《太平寰宇記》，卷132，〈淮南道十·信陽軍〉，頁287～288、289。

〔註339〕屈萬里著，《詩經詮釋》（台北：聯經出版社，1983年初版），頁531。

潰，遂伐楚。楚子使屈完如師，師退，次於召陵。齊侯陳諸侯之師，與屈完
乘而觀之。後屈完與諸侯盟〔註340〕。棄生怨齊桓公虛詬無志，未以諸侯之師
擊楚，以懲荊人。末言形勢依然，惟見四山秋色。西風中火車急馳而北，過
古周南之河洲。

（六）由河南省長臺關過淮水

河南長臺關又名長樂關，在信陽縣北，〔註341〕有淮水所經鐵路橋。淮水
在此尚屬細流，至安徽省壽縣和正陽關間，北合潁河乃大。〔註342〕西元十二
世紀，黃河奪泗入淮後，黃河泥沙，墊高了淮河下游的入海故道，河、淮交
會的清口淤塞，下流不暢，洪水倒灌，淮陰以上的洪澤浦等湖低窪地區，洪
流匯聚，連成一片，洪澤湖由此形成。〔註343〕〈長臺關過淮水〉云：「我作淮
滿歌，導淮今誰賴？遠遠洪澤湖，恐有蛟龍害。」棄生作淮滿歌吟，亟待導
淮去患。「遠遠洪澤湖，恐有蛟龍害。」憂心洪澤湖水患。

（七）河南省確山縣

河南確山縣，北至遂平縣界六十里。春秋時為道國。《左傳・僖公五年》
所謂江、黃、道、柏，方睦於齊，皆弦姻也。弦恃之而不事楚，故鬬子父滅
之。〔註344〕漢置朗陵縣，屬汝南郡。後漢、晉因之。趙宋大中祥符五年（1012
年）始置確山縣，屬蔡州。清代屬河南省汝寧府。〔註345〕〈過確山縣及駐馬
店〉云：

> 初到黃山坡，繼到確山縣。中路朗陵山，回頭已不見。其地古道國，
> 道亭傍郊甸。前山無草木，路邊有車棧。如何去思碑，紛落如石片。
> 再到駐馬莊，市廛轉煌炫。云是楚王蹟，曾停楚王傳。盧廈入雲煙，
> 軍郵走風電。

車過黃山坡，繼過朗陵山。山在縣東南四十里，漢代以此名縣。詩開頭二句
先言南、北二地，再插敘中路之朗陵山。言及古道國及郊甸旁之道亭。前瞻
去路，「車路西畔，去思碑、頌德碑，立滿道左。……有纍纍之屋，半屬車棧。……

〔註340〕楊伯峻著，《春秋左傳會注》，頁 1123、1124、288～293。
〔註341〕清和珅等撰，《欽定大清一統志》，卷 168，〈河南省・汝寧府・長臺關〉，頁
　　　　403。
〔註342〕牛汝辰編，《中國地名由來詞典》，頁 483。
〔註343〕王育民著，《中國歷史地理概論》上冊，頁 113。
〔註344〕楊伯峻著，《春秋左傳會注》，頁 306。
〔註345〕和珅等撰，《欽定大清一統志》卷 168，〈河南省・汝寧府・確山縣〉，頁 389、391。

山有疊巒而無草木，殆居民童之也。」車又北至駐馬店，相傳爲楚王駐馬處，乃大市鎮也。各大旅館、商店、戲館浴房、郵政軍營，一切咸備。乃舟車通達之區，久有商旅之聚〔註346〕。詩云其市廛煌炫，並有楚王蹟。末二句見住屋高廈，軍郵快遞如風雷，以誇其繁盛之市景。

（八）河南省臨潁縣、許昌市

河南臨潁縣，在許昌市南。漢置臨潁縣，屬潁川郡，因瀕臨潁河，故名。〔註347〕春秋鄭莊公寘其母姜氏於城潁。〔註348〕杜甫詩作〈觀公孫大娘弟子舞劍器行并序〉，觀公孫大娘弟子李十二郎舞劍，所謂「臨潁」美人者，皆在此地。〔註349〕縣西北舊有繁昌城，《三國志・魏書・文帝紀》曹丕於延康元年（220年），軍次於譙，大饗六軍及譙父老百姓於邑東。行至曲蠡，乃爲壇於繁陽，受禪，改元曰黃初。因以繁陽亭爲繁昌縣，即在此地。又改許縣爲許昌縣。〔註350〕縣古爲許州地，春秋時許國地。許，姜姓國，周武王封文叔於許。《左傳・隱公十一年》，齊、魯、鄭共伐許，鄭伯使許大夫百奉許叔以居許東偏，使公孫獲處許西偏，是即二千年前統監保護之先輩矣。魯成公十五年（西元前576年），許靈公遷於葉（今河南葉縣南稍西三十里）。昭公九年（西元前533年），許悼公遷夷，實城父（今安徽亳州市東南七十里之城父集）。自文叔至莊公十一世，始見於《春秋》，戰國初滅于魏。〔註351〕〈過臨潁縣望繁昌鎮至許州〉云：

> 竟夜行千里，一路風塵昏。自申適許疆，始見大都門。鄭莊據許偏，
> 未敢遂并呑。強楚在南維，姑修禮義文。委鬼傾漢室，亦以舜禹聞。
> 服中行大饗，子桓眞犬豚。況作禪讓臺，豈有人心存？奸雄雖得志，
> 魏武無子孫。丁茲暴亂世，天道寧復論。謬悠授受壇，尚在繁昌村。
> 馬融講書處，荊榛不可捫。驅車出許郊，去去望中原。

〔註346〕《八州遊記》，頁131～132。
〔註347〕牛汝辰編，《中國地名由來詞典》，頁207。宋樂史撰，《宋本太平寰宇記》卷7，〈河南道・許州・臨潁縣〉，頁37。
〔註348〕楊伯峻著，《春秋左傳會注》，〈隱公元年〉，頁14。
〔註349〕唐杜甫著，清仇兆鰲注，《杜詩詳註》（北京，中華書局，1989年12月第三刷），頁1817。
〔註350〕陳壽撰，裴松之注，楊家駱主編，《新校本三國志注附索引》（台北：鼎文書局，1997），卷2，頁16～20。
〔註351〕楊伯峻著，《春秋左傳會注》，頁71、74～75。《八州遊記》，頁135。

春秋申國故地在今河南南陽市北。申、呂、許同爲姜姓國，爲西周名國。春
秋時，申、呂皆亡於楚。許見迫於鄭，而依楚以自存。〔註352〕棄生見「許州
城，盤行雲繚，較各縣城甚大矣。客棧旅樓，洋式古式，參錯凌虛。機器廠
羅列布護，古寺觀嶙峋崒屹，泱泱乎猶存古雄州之風也。」〔註353〕因思鄭莊
公據許國西偏，未敢併吞，許國又南依楚國。「委鬼」合爲「魏」。曹丕於服
中行大饗，孫盛以爲處莫重之哀而設饗宴之樂，天心喪矣。丕又設壇受禪，
魏臣頌之如堯舜之德，諂主極矣。〔註354〕詩斥之如犬豚，毫無良心。復歎奸
雄得志，天道寧論。魏文帝翦抑宗藩，性頗苛刻。莫怪司馬氏以暴易暴，魏
武子孫無遺類矣。建安元年（196 年），曹操奉迎獻帝遷許，許縣，東漢屬豫
州潁川郡。曹丕稱帝，改元黃初。黃初二年（221 年），改許縣爲許昌縣，並
立長安、譙、許昌、鄴、洛陽爲五都。〔註355〕臨潁縣有謬悠之授受壇，亦有
大儒馬融之尚書臺，而後者已付荊榛。〔註356〕因乘車過此，急去中原。

（九）河南鄭州

今河南鄭州市，爲《尚書·禹貢》豫州之域，周初封管叔於此。鄭桓公
寄孥與賄於虢、鄶十邑，十邑之中的莘地即在此。後鄭爲韓所滅。秦時屬三
川郡，至隋時改稱鄭州，鄭州之名始於此。〈宿鄭州〉云：

> 鋒車晝夜取，江漢向河關。晚宿鄭州城，馳盡千棱山。鄂豫行踰半，
> 征人困屢顏。所歷多名邦，雲蔽中州間。下車管城地，古都想鄭韓。
> 黃塵荂荂中，西風吹面寒。且入城裏遊，零落無可觀。惠人遺愛祠，
> 祠下長榛菅。惟有老塔鴉，拍拍啼空闌。

棄生由漢口搭京漢線鐵路至鄭州始下車入城。其間在火車植坐歷二十一小時
之久，行一千三百里。詩首敘征途之遠，因有「征人困屢顏」之疲憊。然「所
歷多名邦」，足堪安慰。夜宿鄭州，古爲管叔地，後爲鄭國所據，韓又滅鄭，
徙都於其東境。「黃塵」以下，言親履所見，荒落之極，反甚於臺灣。夫子廟、
子產祠，亦任其蕪沒而不之恤。故詩云：「零落無可觀」。子產祠下，亦長榛

〔註352〕呂思勉著，《先秦史》（台北：台灣開明書局，1975 年 1 月臺五版），頁 152
　　　　～153。
〔註353〕《八州遊記》，頁 135。
〔註354〕陳壽撰，《新校本三國志注附索引》，卷 2，頁 16。
〔註355〕《八州遊記》，頁 135。江竹虛撰，《曹植年譜》（台北：臺灣商務印書館，2013
　　　　年），頁 222。
〔註356〕《八州遊記》，頁 134。《宋本太平寰宇記》，頁 37。

管。「遍鄭州城，處處烏鴉聲，如臺灣深山老鴉。」「拍拍啼空闃」，形容所見之荒涼。

以上詩作所詠，多是火車行經，過站未停，卻不免懷古敘事，多詠名勝古蹟的相關知識，偏重知性。一方面是因長途旅行，身心疲憊；一方面因坐火車匆匆而過，只能遠望而不能近遊。直到鄭州下車歇腳，繼而暢遊古蹟，詩作感性動人。以布局言，一路的詩詠由知性而感性；由遠觀懷古到暢遊；由疲憊的行旅到休憩後的閒適；由情思的蓄積到抒懷，一首首詩依路程先後讀來，頗似棋局，如杜牧〈送國棋王逢〉云：「羸形暗去春泉長，拔勢橫來野火燒。」〔註357〕那種前面看似弱勢，後又氣象取勝的一組旅遊中的詩作。行路艱難，旅行疲憊，卻換來難忘的經驗。日本作家村上春樹說：

> 一面一個人獨自試著在墨西哥旅行時，再度深深感覺到，所謂旅行根本上實在是一件很累人的事情。這是我做過很多次旅行之後所體會到的絕對真理。但是你為什麼非要特地跑到墨西哥來找這樣的東西不可呢？不過對這個問題，我倒可以用比較明確的語言來回答。為什麼我非要特地跑到墨西哥來找疲憊不可呢？「說到為什麼？」我大概會這樣回答：「因為那是只有墨西哥才有的那種疲憊。如果不來到這裡，就無法得到來到這裡才能呼吸到的這裡的空氣，無法得到腳不踏上這裡的土地就無法得到的那種疲憊。而且那樣的疲憊每增加累積一次，我就覺得我又稍微接近墨西哥這個國家一點了。」

村上春樹說到旅遊時的寫作，與其盡可能費心地紀錄下來當作資料，不如盡量不去寫仔細的記述和描寫。相反地則用自己的眼睛好好的觀察各種東西，集中精神把那些情景、氛圍、氣味、聲音之類的清晰地刻進腦子裡去。變成一團好奇心，總之把自己一頭栽進當地的現實裡去是最重要的。讓它滲進皮膚裡去。讓自己當場變成錄音機、變成照相機。〔註358〕古人沒有高科技的紀錄用具如攝影機等，全靠深度踐履，文章的趣味也不輸今人。棄生登山涉險者如〈登泰山四首〉其一云：

> ……既入岱宗坊，步步起巉岊。登及岱盤九，峻甚華峰三。懸峯出天際，危峪入空嵌。……一險方巉過，一峯又當臉。迴首視前峯，地底見一點。迢遞三天門，萬山沒深崦。徘徊碧空中，白雲為我斂。

〔註357〕杜牧著，《新譯杜牧詩文集》，頁119。

〔註358〕村上春樹著，賴明珠譯，《邊境·近境》（台北：時報文化，1999年），〈墨西哥大旅行〉〈邊境之旅〉，頁62～64、226。

由岱宗坊起，登盤路遊山，石級六千七百多級。懸峰危峪，凌空而起。險巖當臉，不禁驚悸。迴首視前峯萬山點簇，方知天門高危。棄生坐轎遊山，徘徊碧空白雲，身如飛鳥，自謂爲生平山行第一險快之境。〔註359〕其二又云:「飛泉五千仞，山頭惟一滴。滿山柏戴雲，懸磴松生石。」石松雲柏乃泰山之奇景。其三云:

> 千瑤萬笏中，危磴七千轉。一陟黃峴巔，俯仰神爲眩。嶘崍縷及腰，
> 徂徠如會弁。黃河從天來，東走明如練。運河及汶河，如繩或如線。
> 山下泰安城，覆地一方硯。更下南天門，滄海浮鏡面。天近星宿低，
> 峯高雲氣變。絕麗碧霞宮，蒼涼青帝殿。古來七十君，遺臺號封禪。
> 極頂一登臨，玉檢留瘞奠。

危磴直上，山如萬笏朝天。俯仰神眩，但見嶘崍、徂徠如扈從。黃河如練、汶河如線，相形出山高。泰安城如硯，喻爲翰墨文章之地。滄海如鏡，天近星低，描寫高曠氣寒。由碧霞宮登頂，憑弔秦皇漢武之玉檢金泥。往遊泰山的路上，先經過肥城，〈過開鑿山路西望肥城縣〉云:

> 肥纍在眞定，肥城此西邊。並云肥子國，豈亦曾南遷。蛇邱古棘邑，
> 圍棘爭汶田。晉齊並強國，弱魯何有焉。山途開嶔崿，車棧若鈎連。
> 西望黃河水，東瞻泰岱巔。浮度重重溪，遠入清河淵。

《左傳・昭公十二年》晉滅肥，肥故地在今河北眞定肥纍縣。肥滅亡後，其民散處於此，故亦名肥子國。棄生言此縣南，古有蛇邱縣，即《左傳・成公二年》晉使齊人歸汶陽之田予魯國處。〔註360〕山途嶔崿，車道若鈎連，可見開鑿此路之險。但見溪入大清河矣。〈過界首瞻睞敖徠山〉云:「泰山有西輔，一瞥殊巑岏。」棄生言此山當泰山之半，就近視之，若與泰山並肩。

第十二節　登高望遠，登臨懷古

誠如學者廖蔚卿所說，遠望當歸與登臨懷古是中國古典文學中的兩大主題，並以王粲〈登樓賦〉和鮑照〈蕪城賦〉爲例:

> 詩人的關注與反省、感覺與感情等經驗，常常激起我們無限低迴的
> 沉思與感慨，激發我們意識的覺醒，搧動生命的活動，產生了同樣

〔註359〕《八州遊記》，頁228。
〔註360〕楊伯峻注，《春秋左傳會注》，頁1334、800。

的人性的反省，我們亦努力欲求超越困境而肯定生命及其價值。如此，我們真正生活著，因為我們對個人及人類處境亦同樣關注，不斷地在回顧與前瞻，而寄託希望於未來之無限可能。〔註361〕

試舉杜牧詩為例，〈九日齊山登高〉云：

江涵秋影雁初飛，與客攜壺上翠微。

塵世難逢開口笑，菊花須插滿頭歸。

但將酩酊酬佳節，不用登臨恨落暉。

古往今來只如此，牛山何必獨霑衣。

齊山，山名，在今安徽省貴池縣東南。詩作於杜牧任池州刺史期間。張松輝析賞〈九日齊山登高〉一詩：「寫得十分曠達，但在曠達的背後，卻飽含著日暮途窮、壯志難酬的無限悲哀。」〔註362〕曠達一笑以排遣悲哀，乃欲求超越困境而肯定生命及其價值。棄生〈秋日雜詠十二首〉寫登高望遠，懷念中國，即本於此一主題。

古人登高望遠以攬勝，極視野之廣，得曠觀宇宙之大。作家余光中云：「登高所以望遠，望遠所以懷古，這是時空忽然恣享的豪奢。」又云：

登高，是響應風雲的號召，接受地心引力的挑戰，是要高攀神話和傳說。登高，是要測驗自我的體能和意志，唯一的獎品是望遠，把天涯逼到地角，逼地平線一再讓步，報復它不懈的緊囚。〔註363〕

印證白居易〈登香鑪峰〉一詩，據《太平寰宇記》卷一百一十一，此峰在廬山西北，峰頂雲煙聚散如博山香鑪之狀。慧遠〈廬山記〉：「東南有香爐山，孤峰秀起，遊氣籠其上，則氳氳若香煙，白雲映其外，炳然與眾峰殊別。」白詩作於元和十二年（817年），詩中云：「上到峰之頂，目眩神恍恍。高低有萬尋，闊狹無數丈。不窮視聽界，焉識宇宙廣？江水細如繩，湓城小於掌。」〔註364〕棄生〈入廬山十五首〉其十一云：

曲村渡山澗，突兀見山門。橋頭秀峰寺，萬山忽魂魂。寺後香爐瀑，

〔註361〕廖蔚卿著，《漢魏六朝文學論集》（台北市：大安出版社，1997年第一版），〈論中國古典文學中的兩大主題──從登樓賦與蕪城賦探討遠望當歸與登臨懷古〉頁96。

〔註362〕同上註，《新譯杜牧詩文集》，頁177～178。

〔註363〕余光中著，〈〈佛羅倫斯記〉四之三〉（聯合報：民國99年11月16日，星期二），聯合副刊。

〔註364〕白居易著，陶敏、魯茜注譯，《新譯白居易詩文選》（台北：三民書局，2009），頁234。

晴雷百里昏。尾閭懸邃谷，長虹萬丈奔。落峽成深潭，中有黃龍蹲
〔註365〕。馬尾乃龍尾〔註366〕，千峰萬馬屯。深深雙石戟，青玉猶
可捫〔註367〕。一條破山色，長留太古痕〔註368〕。山風與〔註369〕海
月，萬古流渾渾。亭空謫仙遠，雙劍埋雲根〔註370〕。俯看鄱陽湖，
湖山皆兒孫。隔岸南康郡，一氣如可吞〔註371〕。

詩首云曲折渡山澗，見秀峰寺突兀之山門。萬山魂魂攢聚。「晴雷」句本王
士禎詩意，長虹之喻本自李白詩，萬丈奔落，其氣勢浩浩。落峽後匯為黃龍
潭，聞古時常有龍蟠窟其間。「龍尾」之喻本王士禎詩意。但見深深雙石戟，
自峽至潭，石至老黝，而峽名青玉，不合，棄生因懷疑春夏有苔而青。自鶴
鳴、雙劍二峰垂挂而下之瀑，值深秋無水，惟瀑痕如長虹挂天半。〔註372〕
詩云：「一條破山色」，本徐凝〈瀑布〉詩句「一條界破青山色。」〔註373〕
「山風與海月」二句，化用自李白〈望廬山瀑布二首〉其一云：「海風吹不
斷，江月照還空。」謫仙已遠，亭後煙雲深埋雙劍。不窮視聽界，焉識宇宙
廣？俯看鄱陽湖，湖山若兒孫繞於山膝。隔岸南康郡，猶可目攝氣吞。誇飾
眼界寬廣。

　　臺灣割日後，他眼見臺灣山河為日人所破碎如〈登臨感作〉：

　　……痛哉海東山，竟與中華絕。南望鯤身沙，北望雞籠雪。中有玉
　　山尖，尖尖皆破缺。……俯仰廢興間，悲風來不輟。〔註374〕

猶如杜甫〈春望〉「國破山河在」之悲傷，山河盡破碎。奈波爾（V.S. Naipaul）
云：

　　在初始，那古代藝術家，由於不知有別的地方存在，學會了觀察自
　　己的土地，看著它是完美的。或許，那是唯一純真的時刻。但是，
　　當我旅行返回開羅，用一種異鄉人的眼光看著這塊土地，看著在其

〔註365〕作者註：「是潭亦名『黃龍』。」
〔註366〕作者註：「香爐瀑前有馬尾泉。」
〔註367〕作者註：「青玉，此峽名。」
〔註368〕作者註：「湖一長瀑，時無水。」
〔註369〕編者按：「與」，省文獻會全集本誤作「興」，據原稿甲本改正。
〔註370〕作者註：「南雙劍峰。」
〔註371〕作者註：「十三夜得。」
〔註372〕《八州遊記》，頁80～81。
〔註373〕清王文誥，馮應榴輯注，《蘇軾詩集》，頁1210。
〔註374〕《寄鶴齋詩集》，頁271～272。

中工作的人，看著塵土撲撲的市鎮，看著火車站騷動不安的農人們，
要相信當時曾有這般的純眞，眞是不容易。也許，土地的美，尼羅
河爲唯一的水，碧藍的河谷，向來都只是人的虛構，是人的渴望，
是放在墳墓裡供養著的。〔註375〕

洪氏不認同日本政權與文化，身處臺灣卻如在異鄉。直到越界山水，回歸自
然，才「看山又是山」，如〈滿丹嶺曉景〉：「嵐煙散還合，山花開雜遝。山鳥
不知名，樹頭相問答。」〔註376〕其〈遊淡水記〉：

嚴忌九州之願，禽慶五嶽之思；予有是心久矣。而中原地棘，蓬
島陸沉；出門興豺虎之嗟，繭足在鮫鯨之窟；驚濤可駭，炙輠良
難！因思隨地可遊，何必崑崙之駕；有山皆好，況在滄海之鄉。
彼剡中煙水茫茫，而放翁思蜀；洛下河山業業，而白傅憶杭。賤
家雞、愛野鶩，斯好奇之過耳。余既探珠潭之勝，爰爲淡水之遊。
〔註377〕

他以一種超越塵世的視野觀覽山水，即〈樓頭〉云：「日日樓頭望海山，山山
東崎海西環。問余何事登高望，心在青雲碧落間。」〔註378〕如〈島上本事四
首〉其二：「海外更無海，山中復有山。鹿麌千歲角，松樹萬年斑。」〔註379〕
無所逃於天地，一宇宙孤獨的旅客，所言有參透物象的靈啓（epiphany）。此
如〈徐城西訪燕子樓二首〉其一云：

葳蕤鎖落已千秋，當日無人燕燕愁。
被冷香消霜月夜，我來無夢亦登樓〔註380〕。

登樓懷古才醒悟時世動亂，追蹤古人風流，卻更看清當代容不下知識份子多
少夢想，乖舛中深有寂寥。〈循禹陵往遊南鎮山〉云：

禹陵東北路，迤邐〔註381〕高下間。望見香燈峰，已到南鎮山。春時
香火盛，郡人多往還。山花開滿道，遊屐點苔斑。廟祀依神禹，二
仲牲牢頒。滄桑今寂寞，啼鳥聲關關。我爲青山至，山靈一展顏。

〔註375〕奈波爾著，孟祥森譯《在自由的國度》（台北：天下遠見出版公司，2002），
　　　　頁284。
〔註376〕《寄鶴齋詩集》，頁346。
〔註377〕同前註，《寄鶴齋駢文集》，頁11。
〔註378〕同前註，《寄鶴齋詩集》，頁246。
〔註379〕同前註，《寄鶴齋詩集》，頁341。
〔註380〕作者註：「東坡有夢盼盼詞。」
〔註381〕編者按：「迤邐」，省文獻會全集本「迤」誤作「跡」，今據原稿甲本改正。

　　暗壁疑風雨，不敢高峰攀〔註382〕。

此詩寫熱鬧中懷古的情懷滄桑而寂寞，對比進香朝山的遊客，山靈卻獨爲詩人展顏，側寫孤獨，筆法佳妙。登高望遠，卻又怯於山途，歸咎於山中風雨，暗疑頓生，映襯此山深廣，側寫神禹遺留之高風。

第十三節　回歸樂園，尋覓桃源

　　棄生身處晚清國勢陵夷，又因台灣割日，身爲臺人，慘遭日人殖民之痛。其詩文時常流露避世尋桃源仙境，更時有隱逸的想法。日治時期，貞隱不仕日人，慎於出處之義，又每以詩文諷世針砭，深有憂生憂世之情。以下合論其詩詠臺灣的作品，以及八州之遊的旨趣。

一、「世外蓬島，九九奇峰」──越界仙境，回歸治平盛世

　　洪棄生在清末台灣割讓給日本之前，曾作〈九十九峰賦〉。清末臺灣因處海路通航要地，早就是列強，尤其是日本覬覦吞併之地。多事之秋，洪氏卻以賦文舖寫臺灣宛如仙境，冀望中原的「五嶽遊人」能「駕域外之軺」，一探「方壺之勝」，「爲蓬島之招」。隱約流露對世變的憂心，不滿清廷朝野上下睽隔，嘖沓背憎種種腐敗，又意在言外。〔註383〕因此，日治時期明治三十八年（1905年），其〈擬葺鹿港書院及文廟記〉便感歎昔日鹿港「美矣哉！洵海濱之鄒魯，亦域外之蓬壺。」如今「天下多故，文學首受其災；時世已非，聖賢亦蒙其阨。」〔註384〕洪氏從清末任草屯登瀛書院山長，日治時期課徒傳授漢學，期待自己能以「文學教育」廣被學子，且無論統治者爲誰，詩文常呼籲爲政者寬大待民，厚利民生，則鹿港既有「蓬壺」之名，又名符其實可稱爲樂園。

　　只是清末他昧於局勢，引證中國歷代遭異族入侵而終究同化異族的例子，自信「歐折入於亞」的理論。〔註385〕直到光緒十三年（1887年）劉銘傳任臺灣巡撫，因下令田賦改革而引起光緒十四年（1888年），彰化的施九緞反抗官府的民變，始歎「二百餘年寬大之風，蕩然掃地，可哀也哉。」〔註386〕

〔註382〕作者註：「十月十九日夕。」
〔註383〕《寄鶴齋古文集》，頁61，〈西法室礙說〉，頁245，〈讀變雅書感〉。
〔註384〕《寄鶴齋駢文集》，頁87～88。
〔註385〕《寄鶴齋古文集》，頁59，〈歐折入亞說〉。
〔註386〕《寄鶴齋古文集》，頁224，〈彰化縣丈田記〉。

　　他清末所作〈九十九峰賦〉，寫蓬萊仙山「可望不可及」，誘惑人的目光，卻只能在一定距離之外遊觀。賦云：「九霄爲御風之行，九面爲望衡之勢」，強調「九九峰」適宜多面向遊覽觀看，暗用蓬萊仙山的典故，塑造一「越界旅行」的「原型」，即越過塵世而旅遊仙境。誠如學者高莉芬所說：

> 蓬萊仙山不僅是做爲帝王欲望投射的不死聖域，以及巡遊探訪的海上樂園；蓬萊神山仙島更成爲賦家詩人在語言文學中構築出的想像樂園。〔註387〕

蓬萊仙山的典故本自《史記‧封禪書》言「海上三神山」云：

> 自威宣燕昭，使人求蓬萊、方丈、瀛洲，此三神山者，其傳在勃海中。去人不遠，患且至，則船風引而去。蓋嘗有至者，諸僊人及不死之藥皆在焉。其物禽獸盡白而黃金銀爲宮闕。未至望之如雲。及到三神山，反居水下，臨之，風輒引之去，終莫能至云。〔註388〕

此一海上樂園，正如洪棄生〈九十九峰賦〉描繪的「地載沉而載浮，日如明而如蔽。」在遮蔽與去蔽之間，添了更多神祕。而「舟人於是指之曰：『此九十九峰也！向太空而搖曳。但能睹其一、二，末由窮其涯際。』」則象徵一永恆廣懋的生命原鄉，乃生命回歸神聖宇宙秩序之美好初始。他爲文之時，大概未曾預知〈九十九峰賦〉可謂乙未年（1895 年）日本領台之前，他最初也是最後，對臺灣此一「樂園」的瞥臨描寫。

　　〈九十九峯賦（以「玉筍瑤簪排空無際」爲韻）〉描寫南投九九峰，並謳歌臺灣如世外蓬島。古籍以蓬萊爲神山，爲世人嚮往之樂園。〈九十九峯賦（以「玉筍瑤簪排空無際」爲韻）〉云：

> ……蓬瀛山客聞而聽之曰：遊則遠矣，吾謂子囂！子徒竊人世之屐，而未駕域外之輈也；子徒插紅塵之腳，而未睹赤城之標也。吾且與子說方壺之勝，爲蓬島之招；則有凌空萬仞，矗立九霄。俯天風之淅淅，臨海岱迢迢；出扶桑以外，極溟渤而遙。其峰之森排兮，作瀛東之砥柱；其峰之皎潔兮，落天半之瓊瑤。其爲狀也，峨峨巢巢，嵊嵊嶔嶔。或連或斷，或仰或臨；或奔若獸，或逸若禽；或俯若傴，或立若暗；或赤若闍，或黑若黔；若背若相去，或向若相尋；或禿若露頂，或莊若整襟；或端若執笏，或跽若獻琛；或峙若扶鼎，或

〔註387〕高莉芬著，《蓬萊神話》（台北：里仁書局，2008），頁 175。
〔註388〕司馬遷著，《史記》（台北：藝文印書館，1982），卷 28，頁 542。

兩若對斟；或怒若赴鬥，或愁若行吟。日出若負曝，雲停若就陰；海澄若對鏡，雨作若承霖。九老若同宴，十朋若斷金；六逸若蘭谷，七友若竹林。或若老翁攜杖，或若童子抱琴；或若高人散髮，或若朝士脫簪。或參與伍，或耦爲儕；或三成眾，或駟相偕。或寢若虎兒，或蹲若熊豹；又爲龍拏雨，又爲豹隱霾。又爲蓮花六朵，傍有三五蓮娃。爲之歷而數之，知九十九之變幻，峰峰俱佳；金莖不足方其聳峙，玉筍豈能喻其遙排！赤日之浴，丹霞之烘；澎湖之外，瀛海之中。名不奇乎五老，山何數乎八公！五十四澳之波濤縹緲，三十六嶼之煙雨朦朧，皆海上之佳勝，而不及九十九峰之玲瓏。子苟安於故步，得毋疑吾言爲談空！

五嶽遊人聞而駁之曰：吁吁！五嶽吾遊其頂，九州吾涉其區，既盡人間之境，乃聞世外之殊。張騫之所不到，徐福之所未踰；豈巨靈之所擘，爲天帝之所娛！何女媧之莫補，缺大塊之一隅！夸父過之而駭汗，羲和見之而踟躕。今而後將舍近圖遠，夫何敢以有爲無！於是相與挂海上之帆，鼓雲中之柂；九霄爲御風之行，九面作望衡之勢。認香爐之峰，指燭臺之裔；地載沉而載浮，日如明而如蔽。雲頭露劍鍔之高，波底銜芙蓉之麗。舟人於是指之曰：此九十九峰也！向太空而搖曳。但能睹其一二，末由窮其涯際。〔註389〕

此賦沿襲賦體的特色：「體物而瀏亮」〔註390〕、「鋪采摛文，體物寫志」，〔註391〕「或莊若整襟」以下四句描寫朝廷禮儀。「九老」以下數句或寫致仕、或寫避世，鐘鼎山林，人物殊異。卻引經據典，將人文意象強加於自然山水。比喻摹擬物態以人情。「或寢若虎兒」又以擬物的動態筆法寫景。「名不奇乎五老」以下，巧嵌數字於文句，推窮數字至於無限，回返一混沌初闢之天地。援引神話夸寫眼前奇景奧秘難窮。「而今後將舍近圖遠，夫何敢以有爲無。」

「六逸」以下各句，以蘭生幽谷自芳，竹灑脫有節，象徵人格節操。此本自傳統詩詞詠物象喻，以方人品。例如唐代駱賓王〈在獄詠蟬〉詩云：「聲以動容，德以象賢。」因詠蟬象徵君子，只求「情沿物應」、「道寄人

〔註389〕洪棄生著，《寄鶴齋駢文集》，頁183～184。
〔註390〕陸機〈文賦〉。引自蕭統編，《文選》（台北：藝文出版社，1983），頁246。
〔註391〕劉勰著，周振甫注，《文心雕龍・詮賦》（臺北：里仁書局。1984）。頁137。

知」。〔註392〕應情寄道，以物比德於人。而山水變貌萬態，因詩人刻劃而富人文意趣，若一社群中自有卓爾不群者，選奇騁勝，本詩人避實擊虛的慣用筆法。

「豈巨靈之所擘」以下援引宇宙開闢神話。M.耶律亞德（Mircea Eliade, 1907～1986）論宇宙開闢神話云：

> 生命不能復原，只能藉重現宇宙開闢來重新創造，這樣的觀念在治療儀式裏非常明顯。事實上，許多原始民族都認為吟誦宇宙開闢神話是一切治療的基本原素。〔註393〕

棄生〈九十九峰賦〉推極蓬萊至肇造之初始，又云：「何女媧之莫補，缺大塊之一隅。」乃以文筆補贊造化，筆下的九十九峰成了樂園仙境，可視為理想世界的象喻。這種象徵不限於自然的山水意象，也見於園林的人工山水。

例如，學者高莉芬引用《漢書·揚雄傳》及班固〈西都賦〉等文，強調皇家「園林的人工山水體系，不但是蓬萊神話的建築仿擬；也表現出其『大地環水』、『天圓地方』宇宙觀空間結構。」〔註394〕試以闡述棄生此次遊中國大陸八州，一入北京城，望故宮而追憶前清，〈夜入北京書感〉云：

> 夙昔夢京華，金華羅胸次。今來入京師，夜行真夢寐。五城十二樓，九門三千駟。……惟有蓬萊山，人人皆可至。上界足官府，太清發深閟。我本方外人，領略江湖味。偶來窺舊京，草野同一致。〔註395〕

如今民國肇興，帝制已亡，當年帝鄉曾是多少傳統知識分子企求應舉登科的登龍夢想之地。如今故宮蓬萊苑囿，已開放遊覽參觀。回想清廷的科舉制度，使海外士人都以晉身京華為榮。如今來訪舊京，已是「草野同一致」。

洪氏賦文鋪采描寫如靈仙窟穴，因蓬萊典故使臺灣一邊陲之地統攝於帝都，「率土之濱，莫非王土。」侈揚文教遠被的帝國氣象，其寫作精神又本自漢代張衡〈西京賦〉。而設為主客問答之體，又來自班固〈兩都賦〉、枚乘〈七發〉。賦中的「五嶽遊人」又如司馬相如〈上林賦〉「亡是公」之虛構人物。作者預設對話的讀者，乃遍遊中國五嶽，「遊之者目迷，覽之者神忽。」一耽

〔註392〕駱賓王著，《駱丞集》《文淵閣四庫全書·集部·別集類》（台北：商務印書館，1983），卷1。

〔註393〕M.耶律亞德著，楊儒賓譯，《宇宙與歷史：永恆回歸的神話》（台北：聯經出版社，2000），頁71。

〔註394〕同上書《蓬萊神話》，頁154。

〔註395〕《八州詩草》，頁76。

於遠遊的旅人，邀其一遊國境之南、海嶠之濱─臺灣─象徵以一種遊觀式的眼光，越界政治領土中心邊緣之區隔，參贊造化，發現山水之美。「蓬萊」一詞，巧妙的使政治領土上的「中心」與「邊陲」，「帝鄉」與「故鄉」，「廟堂」與「草野」，因此一詞彙豐富的典故意涵而形成一中國漢文化的「同心圓」。其〈擬進臺灣通志表〉云：

> 億千年邦基丕建，九萬里版宇遙登。火維朱方，繫神英之平圃；方
> 壺圓嶠，作天帝之圖時。……五十五澳，九十九峰，承平爲錦繡之
> 江山，玻璨之世界；事變則屏藩乎甌越，鎖鑰乎閩疆。〔註396〕

他認同清朝，篤守儒家之道，但又昧於局勢，引證中國歷代遭異族入侵而終究同化異族的例子，自信「歐折入於亞」的理論。〔註397〕則〈九十九峰賦〉可謂乙未年（1895）日本領台之前，洪氏對臺灣此一「樂園」的瞥臨描寫。而「天圓」「地方」宇宙觀空間結構下，棄生由大陸八州至北京時，不禁慨歎民國初年，前清皇室祭天祭地郊祀大典的荒廢，尤其是軍閥割據，魚肉人民而肆無忌憚的行爲。

日治時期，棄生遊覽台灣本地山水，更越界到原住民土地，批判日人殖民原住民，籲日人回歸教化，詩文有「蕭然物外，桃源難再」的感慨。他回想乙未年（1895 年）台灣割日，詩〈臺灣哀詞四首〉其三慨歎：「島嶼於今成糞壤，江山從此署遺民。」「棻棻玉石崑岡火，換盡紅羊劫外人。」〔註398〕紅羊國難，殷盛未休。批判日本帝國主義宰制臺民，殖民臺地，臺灣人如日人武士刀俎上的牛羊。洪氏詩〈聞人話北部警事感作〉痛呼：「島民雖被作牛羊，敵兵有時成螻蟻。」「十羊眞有九人牧，一雞長遭百刀割。環山蔽海無所逃，釜中燥蟹箝巨螯。」〔註399〕在日人天皇一統神聖的日照光芒下，臺人如牛羊被驅遣，如羊如雞被百刀割殺，無所逃於臺地，猶如樊籠熱釜受盡暴政煎熬。詩〈山中秋日八首〉其一：

> 半林煙氣生，蒼松垂馬鬣。山空蟋蟀鳴，一徑堆紅葉。峰轉路彎環，
> 欲往雲千疊。〔註400〕

雲山千疊，煙嵐蒼松，身在其中，蒼茫不知所之。寫山水險絕處如〈山路即

〔註396〕《寄鶴齋駢文集》，頁 5～6。
〔註397〕《寄鶴齋古文集》，頁 59〈歐折入亞説〉。
〔註398〕《寄鶴齋詩集》，頁 224。
〔註399〕《寄鶴齋詩集》，頁 310。
〔註400〕《寄鶴齋詩集》，頁 261～262。

事二首〉：

> 一絲梁斷絕，萬仞石嶕嶢。兩峽千山路，搖搖鐵索橋。（其一）

> 萬木渾難代，千籐未許牽。山中行不得，啼殺鷓鴣天。〔註401〕（其二）

其一鑲嵌數字誇張對比，末句妙以「搖搖」狀其奇險。其二則以鳥語啼警。洪氏詩的摹寫，就意象所呈現出不同的修辭屬性，分爲引物連類的明喻（simile），投射心象的隱喻（metaphor），參透物象的靈啓（epiphany）。〔註402〕引物連類的明喻見〈九十九峰賦〉等。投射心象的隱喻如〈山中秋日八首〉其六至其八：

> 一籐跨兩峯，時見孤猿過。夕照東西岑，獨倚杉崖坐。

> 玲瓏空谷風，秋聲滿林和。（其六）

> 茫茫不見人，雲盡孤峯出。避世求丹方，入山采芝朮。

> 欲拍洪崖肩，恨無黃石術。（其七）

> 古洞閴仙蹤，山水渺無際。草木忘春秋，中有桃源世。

> 安得棄人間，山中事耘藝。（其八）

他觀察入微，清晰地刻畫情景、氛圍、氣味，如「玲瓏」、「茫茫」等句。「一籐」、「雲盡」投射作者孤獨情懷的心象。末首首二句一寫奇奧，一寫平曠，「桃源」隱喻避世。

二、遊歸臺灣，此即桃源

棄生的大陸八州之旅，詩文中則流露「逃避亂世，尋覓桃源。」的意識。詩文風格因而平淡似陶潛。例如旅遊古薛地、滕地，古代屬於齊魯文化區。春秋薛國在今山東省薛城區。戰國時其地入於齊，齊封田嬰於此。嬰卒，子文代立於薛，是爲孟嘗君，其冢在此。〔註403〕古滕國，在今山東滕州市，地多平原，故孟子欲行井田。《左傳·僖公二十四年》所謂郜、雍、曹、滕等，文之昭也。蓋周文王子所封，後爲齊滅。棄生〈過古薛地至滕縣城〉云：

> 行過薛國地，兀見滕縣城。樓櫓今戡薛，往跡猶未平。自昔雍門琴，已作悲楚聲。狐狸穴邱壠（薛有田文墓），孟嘗淚縱橫。當其爭長時，滕國主周盟。封域皆平壤，井田良可行。惜我匆匆來，難從負耒耕。

〔註401〕《寄鶴齋詩集》，頁341。

〔註402〕伊莉莎白·碧許（Elizabeth Bishop）著，曾珍珍譯，《寫給雨季的歌——伊莉莎白·碧許詩選》（台北：木馬文化，2004），頁126～137，曾珍珍的評論。

〔註403〕民國楊守敬、熊會貞，《水經注疏》，卷25，頁2117～2119。

否則故國居，勝作東海氓。雖云內訌際，猶有隙地贏。赭山出當面，

綠柏滿前程。望見高僧塔，願託幽人貞。路去北沙河，西風吹行旌。

行過古薛地至滕地，徵考康熙四十二年（1703 年）滕縣泉圖，由南邊薛城到
北邊滕縣城，滕縣故城在滕縣城西邊，滕縣故城西邊則爲雍城。〔註404〕《八
州遊記》云：

旋即東見滕縣高塔，又見滕縣治。城樓翼然，城內外人家完整，城

亦砌石，爲一路之勝。

詩云滕地高兀巀辥。戰國值交侵攻伐之世，雍門周悲念弱薛後日之亡，乃引
琴而鼓之，孟嘗君爲之歕歔涕淚，見《國語‧善說》。《左傳‧隱公十一年》
滕、薛朝魯，爭長。滕侯曰：「我，周之卜正也；薛，庶姓也，我不可以後之。」
公以周之宗盟，異姓爲後，願薛侯從滕君之請。〔註405〕滕國地皆平壤，井田
可行。惜來去匆匆，棄生不得負耒從耕。民國雖云軍閥內訌，此處猶有隙地
贏餘。倘能居處故國，猶勝爲日皇之民。惜在秋冬，只見小山如赭，不見花
開似銀。前程有綠柏高聳。望見高塔，思國幽懷油然思隱於此。路過北沙河，
此河源自鄒縣嶧山，自北西流，經魚臺縣入昭陽湖。棄生云：「滕縣凡三十四
泉，多入南北沙河，而北沙河尤盛，故河身較闊，舊時尤利運河。遊行至此，
始見村家結棚演戲，如臺灣村景。」〔註406〕西風吹面，凜冽可想。〈入廬山十
五首〉其十云：

南過三峽澗，一谷豁平原。澗外夾人家，十里桃花源。谷岸互緣衍，

山外紛成村。紅塵飛不到，蒼翠聚田園。是地人家美，與世隔籬樊。

雲中雞犬靜，林下鵙鴂喧。太古留日月，深谷自乾坤。直至開先坂，

邱壑長在門。春秋風日好，晴雨開一樽。得如此符載，不羨鶴乘軒。

南過三峽澗，見谷間平原豁然。田園中夾雜人家，十里間如桃花源。「谷岸」
句言其形勢，乃俯瞰所見。「紅塵」對「蒼翠」，映襯其幽靜。再寫鄰里人家外
籬樊相隔，民風淳樸。「雲中」句本王維〈桃源行〉「月明松下房櫳靜，日出雲
中雞犬喧」詩意。與「林下」句一靜一喧。此地頗存古風，因言「太古留日月」
未受塵染。深谷中自有乾坤，無世俗之忙迫。開先坂之丘壑可賞。春秋好風日，
不論晴雨，一樽相伴。若得隱此如唐人符載，雖鶴軒之祿不足惜也。

〔註404〕天津圖書館編，《水道尋往：天津圖書館藏清代輿圖選》，頁 109。
〔註405〕楊伯峻，《春秋左傳會注》，頁 72。
〔註406〕《八州遊記》，頁 185～186。

　　民風淳樸古雅表現在婚喪服飾、建築等處，如遊浙江紹興，逢喪素婦女，悉已白布結髮如環於首，而不作髻，認爲是抓髮古風之存者，如《禮記‧檀弓》：「南宮縚之妻之姑之喪，夫子誨之髽。」至泰安火車站，見辮髮者多於河南，至於圓帽長裘馬褂，則舉國皆然。至北京城外昌平沙河站，人家舊式多於新式，朱戶雕櫨，與京中同，爲京室多有鑠金增翬皇者。至居庸關途中，見婦女騎驢入山谿。〔註407〕〈昌平州路雜詠四首〉云：

　　　　自入昌平州，田廣泉脈豐。朱窗兼綠戶，仍是北京風。（其一）

　　　　西北有高峰，連峰看不斷。歸隱軍都山，我思盧子幹。（其二）

　　　　黃山十隘口，壽山十二陵。軍都連居庸，第一太行陘。（其三）

　　　　將至南口城，塞風近可掬。婦女燕雲裝，騎驢入山谷〔註408〕。（其四）

其一詠人家朱窗兼綠戶，其二詠太行八陘之一的軍都山，爲漢末學者盧植隱居教授經書處，劉備曾從而受經。其三詠黃山十隘口、明十三陵等。其四詠婦女燕雲裝，騎驢入山谷。他推崇珍視的古樸風俗，體現了桃源世界。壯遊八州，本著愛中國、愛台灣的心情，肯定保存中華文化的重要使命，緬懷當年祖先渡海來台的開拓精神。桃源樂園，從經營自己家鄉的園地開始。其〈閩中雜詠五首〉其五云：

　　　　憶曾夜上越山東，縹緲三山明月中。

　　　　南竺猶存天寶石〔註409〕，西湖不見水晶宮。

　　　　祇今閩海無王氣，自昔甌江有霸風。

　　　　文物衣冠流蕩盡，誰譚大憝革新功〔註410〕。

首二句詠福州的名勝，懷想漢代閩越王無諸，福州的釣龍臺爲其遺跡。明代詩人林鴻（字子羽，福清人）〈無諸釣龍臺懷古三首〉其二云：「甌閩古夷服，無諸漢英雄。秦鹿既已死，卻辭隆準翁。組練照海色，旌旗來故宮。赫矣茅土業，大哉開關功。」云云。秦統一中國前，東越和閩越分由「東海王搖」和「閩越王無諸」統治，兩人都是越王勾踐的後人。秦統一天下，將兩地歸併爲閩中郡，漢恢復其地位。其實遠在周朝，就將閩族與蠻夷並列，《周官》有八蠻七閩之說。閩自古爲外來移民之地。秦始皇爲征服南越，於西元前二

　　　────────────

〔註407〕《八州遊記》，頁 308、212、254～256。

〔註408〕作者註：「初七午。」

〔註409〕作者註：「福清。」

〔註410〕作者註：「丁卯（1927）十月十九夕。」

百一十四年，謫徙民五十萬人戍（南越）五嶺，與越（人）雜處，又徙罪犯囚徒於原越國舊地。晉代又有「八姓入閩」的傳說，漢人大量移民，以世家後裔自居。唐以後東南沿海的港口泉州興起。晚唐五代時，北方避難移民相繼入閩，如晚唐文人韓偓晚年寓居泉州南安，都使福建更深入漢化。〔註411〕〈閩中雜詠五首〉其四云：「冬郎學士名賢跡，周朴詩人處士家。同是亂離如〔註412〕昔夢，可堪流落在天涯。」棄生先祖移民台灣，他在日治時期隱居不仕，與韓偓、周朴可謂異代同調。「底事長安花落盡，至今羅隱在江東。」效法唐末詩人羅隱，隱居以求其志。「文物衣冠流蕩盡，誰譚大憨革新功。」堅持中華衣冠，推崇祖先移民革新的功勞，冀望甌江霸風再振，不再受日人奴役。所謂避秦時亂，台灣自古即有許多外來移民，來此開拓墾荒，另闢天地。回首歷史，桃源世界端賴君子繼事述志，革新天命，奉獻慧命，回饋鄉土做起。

第十四節　和敬清寂，超軼味世

日治時期，洪棄生真隱不仕日人當道，其旅遊詩文每有隱於山水，開放超世，和敬清寂之情致。棄生安貧守道，儉以養廉，推崇白居易（字樂天，772～846年）〈中隱〉一詩云：

> 大隱入朝市，小隱入丘樊。丘樊太冷落，朝市太囂諠。不如作中隱，
> 隱在留司官。似出復似處，非忙亦非閑。不勞心與力，又免饑與寒。
> 終歲無公事，隨月有俸錢。君若好登臨，城南有秋山。君若愛遊蕩，
> 城東有春園。君若欲一醉，時出赴賓筵。洛中多君子，可以恣歡言。
> 君若欲高臥，但自掩深關。亦無車馬客，造次到門前。人生處一世，
> 其道難兩全：賤即苦凍餒，貴則多憂患。唯此中隱士，致身吉且安。
> 窮通與豐約，正在四者間。〔註413〕

「中隱」隱於閒官，此詩是白居易官授太子賓客歸洛陽後所作，乃老病之餘的心情。棄生評云：「詩雖平調，然抒寫胸臆，見出素位而行之詣，不落理障，不墜言筌，使擊壤派為之，不能清談如是矣。」〔註414〕棄生的評論則作於中

〔註411〕湯錦台著，《閩南海上帝國──閩南人與南海文明的興起》（台北：如果出版社，2013年3月），頁15～45。

〔註412〕編者按：「如」，省文獻會全集本誤作「為」，今據原稿甲本改正。

〔註413〕白居易著，《白居易集》（台北：漢京文化，1984），頁490。

〔註414〕《寄鶴齋詩話》，頁46。

年之後。傳統士人學優而仕，欲從容廻旋於仕隱之間，以求致身吉安，每因身履憂患，而有深諳世味之達觀。北宋蘇軾效法白居易此舉，其〈望湖樓醉書五首〉其五云：「未成小隱聊中隱，可得長閑勝暫閑。我已無家更安住，故鄉無此好湖山。」稱許杭州美景，爲中隱佳處。

除了「中隱」，宋代文人也有隱於山林的「小隱」。例如林和靖（967～1028年）隱居西湖孤山，梅妻鶴子，自稱「小隱」，其〈小隱自題〉云：「竹樹繞吾廬，清深趣有餘。鶴閑臨水久，蜂懶得花疎。酒病妨開卷，春陰入荷鋤。嘗憐古圖畫，多半寫樵漁。」誠如學者金文京云：

> 林逋嚮往古圖中樵漁生活，卻寄居於離城市不遠的西湖孤山。
>
> 商業城市的繁華與山水漁樵之樂，可得兼享，小隱亦可作大隱。
> 〔註 415〕

金文京就具體生活形態言，以林逋爲隱於朝市的市隱，此現象與宋以後城市商業的繁榮有密切的關係。金代元好問（1190～1257年）的〈市隱齋記〉藉其友李生，道出古人之所以隱，在人品之「廉」與「高」。又說：「言，身之文也。身將隱，焉用文之。」不以隱居來標榜，以自命清高。〔註 416〕棄生與此同調，因而批評南朝陶弘景，〈勾容道中望茅山〔註 417〕〉云：

> 雲中三茅君，向我如〔註 418〕招手。凌虛接太清，下作神仙藪。勞山雖云高，不如茅海〔註 419〕陡。峰峰起〔註 420〕白雲，勾曲比岣嶁。至今華陽洞，洞天極深黝。山中陶隱君〔註 421〕，原〔註 422〕是煙霞叟。惜哉符頌書，致諸蕭公右。靈山生藥材，時爲上方受。少挂神武冠，老遺天子友。宰相雜神仙，茅君其許否〔註 423〕。

誠如石守謙所言：「鎮江的茅山，早就爲道流視爲『金壇福地』，至宋之時，亦『世以比桃源』。它的『華陽洞』也因具山洞之奇，甚至被比附爲桃源的洞

〔註 415〕金文京著，〈西湖在中日韓——略談風景轉移在東亞文學中的意義〉。收於石守謙、廖肇亨主編，《東亞文化意象的形塑》，頁 147。

〔註 416〕金文京著，〈西湖在中日韓—略談風景轉移在東亞文學中的意義〉，頁 149。

〔註 417〕此詩又見連橫《臺灣詩薈》第 16 號，1925 年 4 月 15 日。

〔註 418〕編者按：「如」，《臺灣詩薈》作「若」。

〔註 419〕編者按：「茅海」，《臺灣詩薈》作「茅峰」。

〔註 420〕編者按：「起」，《臺灣詩薈》作「滋」。

〔註 421〕編者按：「陶隱君」，原稿甲本、《臺灣詩薈》「君」誤作「居」，今據省文獻會全集本改正。

〔註 422〕編者按：「原」，《臺灣詩薈》作「長」。

〔註 423〕作者註：「甲子（1924）九月廿五夜。」

口。」〔註424〕南朝陶弘景雖隱居於此，卻是「山中宰相」，不能免於塵務纏身，非真隱者。

　　隱者人品重「廉」。日治時期，棄生貞隱不仕日人，其〈閑居漫詠〉七律頷聯下句云：「市有豬肝耐養廉。」〔註425〕典故出自《後漢書》卷83：

> 太原閔仲叔者……客居安邑，老病家貧，不能得肉，日買豬肝一片。
> 屠者或不肯與，安邑令聞，敕吏常給焉。仲叔怪而問之，知，乃歎
> 曰：「閔仲叔豈以口腹累安邑邪？」遂去，客沛，以壽終。

棄生貞隱，養廉以閔仲叔為典範。其〈鎮江城南玉夾山二首〔註426〕〉云：

> 日暝黃鵠山，何處戴顒宅。山嵐不見人，泉聲出澗石。（其一）

> 迴坐獻花巖，不見招隱寺。杳杳林皐山，孤雲與我至〔註427〕。（其二）

高詠古來隱士如戴顒等人。八州此遊，遊山不忘訪寺，詩情和敬清寂，超軼味世。如遊鎮江時，作〈出效拓寺入山〉云：

> 萬竹圍一山，中有禪宮麗。岡巒相屬迴，煙嵐若澄霽。山門步步高，
> 竹林風細細。佛殿山作階，禪關石成砌。萬籟靜清宵，鐘聲出林際。
> 入山洞壑殊，巖頭露佛髻。法錫六朝來，香煙未衰替。遙望戴公崖，
> 招隱蹤可繼。寺前萬綠深，殿後眾山蔽。一僧立雲巒，人面山光黟。
> 日暮飛鳥歸，我亦不留滯。〔註428〕

出效拓寺入山，棄生「見有廣坦大徑，坡坨而上，夾植美竹，山嵐撲眉宇矣。逶迤行約千步，則見竹林寺。」竹林寺初建自東晉法安大師，既毀，唐禪僧夾山復之，後頻興廢。棄生見殿閣廊廡尚恢廓新麗，知為近來重建。〔註429〕詩故云：「萬竹圍一山，中有禪宮麗。」「岡巒」句言岡巒深迴，煙嵐消散如澄霽。步步高升步步辛若，卻有竹風細細拂顧。山石作階成砌，形容佛殿之堅實。「清宵」句以萬籟闃靜，反襯林際鐘聲之響亮。「靜」由形容詞轉品為動詞，「清宵」似其受詞，句法倒置得力。「鐘聲」以下二句，動詞一「出」

〔註424〕石守謙著，〈桃花源意象的形塑與在東亞的傳佈〉。收於石守謙、廖肇亨主編，《東亞文化意象的形塑》（台北市：允晨文化出版社，2011年3月），頁76。
〔註425〕《寄鶴齋詩集》，頁361。
〔註426〕此詩又見連橫《臺灣詩薈》第15號，1925年3月15日。
〔註427〕編者按：「孤雲與我至」，原稿甲本誤倒作「我至與孤雲」，今據省文獻會全集本改正。《臺灣詩薈》作「我與孤雲至」。
〔註428〕《八州詩草》，頁10。
〔註429〕《八州遊記》，頁33。

一「入」，相映成趣。「巖頭」句換喻自然，妙用「露」字，既寫兩畔佛堂迴轉而深邃，又寓佛理「青青翠竹，總是法身；鬱鬱黃花，無非般若。」「法錫」句言此寺千百年香煙未衰，因念隱士戴顒。「寺前」句點染蔽山萬綠，欣羨僧立雲巒。前四句言寺之香火興旺，與隱士之孤高對比。後二句以林景陪襯山僧，「一僧」句如點睛之筆。末以山光陰翳，日暮與飛鳥同歸。全詩清新有思致，意境閑遠出塵。

盧山自古多高僧名剎，如民國四十三年（1954 年），虛雲和尚（俗姓蕭，世居湖南湘鄉，1840～1959 年）在盧山東面雲居山真如寺，修建殿堂，種田博飯，儼然百丈風規。此寺之前遭日軍焚燬，虛雲惻然傷之，念自唐代元和年間開山，該寺主持如佛印了元、圓悟克勤、大慧宗杲等弘揚宗風，居士中如白居易、皮日休、蘇軾、黃庭堅、秦觀、呂居仁等，亦曾禮參此地。〔註430〕洪遊盧山，造訪古寺，見〈入盧山十五首〉其十五云：

> 昔人遊盧山，多入東林寺。祇緣所處低，遊蹤斯即至。既攀三化城，
> 高標雲外致。再上天池山，超然半空翠。我從牯嶺往，履之如平地。
> 山川倏變形，高下易位置。漢陽太乙峰，變幻亦猶是。我下白澗橋，
> 彌覺鄱嶺異。仰望萬仞梯，出雲不敢視。即如九疊屏，開闔亦三四。
> 香爐清涼聲，前後可軒輊。歸向東西林，山程本無貳。惜為雲雨封，
> 遂覺山靈閟。縹緲如蓬萊，欲即反成離。〔註431〕

棄生言東林寺地勢不高，故昔人遊此者多。既攀三化城寺，則見寺高標雲外。天池山超然半空而青翠。由牯嶺西街往東林寺，如履平地。所處之高下位置不同，所見之山川形貌亦異，真蘇軾〈題西林壁〉所謂「橫看成嶺側成峰，遠近高低總不同。」〔註432〕仰見小漢陽峰、太乙峰、太漢陽峰之高度一峰高過一峰。〔註433〕含鄱嶺雖俯近亦不相下。〔註434〕而煙雲之聚散開闔，益增添空濛之奇。萬仞雄偉之勢，令人仰視生畏。香爐峰指南香爐峰，在秀峰寺西南。欲望東西林寺諸峰，無奈雨大而視線模糊，峰容難辨。一路山壑鋪雲如海，雲厚處咫尺不見一物，惟聞澗泉如雷。〔註435〕山靈閟於雲雨，縹緲如蓬

〔註430〕《虛雲和尚年譜》，頁 215～217。
〔註431〕《八州詩草》，頁 27。
〔註432〕蘇軾著，清王文誥、馮應榴輯注，《蘇軾詩集》（台北：學海出版社，1985 年
　　　　9 月再版），頁 1219。
〔註433〕《八州遊記》，頁 106、105、103。
〔註434〕《八州遊記》，頁 77。
〔註435〕《八州遊記》，頁 86。

萊仙山，欲即反離，又如蘇軾所謂「不識廬山眞面目，只緣身在此山中。」〈入廬山十五首〉其二云：

> 一入廬山中，直指天池上。峰巒時變形，雲霞各異狀。初陟昇仙臺，旋下仙人洞。御碑（洪武立）留石亭，佛手（巖名）如抱甕。石峰橫洞前，指點仙人夢。迢遞山中塔，適歷天風送。稅駕天池寺，廬山最高曠。不見天池龍，來戲天池浪。寺古風煙頹，石門何處望。
>
> 孤危有石峰，神光何時覘？俯首看前山，夕陽成列障。〔註436〕

詩敘由牯嶺往天池寺一遊。「峰巒」句以雲霞各異，峰巒時變，言如眞似幻之感覺。因敘昇仙臺、仙人洞、御碑亭、佛手巖、天池寺廢塔，至廬山最高曠處，但覺天風拂來。靜觀天池，不見龍戲，惟見寺古而頹。「石峰」句，由孤危之石峰俯瞰而冀求神光之覘。迴首前山，映滿夕陽，頓時如屏護之列障，暗寓心緒之轉折，情理深微。〈廬山佳處有欲至不果者再作三〔註437〕絕〉云：

> 苦甜簡寂觀中筍，鹹淡歸宗寺裡齏。
>
> 咫尺靈山違面過，鐘聲日色暮峰西。（其一）
>
> 廬阜南來又向西，前峰高迥後峰低。
>
> 湖邊已近柴桑路，采菊南山隔虎溪。（其二）
>
> 照影石邊留古鏡，繙經雲外有高臺。
>
> 水簾千尺風吹去，未向康王谷裡來〔註438〕。（其三）

簡寂觀在廬山金雞峰之南，張公嶺之西，昔爲道士陸脩靜（字元德，吳興人）的居所，於劉宋大明五年（461年）始來廬山。唐代詩人韋應物（京兆長安人，世居杜陵，737～約793年）任江州刺史，於貞元元年（785年）遊此，詩〈尋簡寂觀瀑布〉云：「躡石敧危過急澗，攀崖迢遞弄懸泉。猶將虎竹爲身累，欲付歸人絕世緣。」詠簡寂觀西側之西澗。翌年，又作〈簡寂觀西澗瀑布下作〉，有句云：「窺蘿玩猿鳥，解組傲雲林。」〔註439〕有隱逸的想法。西澗之西有山鄰於七賢峰，是爲五乳峰。棄生卻詠簡寂觀中筍，以及歸宗寺裡齏，從粗淡苦味出甘甜，不見靈山，惟聞日暮遠鐘，情思杳冥而淡遠。

〔註436〕《八州詩草》，頁24。

〔註437〕編者按：「三」，省文獻會全集本誤作「六」，今據原稿甲本改正。

〔註438〕作者註：「六月二十夜。」

〔註439〕韋應物著，孫望編著，《韋應物詩集編年校箋》（北京：中華書局，2002），頁381、388。

　　柴桑為古縣名，西漢置，因縣西南柴桑山得名，縣治在今江西九江市西南，附近有栗里、陶公醉石。「采菊南山隔虎溪」、「繙經雲外有高臺」，棄生詠虎溪，只是慧遠、陸脩靜、陶淵明「虎溪三笑」並無其事，雖是後人杜撰，但其情致，如韋應物詩「欲付歸人絕世緣」，適然忘機，仍令人忻慕。

　　棄生遊蘇州，所見多茶館，此地茗飲之風自古盛行：

> 白公堤在山塘，亦無道者。此外如鴛鴦墓、冷香閣、送香髣、靈瀾精舍、擁翠山莊等處，為近人所粧點者，一過可供茗談，仍無裨於山容之荒廢也。道光時黃鉢池遊虎邱，嫌其地積糞園。吳中丞入覲，宣宗問虎邱，對以河衹多糞船。余從寒山寺來，將近虎邱人家，門前隴首，洵多大糞缸，及至虎邱，則又無之。從山塘入城中，所見兩岸繫有三五畫艇，未見糞船，城中下塘街見停畫船尤多，則夏時遊人自下塘泛山塘者，風景當不寂寞。昔楊次也西湖竹枝云：「明知此地湖山勝，偏要違心譽虎邱。」當時實有可譽處。日已夕，急至北寺塔，塔在護龍街北報恩寺後，故名。寺為孫權母吳夫人捨宅建，塔本十一成，南宋至今，改修九成，遠處均可望見。香火甚盛，士女如雲，丐者滿路，時方重新。〔註440〕

唐代蘇州製茶與飲茶之風極盛，蘇州的香茗、虎邱的清泉聞名遐邇，此與唐代遊宴飲食習俗息息相關，陸羽的《茶經》已記載虎邱的清泉。〔註441〕黃振均（或作震鈞，改名鈞宰，字宰平，一字仲衡，別字子河，號天河，又稱鉢池山農，江蘇山陽（今淮安）人，？～1856 年），博學能文，詩詞曲藝皆工，著有《金壺七墨》等書。棄生《寄鶴齋詩話》引其詩以諷道光年間鴉片戰爭以後，中國國勢凌夷。楊守知（字次也，號致軒，別號晚研、稼亭、意園，浙江海寧人，康熙三十九年進士，1669～1730 年）與清初詩人查慎行同鄉，早從查游，時以詩相唱和。棄生引用此二人評論，見此名勝古今之變化。

　　無錫慧山，亦書惠山、九龍山、山之泉為陸羽品評為天下第二。棄生云：

> 不知山之勝，實在其頂，可以望見太湖，且有石門，蘇東坡曾登之，顧遊屐鮮陟及。慧山泉出山麓清甚，既分二池，上池下有礬石，味微鹹。下池清冽甚佳，繞池亭榭亦美，水陸皆可至，春夏間畫舫繞山下，臺灣人亦多品茶於此，然山上佳境，雖其色人亦罕到；尤可惜者，吳

〔註440〕《八州遊記》，頁 9。
〔註441〕石琪主編，《吳文化與蘇州》，頁 320。

泰伯至德舊跡如梅里等處，皆不知崇奉，以爲山水光。〔註442〕
蘇軾遊此，詩詠：「試攜天上小團月，來試人間第二泉。」唐代陸羽《茶經》
云：「茶之爲用，味至寒，爲飲，最宜精行儉德之人。」又引道家人物壺居士
《食忌》云：「苦茶久食，羽化。」〔註443〕提倡簡約的德行。而棄生〈出無錫
望慧山作〉云：

> 峩峩九龍峰，千古以錫名。無錫天下寧，有錫天下兵。今方無錫時，
> 四海何交爭。出山礬水濁，在山錫水清。泉池分上下，水味別淄澠
> 〔註444〕。四面芙蓉館，兩傍楊柳亭。泉品居第二，茶經豈定評。何
> 如凌絕頂，一攬太湖精。太湖波渺渺，遠水入冥冥。我欲訪梅里，
> 已無泰伯城。飄然過常郡，尚可試中泠〔註445〕。

錫山和惠山（亦書慧山）位於無錫市的西邊，二山均在錫惠公園內。惠山又稱
九龍山，山高三百二十九公尺，周圍約二十公里，古人稱之爲「江南第一山」。
惠山漪瀾堂下有山泉一脈，堂石壁上鐫有「天下第二泉」五個大字。〔註446〕「無
錫錫山山無錫」，「有錫爭，無錫寧。」「今方無錫時，四海何交爭？」棄生提
問生慨，進而探飲惠山泉之上、下二池。「上池下有礬石，味微鹹。下池清冽
甚佳。」詩句修辭手法則仿杜甫〈佳人〉「在山泉水清，出山泉水濁。」若未
親嘗，豈知方位下者，泉味反勝於上。「四面芙蓉館」二句點染美景。「泉品
居第二，茶經豈定評？」二池味別淄澠，固不可並列等齊。「陸羽品其泉爲天
下第二，故茶亭遊客滿山下，不知山之勝，實在其頂，可以望見太湖，且有
石門，蘇東坡曾登之，顧遊屐鮮陟及。」蓋東坡〈惠山謁錢道人烹小龍團登
絕頂望太湖〉云：「踏遍江南南岸山，逢山未免更留連。獨攜天上小圓月，來
試人間第二泉。石路縈回九龍脊，水光翻動五湖天。孫登無語空歸去，半嶺
松聲萬壑傳。」〔註447〕棄生「何如」二句，化用自杜甫〈望嶽〉「會當凌絕頂，
一覽眾山小。」〔註448〕棄生登頂方知太湖之渺渺冥冥。「尤可惜者，吳泰伯至

〔註442〕《八州遊記》，頁16。
〔註443〕陸羽著，沈冬梅校注，《茶經校注》（台北：宇河文化，2009），頁42、109。
〔註444〕編者按：「淄澠」，省文獻會全集本誤作「淄繩」，今據原稿甲本改正。
〔註445〕作者註：「甲子（1924）六月十四夜盡得。」《八州詩草》，頁7。
〔註446〕周村著，《江蘇風物志》（台北：明文出版社，1988年8月31日初版），頁35。
〔註447〕《八州遊記》，頁16。蘇軾著，《蘇東坡全集》（台北：世界書局，1996年2
　　　　月初版7刷），頁59。
〔註448〕杜甫著，楊倫箋注，《杜詩鏡銓》（台北：華正書局，1986年8月版），頁230、
　　　　2。

德舊跡如梅里等處，皆不知崇奉以爲山水光。」「已無泰伯城」，故飄然過常郡，一試金山之西，石彈山下之中泠泉。寫試茗後「飄然過常郡」，頗有道家羽化的想像，心境和敬清寂，烘托登山「凌絕頂」遠望太湖的渺渺冥冥。常郡的中泠泉在金山附近，棄生云：「泉自地底濆湧，如沫如珠，池中不見澄清，去金山已隔一江，與舊時噴自江底金山根盤渦者盡不同。試茗亦甘冽而厚，注泉滿碗，中能漲高，投錢亦不溢，試之不爽。」〔註449〕有古人「超軼味世」的旨趣。〔註450〕

陸羽論茶盌，以越州爲上，即會稽一帶，今浙江紹興、浦陽江、曹娥江及餘姚一帶。從唐至宋，以產秘色瓷器著名，瓷體透明，是青瓷中的絕品。〔註451〕唐代法門寺地宮出土文物，皇室用的茶碗，即是越窯秘色瓷。唐代陸龜蒙〈秘色越瓷〉云：「九秋風露越窯開，奪得千峰翠色來。好向中宵盛沆瀣，共嵇中散斗遺杯。」其〈茶甌〉云：「崖如珪璧姿，又有煙嵐色。」以千峰翠色、珪璧山嵐形容茶盌風露，棄生〈遊泖湖登湖嶼長水寺塔下泛長泖作歌〉云：「滄海漾入瓊瑤闕，煙波動湧水晶壺。登臨四望開眼界，深淵疑有神龍都。夕陽欲下猶未下，搖搖萬頃紅珊瑚。少焉月上天無際，映空萬片琉璃鋪。」水晶壺等器皿，琉璃等材質用以譬喻景色，別具世味。〈將遊峰泖先遊松江郡城〉云：「松江水綿邈，郡郭舟縱橫。市上買鱸魚，恨未兼蓴羹。未聞一聲唳，卻饜四腮情〔註452〕。」市上買鱸魚而懷想晉代張翰蓴羹高隱之風流。古之隱者，有隱於滄浪間而爲漁父，棄生遊湖北，過西塞山，其〈南望見西塞山〉云：

> 吳江去已永，楚塞來方賒。水行倦長路，乃至山水涯。未晡黃石港，忽覯赤城霞。小難兩山間，關塞紛交加。孫策破黃祖，牙船自此拏。往蹟流沂城，欲窮路已差。西陵在何處，晉縣亦荒遐。望望迴風磯，迢迢大冶砂。鄂山獨岑起，江流兩岸斜。此間有驚鱠，莫復問桃花〔註453〕。

首以江上要塞重重，映襯舟行疲倦。「未晡」二句，以「忽覯」強調乍見赤城

〔註449〕《八州遊記》，頁28。

〔註450〕陸羽著，吳智和撰述，《茶經》（台北：金楓出版公司，1987），頁249，屠本畯《茗笈》。

〔註451〕陸羽著，沈各梅校注，《茶經校注》，頁74、86。

〔註452〕作者註：「十月廿一夜。」

〔註453〕作者註：「廿九晦作」。

霞般的美景。引用《三國志・吳書》孫策擊廬江太守劉勳，勳投西塞，築壘
自守，求救於黃祖。後為策所破。

英雄往蹟不如隱士高風。《孟子・離婁篇》云：「有孺子歌曰：『滄浪之水清
兮，可以濯我纓；滄浪之水濁兮，可以濯我足。』孔子曰：『小子聽之，清斯濯
纓，濁斯濯足矣，自取之也。』」禍福之來，皆其自取，故孟子云：「人必自侮，
然後人侮之。」然而《楚辭・漁父》中漁父勸屈原「世人皆濁，何不淈其泥而
揚其波。」聖人不凝滯於物，而能與世推移，因歌曰：「滄浪之水清兮，可以濯
吾纓；滄浪之水濁兮，可以濯吾足。」尋諸歷史，漁隱人物諸如姜太公呂尚，
越國謀臣范蠡；二者一先隱遁後用世，一佐君王句踐復國後，乘舟浮海。見諸
歷史和文學作品中，如《莊子》、《楚辭》中的漁父，東漢嚴光，陶淵明〈桃花
源記〉中的漁人等。學者衣若芬探討元代畫家吳鎮（字仲圭，號梅花道人，嘉
興魏塘鎮人，1280～1354 年）及其「漁父圖卷」題詞，認為漁父的文化意象：
「足智多謀、功成身退、淡泊名利，乃至成為仙鄉和凡界的中介者，甚而被民
間膜拜為神明。」其中唐代張志和（本名龜齡，東陽金華人），據顏真卿（709
～785 年）的〈浪跡先生玄真子張志和碑銘〉，張乃遊心於道者，其膾炙人口的
〈漁歌〉五首，為李德裕（787～850 年）所抄錄者，其一云：

西塞山前白鷺飛。桃花流水鱖魚肥。青箬笠，綠蓑衣。斜風細雨不
須歸。

張志和嘗自畫其漁父詞，張彥遠《歷代名畫記》（約作於 847 年）記其「書迹
狂逸，自為漁歌，便畫之，甚有逸思。」衣若芬則稱其「不須歸」反面的寫
法，強調其自由與自主性，自得其樂，恣意否決世人的認知和價值觀。〔註454〕
棄生遊西塞山，詠讚張志和，頗見亂世求隱之心。

此外，以隱者服飾寫景者如〈將近九江忽望天南有似雲非雲而天為蔽虧
者知為廬山矣賦之〉云：

潯陽江上峰，嵯峩出天際。始信廬山高，雄鎮大江滋。去江六十里，
擁江如尺咫。凌空香爐煙，壓頭不敢視。幾疑天為低，笠〔註455〕
垂難杅倚。暮色漸昏黃，日月山中藏。山中有陸海，一石一鼇梁。
我急登匡阜，夜入九江鄉〔註456〕。

〔註454〕衣若芬著，《遊目騁懷：文學與美術的互文與再生》，頁 387～441。
〔註455〕編者按：省文獻會全集本「笠」下衍「乏」字，今據原稿甲本刪。
〔註456〕作者註：「六月廿六夜。」

蘇軾被貶謫到海南島，據《梁谿漫忘》所記軼聞，東坡在此因遇雨而戴笠穿屐，其野服形象成了後人崇仰文人不重表象，超脫塵俗，高潔精神的象徵。〔註457〕「幾疑天爲低，笠垂難杼倚。暮色漸昏黃，日月山中藏。」盧山古多高隱之人，以笠垂的意象寫景，別有趣味。〈過張夏將至萬德路上眺靈巖山〉云：

> 礨石爲環墉，疊嶂如積雉。奇峰露山外，奇氣裒山裏。附傍泰山椒，
> 高深亦無比。望見柏重重，雲物浮青紫。中有古寺鐘，亦有靈泉水。
> 循山入朗谷，巉巖層層起。我將登岱峰，對茲且平視。

此山即朗公山，又名朗公谷，在泰山北麓。〔註458〕礨石疊嶂如雉牆，因高深難測，奇氣滿山。古有高僧隱於此，令人不敢輕忽而足重之。

〔註457〕朴載碩著，〈宋元時期的蘇軾野服形象〉。收於石守謙、廖肇亨主編，《東亞文化意象之形塑》論文集。
〔註458〕《八州遊記》，頁212。